国际贸易对产业布局的影响研究

GUOJIMAOYI DUI CHANYEBUJU DE YINGXIANG YANJIU

娄飞鹏 / 著

图书在版编目(CIP)数据

国际贸易对产业布局的影响研究/娄飞鹏著.—成都:西南财经大学出版社,2015.10
ISBN 978-7-5504-1907-0

Ⅰ.①国… Ⅱ.①娄… Ⅲ.①国际贸易—影响—产业—布局—研究
Ⅳ.①F062.9

中国版本图书馆 CIP 数据核字(2015)第 101207 号

国际贸易对产业布局的影响研究
娄飞鹏 著

责任编辑:张 岚
助理编辑:高 玲
责任校对:鲁茜希
封面设计:墨创文化
责任印制:封俊川

出版发行	西南财经大学出版社(四川省成都市光华村街 55 号)
网　　址	http://www.bookcj.com
电子邮件	bookcj@foxmail.com
邮政编码	610074
电　　话	028-87353785　87352368
照　　排	四川胜翔数码印务设计有限公司
印　　刷	四川五洲彩印有限责任公司
成品尺寸	170mm×240mm
印　　张	12.75
字　　数	210 千字
版　　次	2015 年 10 月第 1 版
印　　次	2015 年 10 月第 1 次印刷
书　　号	ISBN 978-7-5504-1907-0
定　　价	58.00 元

内容提要

时间和空间紧密相连，经济活动不仅有时间顺序，同样有区域空间结构。随着全球人口的增加，消费水平的提高，人类对空间资源的需求进一步提高。一国或地区的经济欲求得较好发展，除了要拥有资本、劳动、资源、技术这些要素外，还需要有合理的空间布局，营造氛围促进空间竞争，以充分利用稀缺的空间资源。这一现实要求经济学理论研究在关注时间因素的同时，也需要更多地关注空间因素，加强对空间布局的研究。在全球经济一体化加速推进的大背景下，国际贸易对一国或地区的区位经济发展影响日益显著，产业布局也因之而逐步发生明显的改变。因此，有必要结合国际贸易研究产业布局问题。

国际贸易中制度距离、文化距离、经济距离、空间距离的增加，加剧了经济主体间的信息不对称，将提高各类经济主体的信息搜寻成本，长距离运输也要求贸易主体支付更高的运输成本。本书综合考虑国际贸易中的运输成本和信息搜寻成本，深入分析国际贸易对产业布局的影响。本书在对相关的国际贸易理论和产业布局理论进行梳理回顾的基础上，按照从微观到中观，从一般到具体，从理论到实证的研究思路，主要研究了国际贸易对厂商个体和群体选址、产业集聚和产业扩散、三次产业布局的影响，并利用中国改革开放以来的国际贸易与产业发展数据进行实证研究，最后得出研究结论、政策含义及研究展望。

国际贸易对产业布局的影响是全方位、多层次、多角度的。国际贸易的总量、结构、方式、内容以及国际贸易政策等对产业布局的影响并不相同。国际贸易总量的绝对量和相对量，国际贸易结构的产业结构和地区结构，国际贸易方式的产业内贸易和产业间贸易，国际贸易内容的国际商品贸易、国际服务贸易、国际技术贸易、国际资本流动，国际贸易政策的自由贸易政策和保护贸易政策等对产业布局的影响各不相同。国际贸易的不同方面对产业布局的影响机制、影响途径、作用机制并不相同，对产业布局的影响结果也不尽相同，最终使得国际贸易对产业布局的影响更加复杂化。

一般而言，国际贸易的开展需支付更高的运输成本和信息搜寻成本，这是国际贸易影响厂商选址的根本原因。信息搜寻成本和运输成本相互作用，导致国际贸易需要额外支付的成本更高。文化距离、制度距离、经济距离和空间距离的增加，加剧了国际贸易中的信息不对称，严重的信息不对称增加长距离运输的风险。厂商为确保产品安全运抵目的地，不得不在运输中采取更多的安全防范措施。结果是国际贸易带来的距离增加引发更多的信息不对称，信息不对称要求支付更高的运输成本。此时，若厂商能够通过改变选址来降低信息不对称，并减少所支付的运输成本，则其可能改变选址。厂商遵循利润最大化的原则，进行成本收益对比分析后定夺是否改变选址。若改变选址的预期净收益大于不改变选址的净收益，厂商将会改变选址；反之，厂商将继续在原地进行生产经营。厂商改变选址将会影响其他厂商，部分厂商改变选址会逐渐改变区域的经济发展环境，改变留存厂商的生产经营环境，甚至促使其选址发生改变。厂商群体的选址也因此而受到国际贸易的影响。

国际贸易不仅影响厂商选址，还影响产业集聚和产业扩散。当厂商的选址因为国际贸易而发生的变化积聚到一定程度后，国际贸易对产业布局的影响开始在中观的产业层面凸显。当运输成本和信息搜寻成本较低时，国际贸易将有利于产业的集聚；当运输成本和信息搜寻成本较高时，国际贸易会促成产业的扩散。本书认为，从产业集聚的角度看，产业集聚可以获取集聚经济，抵偿部分运输成本和信息搜寻成本，保持产业集聚的竞争优势。同时，因为产业集聚区内部经济密度较高，空间竞争更加激烈，位于集聚区内部的厂商可通过产业集聚的方式彰显其实力，向外界传递有关的信息，降低信息不对称。产业扩散可以直接缩减各类距离，降低运输成本和信息搜寻成本。国际贸易还可以影响产业集聚区位的选择、产业集聚的规模、产业集聚和产业扩散的生命周期等。

国际贸易对不同产业的布局具有不同的影响。其原因在于，产业本身存在区别，不同产业在国际贸易中的地位和作用不同。就三次产业而言，第一产业进行布局时呈现出被动地适应国际贸易的倾向，且国际贸易对第一产业布局的影响较不显著。这是因为，第一产业发展对自然条件的依赖较大，国际贸易中制造业产品的获利能力明显高于农副产品，各国往往更加重视制造业的发展并通过国际贸易营利，挤占了第一产业生存发展所必需的空间。第二产业可以结合国际贸易进行较为灵活的布局，以此降低运输成本和信息搜寻成本，进一步凸显其比较优势。同时，国际贸易对第二产业布局的影响最为显著。第三产业的布局则受国际贸易的影响而有条件地发生变化。这是因为，第三产业服务色彩浓重，并且很多产品具有不可贸易性，只有在国际贸易改变了其他产业特别是第二产业的布局之后，改变第三产业的布局才更符合理性的原则。否则，第三产业的布局更多地关注本国或本地区的现实情况，充分发挥其在本国或本地区的服务功能是一个更好的选择。

国际贸易对不同区域的产业布局有不同的影响。国际贸易对沿海地区和内陆地区、高贸易依存度地区和低贸易依存度地区的产业布局有不同的影响。相比而言，国际贸易对沿海地区和高贸易依存度地区产业布局的影响更为显著，更有利于产业向沿海地区和高贸易依存度地区集聚。本书认为，较之内陆地区，沿海地区不仅可以更好地利用海运，强化其在经济发展中的优势，而且在信息搜寻方面具有内陆地区所不及的优势，因而国际贸易对沿海地区产业布局的影响更显著。较之于低贸易依存度地区，高贸易依存度地区的国际贸易在经济总量中权重较大，其对产业布局的影响自然更加明显。

本书的研究表明，开放经济条件下，优化一国或地区的产业布局，需要充分考虑国际贸易的影响。为充分利用国际贸易对产业布局的积极影响，优化一国或地区的产业布局，需要在政策制定和实施等方面做出以下努力：产业布局政策的制定要密切关注全球经济发展态势，充分考虑本国在国际分工中的地位，结合自身发展水平，注重利用规模经济，强化环境保护，寻求合理的产业布局；充分利用国内外两个市场、两种资源，调整本国经济结构，优化产业布局；加大基础设施建设，畅通信息流通渠道，增进对外交流，着力缩小各种距离，减少经济主体的交易成本特别是信息搜寻成本支出。

ABSTRACT

Time and space being closely linked, the economic activities not only are in time serials but also have regional spatial structures. With the growth of the global population and the rise of the consumption levels, the human race wants more from the spatial resources. Besides factors such as capital, labor, resource and technology, the economy of a country or a region who desires a better development needs a reasonable spatial distribution and creates an environment to boost competition which can help to make full use of scarce spatial resources. This fact requires economists pay more attention on the space dimension and strengthen researches of spatial distribution when it concerns about time dimension. Under the condition of the increasing distinctness of the economic globalization, international trade has an increasingly significant impact on the spatial economic development of a country or a region with a gradually obvious change on its industrial location at the same time. So, it's necessary to studying industrial location with international trade.

The augment on distances of institutions, cultures, economies and spaces in international trade exacerbates information asymmetry between economic entities, which will increase their cost of information search. Also the long-distance transport will demand economic entities pay for higher transportation costs. This book will take a comprehensive consideration of the costs of transport and information search and deeply analyze the impact of international trade on industrial location. Based on the sorting and retrospect on the related theories of international trade and industrial location, and following the research ideas from micro to medium-view, from general to specific and from theoretic to empirical, this book mainly studies the impacts of international trade on the locations of an individual firm and firm groups, and on industrial agglomeration and industrial diffusion and finally on the distribution of three industries. Meanwhile, it uses the Chinese data of international trade and industrial development since 1978 to do an empirical research and finally gives conclusions, policy implications and research prospects of the study.

The impacts of international trade on industrial location are in all orientation, multi-level and multi-angle. The volume, structure, form, contents and policies of international trade have different impacts on industrial location. The absolute and relative volumes, the industrial and regional structures, the intra-industry and inter-industry trades in form, the trades of commodity, service, technology and capital flows in contents, the free trade and protection trade policies will work differently. When making impacts on industrial location, different aspects of international trade have different affecting mechanisms, affecting ways and operating mechanisms, which make the affecting results industrial location gains different and finally leads to a more complicated influence on industrial location.

In general, the underlying cause that makes firms change their site selection strategies is that they have to pay higher costs of transport and information search in the conduct of international trade. The costs of information search and transport costs interact with each other and result in higher additional costs of international trade. The augment on the distances of cultures, institutions, economies and spaces exacerbates the information asymmetry in international trade, and serious information asymmetry increases risks in long-distance transports. To ensure the safety of products arriving at their destination, firms have to take more safety precautions to improve the safety factor, which causes a final situation that more information asymmetry exists in the long-distance transports and asks for higher transportation costs. At this time, if the firms change their location reduces the information asymmetry and lowers their transportation costs, then they may change their location. Targeted for their profits maximized, firms will choose to decide whether to change their locations after a cost-income analysis. If the expected net profit of changing its location is greater than that of not changes, the firm will re-locate itself. If not, the firm will remain to operate on its previous location. One firm changes its location will make an influence on other firms, and some will change regional economic development environment gradually with an impact on the operating environment of the remaining firms or even make them change their locations too. Meanwhile, international trade will make an effect on the location of firm group.

International trade affects not only the location decisions of firms but also industrial agglomeration and industrial diffusion. When location-choosing action of the firm changes with international trade, the impact that international trade makes on industrial location begins to emerge on the middle-level of industry. When costs of transport and information search remain low, international trade will lead to industrial agglomeration. But international trade will boost industrial diffusion when costs remain high. This book argues that from the perspective of industrial agglomeration, it will acquire agglomerated economies, which will partially compensate for costs of transport and information search and finally help to maintain the competitive advantages of industrial agglomeration. At the same time, because of the high economic density in the area of industrial agglomeration and more spatial competition, the firms inside will reveal their strengths by way of industrial agglomeration to spread information to upstream firms and downstream firms and customers, which will help to reduce information asymmetry. Industrial diffusion can directly curtail distance and lower costs of transport and information search. Additionally, international trade can also affect location choice and scale of industrial agglomeration and the life cycle of industrial agglomeration and diffusion.

The main reason why international trade makes different influences on the location of different industries is that different industries have their characteristics from the perspective of industry itself and have different positions and roles in the view of international trade. In the case of the three industries, the primary industry passively adapts its location to international trade more or less, and there is a little effect of international trade on the location of the primary industry. This is mainly because the development of the primary industry depends more on natural conditions and its room to survive and develop has been occupied by the manufacturing sectors whose products can have higher profitability than the primary products, which make each country pay more attention to the development of manufacturing and profit through international trade. Reversely, the secondary industry actively adapts its location to international trade to further reduce the costs of transport and information search which highlights its comparative advantages. Meanwhile, the impact of international trade on location of the secondary industry is more significant. The location of the tertiary industry changes conditionally according to the international trade. This is because the tertiary industry has a strong sense of service and has many products untradeable. It will be consistent with the rational principles when location of the tertiary industry is changed only after locations of the primary and secondary industries have been changed significantly by international trade. Otherwise, a better choice is to pay more attention to the real situations in the own land and to bring its service function into play when locations of industries take place.

International trade has different influences on industrial location in different regions, such as the coastal and inland areas, and the areas of high-trade dependency and low-trade dependency. In contrast, international trade has a more significant impact on the coastal area and the area with high-trade dependency. In this book, by contrast with the inland area, the coastal area not only has lower transport cost that strengthens its advantages in the economic development but also has a advantage in the cost of information search which the inland area cannot have, therefore international trade has a more significant impact on industrial location of the coastal area. Compared with the area with low-trade dependency, international trade has a high weight in the total economic volume of the area with high-trade dependency and has a more obvious impact on the industrial location.

The study shows that, as an open economy, to optimization of industrial location in a country or a region should take full consideration of the impacts of international trade. To take full advantage of international trade to optimize industrial location of a country or a region has, some efforts should be made in the policy constitution and implementation. The implementation of industrial location policy should pay close attention to the global economic development, give full consideration of the position in the international division of labor that a country has and its development level, pay attention to the use of the economies of scale, strengthen environment protection and finally seek a reasonable industrial location. Furthermore, the domestic and international markets and resources should be made full use of with the domestic economic structure adjusted and industrial location optimized. And the increasing construction of infrastructure and the expedite flows of information channels along with more international exchanges help to reduce variety of distances and transaction costs the economic entities take.

目 录

第一章　绪论

第一节　选题的意义

如果从亚当·斯密的理论学说算起，那么在经济学理论的发展演变中，国际贸易和产业布局问题都是十分古老的话题。亚当·斯密在《国民财富的性质和原因的研究》（简称《国富论》）一书中，率先提出著名的绝对优势贸易理论，并且用很大的篇幅讨论分工问题，而产业布局的实质正是区域产业之间的分工。可见，在经济学诞生之初，国际贸易和产业布局问题就进入了主流经济学家的视野。经济学诞生200余年来，关于产业布局的决定因素主要形成了三种理论，即比较优势贸易理论、经济地理理论、城市与空间经济理论。[①] 尤其值得注意的是，前两种理论都强调了贸易因素对产业布局的影响。现阶段经济全球化的加速发展更是使经济学家关注国际贸易对产业布局的影响。国际贸易具有的知识外溢效应、集聚经济效应等对产业集聚具有重要的影响和推动作用，结合国际贸易研究产业集聚问题自然受到了国内外学者的青睐。

一、选题的理论意义

完整的经济学理论理应是充分考虑时空因素的二维经济学理论。一个显而易见的事实是，经济活动不仅有时间维度而且有空间维度，解释现实并贴近现实的经济学理论同样要综合考虑时间和空间问题。然而，长期以来，主流的新古典经济学家更多地关注了经济活动的时间维度，着重对经济系统偏离均衡时进行静态和动态分析，却较少考虑经济活动的空间维度。“理论经济学很少涉

---

① PIERRE-PHILIPPE COMBES，HENRY G OVERMAN. The Spatial Distribution of Economic Activities in the European Union ［A］ //VERNON HENDERSON，JACQUES-FRANÇOIS THISSE. Handbook of Urban and Regional Economics. Vol. 4：2 845-2 909.

及空间关系和空间影响，相反时间要素的作用却过大”。[①] 在主流的新古典经济学家那里，他们提出一种理论或创立一种学说时往往只考虑时间问题。甚至是在经济学出现的早期，经济学家对时间问题也没有给予应有的重视，所有的经济活动都是在瞬间完成。彼时的经济学理论是一种完全没有时间维度的质点经济学理论，从考虑的维度来看是零维的经济学理论。在这种理论看来，整个世界是匀质的，各种经济活动都可以简化为在同一个质点完成，地区差异完全被忽略。然而，“基于以下两个主要原因，空间在经济生活中显得相当重要：一是生产厂商在一定程度上被限制在特定的地点并且很难流动；二是运输成本和其他障碍阻止了商品的自由流动。”[②] 不难想见，仅考虑时间要素的一维经济学理论，很难对时空二维的经济活动给出令人信服的解释。特别是在全球人口增加，经济密度提高，空间资源稀缺性日益突出，人类提出并建设立体城市以充分利用空间要素的今天，更是要求经济学理论要充分关注空间要素。因此，只考虑时间要素的经济学理论并不完善，有必要发展时空二维的经济学理论，在理论分析时充分考虑空间因素，以完善经济学的理论分析框架。

就中观的产业层面而言，产业经济学理论的发展和完善同样需要在进行理论分析时引入空间因素，研究产业布局问题正是从空间要素出发，推动产业经济学理论发展的最佳切入点之一。按照沃尔特·艾萨德（Walter Isard）的说法，“一个关于经济和社会的完整的理论必须包含时间和空间维度”[③]，“现代一般均衡理论认为运输成本是零，并且把所有的投入和产出看作可以完美的移动，因此，这一理论只能说是一般的区域和空间经济理论的一个特例”[④]。从参与国际竞争的角度看，一国竞争优势的获得和经济的发展必须培养具有竞争优势的产业。产业的发展不仅需要有良好的自然条件和经济社会条件，同样需要有合理的空间布局。唯有如此，各个地区才能扬长避短以充分发挥彼此的比较优势，避免产业结构趋同和重复建设，在产业发展过程中形成互补，优化经

---

① 沃尔特·克里斯塔勒. 德国南部中心地原理［M］. 常正文，王兴中，译. 北京：商务印书馆，1998：13.

② 伯特尔·俄林. 区际贸易与国际贸易［M］. 逯宇铎，等，译. 北京：华夏出版社，2008：1.

③ WALTER ISARD. Location and the Space Economy：A General Theory Relating to Industrial Location, Market Areas, Land Use, Trade, and Urban Structure［M］. New York：Technology Press of Massachusetts Institute of Technology and John Wiley & Sons, 1956：vii.

④ WALTER ISARD. Location and the Space Economy：A General Theory Relating to Industrial Location, Market Areas, Land Use, Trade, and Urban Structure［M］. New York：Technology Press of Massachusetts Institute of Technology and John Wiley & Sons, 1956：53.

济结构，提升一国或地区的整体经济实力。虽然产业经济学的相关理论已经讨论了产业布局问题，但与产业布局的重要性比起来，经济学家对该理论的研究显然是不足的和滞后的，迫切需要根据现实需要进一步发展完善。

从国际贸易的角度出发，研究其对产业布局的影响可以进一步完善产业布局理论。众所周知，早期经济学家只有在探讨地租理论时才考虑空间因素，在其他经济学理论中，空间因素则基本上长期被忽视，国际贸易理论是为数不多的将空间因素作为一个实体概念进行研究的经济学理论。限于太空利用的技术水平，人类尚不能开发利用其他星球或星系的资源，其活动范围基本局限于地球。同时，世界并不平，各国不同的自然历史条件直接决定了从一个更大的视角，把整个地球作为一个整体来考虑产业布局问题是最为理想的状况。然而，囿于国界和国家利益的限制，跨国布局产业的可操作性较低，实际情况主要是在一国地域范围内思考产业布局问题，但在这样做的同时又不得不考虑国际贸易因素。历史一再昭示世人，封闭将会导致落后。在当今条件下，各国不仅有开放经济的主观愿望，客观条件也决定了各国都难以在封闭条件下很好地发展经济，难以实现整个国家的自给自足，因此，各国都必须积极融入全球一体化，参与国际分工与合作。由于国际分工与合作而引发的国际贸易势必对一国内部产业布局产生实质性的影响，在国际贸易规模越来越大、外贸依存度越来越高的情况下更是如此。这一现实直接决定了欲研究一国的产业布局问题，就必须充分考虑国际贸易这一因素，也只有如此，我们才能真正提出更加完整、更有说服力、更具解释力的产业布局理论。

二、选题的现实意义

经济社会发展的现实决定了必须进一步扩充经济学理论。从理论发展演变的角度看，在经济学创立之初，完全不考虑时空因素的零维经济学理论在当时的情况下是合宜的。随着经济学理论的发展，只考虑时间维度或空间维度的一维经济学理论也是一个理论发展和完善的必经阶段。在当今条件下，经济社会发展面临的客观条件与经济学创立之时相去甚远，零维或者是一维的经济学理论已经远远滞后于经济现实。在亚当·斯密创立经济学时，全球人口约有 10

亿人[①]，当时最发达的英国也只是处于工业化的初始阶段，其人口约为 773.9 万人[②]，全球很多国家尚处于农业文明时期，产业发展所需的自然资源、空间资源很容易得到满足，产业布局的重要性自然不是很突出。2011 年全球人口为 69.74 亿人，人口密度达到每平方千米 53.2 人[③]，英国的人口为 6 264.1 万人[④]，是时全球人口的消费水平和工业化水平远远高于亚当·斯密生活的年代。尽管科技进步提高了资源利用效率，但是当今经济发展所面临的资源环境约束问题仍然极为突出，经济发展所需的空间成为一种极其稀缺的资源。[⑤] 同时，全球经济活动呈非均匀分布，半数生产活动集中在 1.5%的陆地区域[⑥]，而在陆地区域中近 80%的国内生产总值（GDP）产生在城市地区[⑦]，这将加剧对空间资源的竞争。人口在全球的非均匀分布，未来人口仍会进一步增长等问题，也将进一步加剧人类对稀缺的空间资源的争夺。不仅产业发展面临着严重的自然资源约束问题，空间资源和空间布局也成了一个国家和地区进一步发展的瓶颈，因此，产业布局问题也随之凸显。

经济全球化是未来世界各国经济发展的必然趋势，它的加速推进势必对各国的产业布局造成深远影响。统计数据显示，不论发展水平如何，各国的外贸依存度都比较高且增速较快。1990 年全世界平均的外贸依存度为 38.3%，其中，高收入国家的外贸依存度为 38.1%，中等收入国家的外贸依存度为 39.9%，低收入国家的外贸依存度为 36.3%。[⑧] 2000 年全世界平均的外贸依存度为 49.3%，其中，高收入国家的外贸依存度为 48.2%，中等收入国家的外贸

---

① 1700 年全世界人口只有 603 490 千人，1820 年全世界人口为 1 041 834 千人。数据来源：安格斯·麦迪森. 世界经济千年统计 [M]. 伍晓鹰，施发启，译. 北京：北京大学出版社，2009：262-263.

② 1770 年英国的人口为 7 428 千人，1780 年英国的人口为 7 953 千人，此处假定 10 年中英国的人口保持匀速增长，具体的计算方法为 7 248×（7 953/7 428）^（6/10）= 7 738.688 千人。原始数据见：阿尔弗雷德·马歇尔. 经济学原理 [M]. 廉运杰，译. 北京：华夏出版社，2005：165.

③ 中华人民共和国国家统计局. 国际统计年鉴：2013 [Z]. 北京：中国统计出版社，2013：101.

④ 中华人民共和国国家统计局. 国际统计年鉴：2013 [Z]. 北京：中国统计出版社，2013：104.

⑤ 这一问题已经引起了各界的关注，世界银行所发表的《2009 年世界发展报告》，将其主题定为“重塑世界经济地理”就是佐证。

⑥ 胡鞍钢. 如何重塑中国经济地理 [M] //世界银行. 2009 年世界发展报告. 胡光宇，等，译. 北京：清华大学出版社，2009：Ⅰ-Ⅲ.

⑦ 英卓华. 构建新型城镇化融资模式 [J]. 中国金融，2014（14）：9-11.

⑧ 中华人民共和国国家统计局. 国际统计年鉴：2004 [Z]. 北京：中国统计出版社，2004：296.

依存度为 53.3%，低收入国家的外贸依存度为 58%。① 2008 年全世界平均的外贸依存度为 53.6%，其中，高收入国家的外贸依存度为 52.3%，中等收入国家的外贸依存度为 56.2%，低收入国家的外贸依存度为 71.6%。② 如表 1-1 所示，从国际贸易的角度看，全球七大洲代表性国家的外贸依存度都处于较高的水平，各国经济发展的全球化趋势日益明显，国际贸易对一国经济发展的影响日益显著，国际分工不断向着纵深方向发展，产业布局也难以在全球化的大背景下保持封闭状态。随着经济全球化的加速发展，全球各国所面临的国际竞争也将更加激烈，充分利用极度稀缺的空间资源进一步优化产业布局，以增强本国的竞争力将成为各国不得不面对的现实问题。在此背景下，世界各国都需要相关的理论研究为政策制定提供理论基础。

表 1-1　　1990—2011 年世界部分国家的外贸依存度　　单位:%

区域/国家 年份		1990	1995	2000	2005	2006	2007	2008	2009	2010	2011
北美洲	美国	20.5	23.4	26.3	26.8[a]	22.4[c]	23.0[e]	24.3	19.1	22.5	25.0
	加拿大	52.0	72.3	86.4	71.6[a]	59.52[c]	60.9[e]	58.3	48.3	50.1	52.7
大洋洲	澳大利亚	33.5	39.9	45.9	39.5[a]	42.1[d]	37.3[e]	36.8	34.7	36.4	37.3
非洲	埃及	52.8	49.9	38.1	62.9[b]	61.5[d]	70.5[d]	45.8	36.0	36.2	39.0
南美洲	巴西	15.2	17.2	22.8	26.6[b]	26.4[d]	23.6[d]	23.0	17.7	18.4	19.9
欧洲	德国	49.4	47.4	66.4	75.3[b]	84.7[d]	72.4[e]	72.6	62.0	70.4	75.7
	俄罗斯	36.1	55.2	68.1	56.6[b]	54.9[d]	52.2[d]	46.0	40.5	43.6	45.5
	法国	44.0	44.4	56.2	53.2[b]	55.2[d]	45.5	47.1	39.9	44.5	47.2
	英国	50.6	57.2	58.2	56.1[b]	61.6[d]	38.6[e]	41.3	38.3	42.9	45.4
亚洲	日本	19.9	16.8	20.2	29.9[a]	28.2[c]	30.5[e]	31.8	22.5	26.7	28.6
	新加坡	361.2	340.5	339.6	459.1[b]	462.5[d]	432.9[d]	394.5	293.1	310.8	323.4

数据来源：1990 年、1995 年、2000 年的数据来自中经网统计数据库（http://db. cei. gov.

① 中华人民共和国国家统计局. 国际统计年鉴：2009［Z］. 北京：中国统计出版社，2009：315.

② 世界银行. 2010 年世界发展报告［M］. 胡光宇，等，译. 北京：清华大学出版社，2010：375-377.

cn/)。2008—2011 年的数据来自：中华人民共和国国家统计局. 国际统计年鉴：2013［Z］. 北京：中国统计出版社，2013：25-32、314. 其他数据来自：a. 世界银行. 07 世界发展指标［M］. 王辉，等，译. 北京：中国财政经济出版社，2008：316-318. b. 中华人民共和国国家统计局. 国际统计年鉴：2008［Z］. 北京：中国统计出版社，2008：316-317. c. 世界银行. 2008 年世界发展报告［M］. 胡光宇，等，译. 北京：清华大学出版社，2008：342-345. d. 中华人民共和国国家统计局. 国际统计年鉴：2009［Z］. 北京：中国统计出版社，2009：315. e. 世界银行. 2009 年世界发展报告［M］. 胡光宇，等，译. 北京：清华大学出版社，2009：356-359.

中国经济发展的现实迫切需要在充分考虑对外开放的前提下，实现产业布局的优化。由图 1-1 可知，改革开放以来，中国经济开始逐步融入全球经济，经济发展的外向度越来越高，外贸依存度由 1978 年的 9. 74%迅速提升至 2013 年的 45. 39%[①]，2006 年中国的外贸依存度曾一度高达 66. 52%，全球经济发展的整体态势对中国的影响也越来越大。从中国国际贸易在全球的地位看，1978 年中国进出口贸易总额占全球进出口贸易总额的 0. 8%，位居世界第 29 位；2011 年中国进出口贸易总额占全球进出口贸易总额的 9. 9%，位居世界第 2 位。[②] 各种统计数据一再表明，中国经济的发展离不开世界。中国欲实现产业布局的合理化，就必须充分考虑世界其他国家的经济发展。然而，在中国经济高速发展的同时，区域产业非均衡发展问题日渐突出，协调区域产业发展以促进社会和谐、保障民生的呼声越来越高，也成为各级政府制定经济发展规划和宏观调控政策时密切关注的焦点。党的十八大明确指出："推进经济结构战略性调整……必须以……优化产业结构、促进区域协调发展……为重点，着力解决制约经济持续健康发展的重大结构性问题……合理布局建设基础设施和基础产业……继续实施区域发展总体战略……科学规划城市群规模和布局，增强中小城市和小城镇产业发展、公共服务、吸纳就业、人口集聚功能。"党的十八届三中全会进一步指出："促进重大经济结构协调和生产力布局优化……防范区域性、系统性风险……建立和完善跨区域城市发展协调机制。"产业发展不仅需要有充足的资本、劳动、资源、技术等要素，也需要有足够的有效需求。尽管现阶段中国保有巨额的城乡居民储蓄和外汇储备，巨大的国内市场是任何国家都难以比拟的，但是作为一个发展中的大国，中国在推动产业发展时仍然需要国际资本和国际市场。因此，在促进产业布局优化的过程中，中国仍然必须充分关注国际贸易因素。探讨国际贸易对产业布局的影响，可以为中国在经

① 中华人民共和国国家统计局. 2013 年国民经济和社会发展统计公报［EB/OL］.［2014-02-24］. http://www. stats. gov. cn/tjsj/zxfb/201402/t20140224_ 514970. html.

② 中华人民共和国国家统计局. 国际统计年鉴：2013［Z］. 北京：中国统计出版社，2013：3.

济全球化条件下实现产业布局的进一步合理化提供理论支撑。同时，国内外既有的理论和实证研究一再表明，合理的产业布局特别是产业集聚可以有效促进经济增长。[①] 这从另一个侧面表明，研究产业布局问题可以为中国经济实现又好又快发展，提升综合国力提供理论支持。

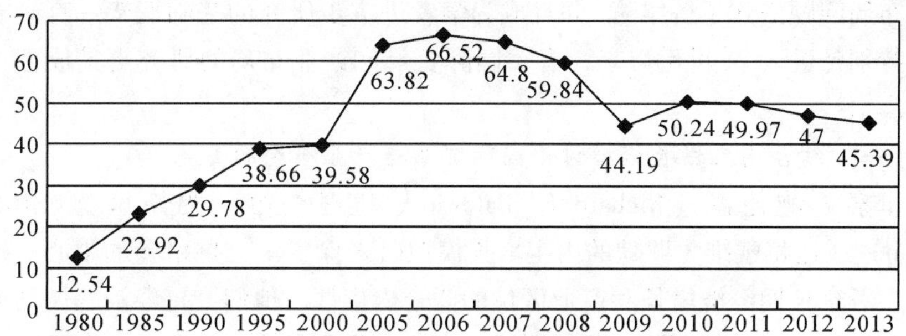

图 1-1　20 世纪 80 年代以来中国的外贸依存度

数据来源：《中国统计年鉴》相关年份。

第二节　研究现状

一、国外研究进展

长期以来，空间因素一直未能纳入主流经济学的一般均衡分析框架之中。自 20 世纪 90 年代初保罗·克鲁格曼（Paul R. Krugman）等人创立新经济地理学以来，经济学界便逐步重视对国际贸易和产业布局的研究。1991 年保罗·克鲁格曼接连发表两篇经典论文“History and Industry Location：The Case of the

---

① 理论研究如：RICHARD E BALDWIN，RIKARD FORSLID. The Core-Periphery Model and Endogenous Growth：Stabilizing and Destabilizing Integration［J］. Economica，2000，67（Aug.）：307-324. PHILIPPE MARTIN，GIANMARCO I P OTTAVINO. Growth and Agglomeration［J］. International Economic Review，2001，42（4）：947-968. MASAHISA FUJITA，JACQUES-FRANÇOIS THISSE. Does Geographical Agglomeration Foster Economic Growth? And Who Gains and Loses From It?［J］. The Japanese Economic Review，2003，54（2）：121-145. 实证研究如：ANTONIO CICCONE. Agglomeration Effects in Europe［J］. European Economic Review，2002，46（2）：213-227. 罗勇，曹丽莉. 中国制造业集聚程度变动趋势实证研究［J］. 经济研究，2005（8）：106-115. 范剑勇. 产业集聚与地区间劳动生产率差异［J］. 经济研究，2006（11）：72-81. 薄文广. 外部性与产业增长——来自中国省级面板数据的研究［J］. 中国工业经济，2007（1）：37-44.

Manufacturing Belt"[①] 和 "Increasing Returns and Economic Geography"[②]。他综合了国际贸易理论和区域经济理论，把规模经济和区位问题、竞争、均衡等联系在一起，提出了自己的中心—外围模型。该模型假定了两个地区、两种产品、两种生产要素的产业区位理论分析框架。它的提出为学者研究国际贸易和国内产业布局问题搭建了桥梁[③]，并且成为学者进一步研究的基础框架一直影响至今。特别是进入 21 世纪以来，有关国际贸易和产业布局的研究更是成了一个热点。

（一）结合内生增长模型讨论国际贸易与产业布局的关系

里察·鲍德温（Richard E. Baldwin）和理查德·福斯里德（Rikard Forslid）通过将戴维·罗默的内生增长模型引入保罗·克鲁格曼的中心—外围模型，考察长期经济增长和产业区位的联合内生性。他们秉持经济一体化可以影响产业经济活动的国际区位选择这一理念，把贸易成本作为一个重要变量加以讨论。最后得出结论认为，经济增长有助于向中心地区集聚，知识外溢有助于向外围地区扩散。在经济一体化条件下，降低思想贸易（Trading Ideas）的成本将导致制造业向外围地区扩散，降低产品贸易的成本将鼓励制造业向中心地区集聚。[④] 然而，伴随着商品贸易成本的降低，思想贸易成本也在降低，所以集聚和扩散在同时发挥作用。

藤田昌久（Masahisa Fujita）和雅克·弗朗索瓦（Jacques-François Thisse）将格罗斯曼—赫尔曼—罗默（Grossman-Helpman-Romer）内生增长模型与保罗·克鲁格曼的中心—外围模型相结合，构建了一个两地区的简单经济模型。他们将运输成本设定为一个重要参数，讨论传统部门、现代部门、研发（R&D）部门的区位选择问题。他们把传统部门视为不变收益的完全竞争部门，其产品可以在中心和外围地区无成本地运输，并且消费者在传统部门产品上的支出所占份额较大，所以传统部门可以在中心和外围地区同时生产。在此假定下研究得出结论认为，只要专利技术可以无成本地自由扩散，则 R&D 部门就会在中心地区集聚。如果现代部门产品的贸易运输成本很高，则现代部门

① PAUL R KRUGMAN. History and Industry Location: The Case of the Manufacturing Belt [J]. The American Economic Review, 1991, 81 (2): 80-83.

② PAUL R KRUGMAN. Increasing Returns and Economic Geography [J]. The Journal of Political Economy, 1991, 99 (3): 483-499.

③ PAUL R KRUGMAN. The Increasing Returns Revolution in Trade and Geography [J]. The American Economic Review, 2009, 99 (3): 561-571.

④ RICHARD E BALDWIN, RIKARD FORSLID. The Core-Periphery Model and Endogenous Growth: Stabilizing and Destabilizing Integration [J]. Economica, 2000, 67 (Aug.): 307-324.

的产品通常会在中心和外围地区同时生产。如果商品的贸易运输成本降到足够低的水平，则现代部门将在中心地区聚集。①

彭信坤（Shin-Kun Peng）、Jacques-François Thisse 和王平（Ping Wang）建立一个两地区的一般均衡动态模型，并充分考虑了纵向一体化问题，把中间产品生产纳入研究的范畴，运用新古典增长模型讨论贸易和人口集聚的相互作用。他们假定生产最终产品的完全竞争厂商在两个地区布局，生产中间产品的垄断竞争厂商只在一个地区布局。不可流动的非熟练劳动力主要从事中间产品的贸易工作以生产最终产品，可流动的熟练劳动力则利用不可流动的资本设计并生产差异化的中间投入品。由于他们主要研究中间产品的贸易问题，所以进一步假定了最终产品和资本都是不可贸易的。最后得出结论认为，在经济总量较大的地区，生产最终产品更有效率，资本积累较高，人口将在这一地区聚集。开放经济条件下，如果贸易成本降低，由于国际贸易并不会提高熟练劳动力的福利水平，人口在经济总量较大地区的聚集将会减少，而资本积累将有可能增高。②

（二）贸易成本在国际贸易影响产业布局中的作用

Richard E. Baldwin、菲利普·马丁（Philippe Martin）和奥塔维亚（Gianmarco I. P. Ottaviano）将国际贸易与产业布局问题细化为四个阶段，研究产业布局随贸易成本的变化而发生的变化。第一阶段，贸易成本很高，制造业分散在全球各地；第二阶段，贸易成本处中等水平，北方地区迅速工业化，南方地区衰落并逐步处于边缘地位；第三阶段，贸易成本较低，高速经济增长和收入差距扩大持续存在；第四阶段，思想贸易成本下降，制造业向南半球集聚。③

Rikard Forslid、简·哈兰（Jan I. Haaland）和卡伦·海琳（Karen Helene Midelfart Knarvik）运用一般均衡模型，模拟了经济一体化对制造业区位分布的影响。他们研究发现，不同制造业行业的情况存在很大差异。在规模弹性较高的冶金、化学、运输器械等行业，贸易自由化和产业集中并不是单调的线性关系，贸易成本居中时产业集中程度最高。比较优势推动了规模弹性不高的产业

---

① MASAHISA FUJITA, JACQUES-FRANÇOIS THISSE. Does Geographical Agglomeration Foster Economic Growth? And Who Gains and Loses From It? [J]. The Japanese Economic Review, 2003, 54 (2): 121-145.

② SHIN-KUN PENG, JACQUES-FRANÇOIS THISSE, PING WANG. Economic Integration and Agglomeration in a Middle Product Economy [J]. Journal of Economic Theory, 2006, 131 (1): 1-25.

③ RICHARD E BALDWIN, PHILIPPE MARTIN, GIANMARCO I P OTTAVIANO. Global Income Divergence, Trade and Industrialization: The Geography of Growth Take-offs [J]. Journal of Economic Growth, 2001, 6 (1): 5-37.

的集中，并且产业集中程度随着贸易成本的下降而逐渐提高。整体来看，产业集中程度与贸易成本之间呈现倒“U”型关系。①

弘山本（Kazuhiro Yamamoto）把现代部门细分为研发部门、中间产品生产部门和制成品生产部门进行研究。三个部门的关系是，研发部门的研发行为需要制成品部门的产品做投入，制成品部门的生产活动需要中间产品生产部门的产品，研发部门与中间产品生产部门存在间接联系。他假定中间产品生产部门垄断竞争，制成品部门完全竞争，其产品贸易都有运输成本。这种修改产生了丰富的结果，其研究认为，经济存在两种稳定状态：当运输成本足够低时，存在制成品的国际贸易，中间产品生产部门的厂商完全集聚于一个国家，中间产品生产部门扩张速度最大化；当运输成本足够高时，不存在制成品的国际贸易，两个国家都生产制成品，中间产品生产部门的厂商不完全集聚，中间产品生产部门的扩张停滞。特别地，当中间产品的运输成本特别高时，经济增长将停滞。如果两类稳定状态同时出现，则可以观察到多重均衡。②

Richard E. Baldwin 和 Philippe Martin 研究得出一个与此类似的结论。他们以技术外溢为前提，将物质资本生产部门引入 Grossman-Helpman 的模型框架中，以物资资本作为生产新产品的必要投入为前提，运用一般均衡分析方法，讨论厂商生产的空间分布规律。结果表明，当贸易成本较高且无资本流动的情况下，不论地区初始资本情况如何，产业将在南北两个地区对称布局。当贸易成本逐步下降并低于某一临界值时，如果无资本流动，产业将向一个地区集聚；如果资本自由流动，只要资本没有全部集中在北方，产业将在地区之间呈现非对称布局，资本相对充裕的北方地区将吸引更多的产业。③

克里斯蒂安·贝伦斯（Kristian Behrens）等人研究了国际贸易成本下降和国内运输成本下降对一国经济地理的影响。他们同样假定是两个国家，但每个国家都由两个地区组成，国家和地区的差异通过运输成本和要素流动来区分，产品可以在国家和地区间流动，地区间贸易受运输成本的影响，国家间贸易受贸易成本的影响。同时，他们也依据保罗·克鲁格曼的分析框架，假定每个地

---

① RIKARD FORSLID, JAN I HAALAND, KAREN HELENE MIDELFART KNARVIK. A U-shaped Europe? A Simulation Study of Industrial Location [J]. Journal of International Economics, 2002, 57 (2): 273-297.

② KAZUHIRO YAMAMOTO. Agglomeration and Growth with Innovation in the Intermediate Goods Sector [J]. Regional Science and Urban Economics, 2003, 33 (3): 335-360.

③ RICHARD E BALDWIN, PHILIPPE MARTIN. Agglomeration and Regional Growth [A] // VERNON HENDERSON, JACQUES-FRANÇOIS THISSE. Handbook of Urban and Regional Economics. Vol. 4: 2 671-2 711.

区都可以生产两种产品，不能在国家和地区间流动的非熟练劳动力由竞争性的部门雇用，可以在地区间流动却不能在国家间流动的熟练劳动力由垄断性部门雇用。其研究结论认为，当贸易成本足够高而国内运输成本很低时，可以促进地区的集聚；当运输成本很高时，降低贸易成本将会促进地区经济的扩散。①

法比安·坎多（Fabien Candau）采用了与其他学者雷同的研究思路，论证了贸易自由化将导致产业集聚。贸易自由化水平决定产业集聚水平，随着贸易自由化水平的变化，产业集聚在两个或者三个地区也是稳定的均衡。②

彼埃尔·皮卡（Pierre M. Picard）和隆敏田渊（Takatoshi Tabuchi）研究运输成本对空间均衡结构的影响，其设想一个跑道经济模型（Racetrack Economic Model），厂商和工人可以在连续的空间或者离散的点上自由定位。研究结果表明，如果将运输成本纳入函数，则运输成本函数形状是空间布局均衡的决定性影响因素，厂商和工人集聚在少数城市是更稳定的状态，这也是经济相互作用的自然结果，而均匀分布是非均衡状态。③

二、国内研究现状

与国外的研究相比，国内对国际贸易如何影响产业布局这一问题的研究起步较晚且成果相对较少，即使是罕见的研究也多以实证分析为主。产业集聚进入学者的视野之后所激起的研究热潮，直接导致学者在研究国际贸易和产业布局问题时，把重点放在了国际贸易对产业集聚的影响。

葛颖（Ge Ying）借鉴 K. H. Midelfart-Knarvik 等人④的计量经济学模型，对中国区域发展不平衡、产业集聚和国际贸易的关系进行了实证研究。其研究得出结论认为，20 世纪 90 年代，伴随着中国逐步加大的区域专业化和制造业产业集聚，中国的区域发展不平衡也在加剧。在她看来，能够有效地开展国际贸易和获取外商直接投资（FDI）是促使中国制造业地区发展不平衡的重要因素之一。高度依赖国际贸易和 FDI 的产业更多地集聚在便于接近国外市场的地

① KRISTIAN BEHRENS, CARL GAIGNÉ, GIANMARCO I P OTTAVIANO, et al. Countries, Regions and Trade: On the Welfare Impacts of Economic Integration [J]. European Economic Review, 2007, 51 (5): 1 277-1 301.

② FABIEN CANDAU. Entrepreneurs' Location Choice and Public Policies: A Survey of the New Economic Geography [J]. Journal of Economic Surveys, 2008, 22 (5): 909-952.

③ PIERRE M PICARD, TAKATOSHI TABUCHI. Self-Organized Agglomerations and Transport Costs [J]. Economic Theory, 2010, 42 (3): 565-589.

④ K H MIDELFART-KNARVIK, H G OVERMAN, S J REDDING, et al. The Location of European Industry [Z]. Economic Papers 142, European Commission, 2000.

区，出口导向型的产业具有更高的集聚水平。①

梁琦假设了两个垂直关联的垄断竞争部门，隶属于每一个部门生产差异化产品的企业分布在两个地区，并且每个企业都向两个地区提供产品。如此一来，如果贸易成本非常高，则企业为了满足最终需求将在两个地区分布，分散均衡是唯一的结果。当贸易成本足够低时，下游企业将根据上游企业的布局而进行相应地布局。同时，由于下游企业为上游企业提供了更大的市场，将增加上游企业的集聚力，因此，低的贸易成本将导致产业集聚。当贸易成本为零时，企业无论布局在何处都是无关紧要的。中等贸易成本也不会对企业布局产生影响，存在多重的均衡。②

黄玖立、李坤望明确指出，既有的有关中国产业布局问题的研究，主要集中在国际贸易对产业布局的作用。他们认为，改革开放以后，中国东部沿海地区凭借良好的地理优势，通过国际贸易的方式吸引工业向这些地区集聚。他们论证认为，为节省运输成本，依赖国际贸易的产业倾向于布局在沿海地区或者接近沿海地区。20 世纪 80 年代，随着国际贸易的扩大，中国传统体制下的部分重要工业基地逐步向沿海地区靠拢，到了 20 世纪 90 年代，中国的制造业在沿海地区呈现整体集中的特征。③

冼国明、文东伟运用中国 1980 年、1985 年、1995 年、2004 年 4 个年份的省级面板数据，计算了地区专业化指标、产业方差系数以及行业的相对集中度和绝对集中度等指标，描述了中国各省级单位的专业化模式和制造业各行业地方化的历史事实及变化趋势。最后得出结论认为，FDI 在中国的非均衡分布是导致制造业空间分布不均匀的重要原因。中国对外开放的基本国策，以及由此引发的大规模的国际贸易，进一步推动了制造业的集聚，特别是向具有良好基础和比较优势的东部沿海地区集聚。④

仇怡、吴建军以 1998—2007 年 31 个省市区高技术产业的面板数据为基础，实证分析中国高技术产业集聚与国际贸易的关系。其研究表明，高技术产业国际贸易增长与产业集聚程度间存在较强的正相关。高技术产业国际贸易集中的区域也是产业集聚程度较高的地区，高技术产业的国际贸易具有强化产业

---

① GE YING. Regional Inequality, Industry Agglomeration and Foreign Trade, The Case of China [Z]. Working Papers, University of International Business and Economics, China, 2003.

② 梁琦. 产业集聚论 [M]. 北京：商务印书馆，2004：102-110.

③ 黄玖立，李坤望. 对外贸易、地方保护和中国的产业布局 [J]. 经济学（季刊），2006 (3)：733-760.

④ 冼国明，文东伟. FDI、地区专业化与产业集聚 [J]. 管理世界，2006 (12)：18-31.

集聚的效应，国际贸易促进了高技术产业的集聚。在产业集聚程度较高的地区，国际贸易带来的技术外溢效应更容易发挥，进而推动当地技术水平提高。①

许德友、梁琦假设国内两地区对称（两地区与国外市场的距离相同，产品运输成本相同）和不对称（两地区与国外市场的距离不同，产品运输成本不同）两种情形。在两地区对称的情形下，国际贸易将打破原有均匀分布的产业布局，形成产业集中于一个地区的产业集聚模式，至于在哪个地区集聚则由偶然事件、历史因素、政策决定。在两地区不对称的情形下，国际贸易使得具有地理优势的地区获得先发优势，使得这些地区成为产业的集聚地，进而吸引劳动、资本、技术等要素在这些地区集聚，从而保障集聚优势一直持续存在。②

三、简要评论

从前面的综述可以发现，在研究国际贸易对产业布局的影响这一问题时，国外和国内的研究重点有所不同。国外学者更注重理论的创新，而国内学者更注重实证的检验。即使是少有的中国学者进行理论方面的研究，大多是介绍、引进、借鉴国外的理论成果，或者是对国外的理论研究进行优化完善，真正算得上是理论创新的较少。国外的研究普遍以迪克西特—斯蒂格利茨—克鲁格曼（Dixit-Stiglitz-Krugman）的垄断竞争模型为基础，通过改变部分假设条件得出有意义的结论，这是值得提倡的。既有的研究主要呈现以下特征：

第一，严格的假设条件限制了理论模型的普适性和解释力。以保罗·克鲁格曼为代表的新经济地理学家在研究国际贸易与产业布局问题时，更多关注国际贸易成本下降对产业集聚的影响。然而，国际贸易对一个国家或地区产业布局的影响并不仅仅局限于贸易成本的高低，国际贸易的总量、国际贸易的结构、国际贸易的方式、国际贸易的内容、国际贸易政策等都会对产业布局产生不同的影响。不过，严格的假定条件直接决定了把上述国际贸易诸方面引入同一个模型，分析其对产业布局的影响显得不太现实。

第二，既有研究的假定条件忽视了外部性对经济活动的影响。经济活动普遍具有外部性，并通过外部性影响其他经济主体。产业集聚之所以能够存在并

---

① 仇怡，吴建军. 国际贸易、产业集聚与技术进步——基于中国高技术产业的实证研究[J]. 科学学研究，2010（9）：1 347-1 353.

② 许德友，梁琦. 贸易成本与国内产业地理[J]. 经济学（季刊），2012（3）：1 113-1 136.

得到长足发展，其重要原因之一是因为集聚的外部性。既有的研究在讨论国际贸易和产业布局问题时，往往假定只涉及两个国家或地区，尽管不同研究的假定有所差别，比如假定产品生产阶段不同、生产部门类型不同等，但终究没有逃出这一框架。这一假定意味着，两个国家或者两个地区所开展的国际贸易不会影响第三方。换句话说，对其他国家和地区而言，模型所研究的两国间开展的国际贸易活动对产业布局的影响并没有外部性。这一点显然是不合乎现实的，也有悖于传统的经济理论。

第三，既有的研究普遍把制造业作为主要研究对象也有其局限性。从阿尔弗雷德·韦伯开始，学者在研究产业布局问题时，都注重对以制造业为代表的工业的研究。这一现象出现，部分是由于制造业本身的特征所决定，部分是由于研究方法的滞后，但无论如何制造业并不能涵盖所有的经济部门，过分地注重以其为研究对象会有局限性。产业间存在的关联性决定了各个产业的发展都离不开相关产业的支持，制造业亦是如此。约翰·冯·杜能在研究农业的区位问题时，假定中心区是城市，农业以城市为中心进行相应布局，已经充分展示了不同产业的布局之间具有相关性。制造业布局的变化也相应地对其他产业的布局产生影响，国际贸易在影响制造业产业布局的同时，同样会对其他产业布局产生影响，所以在研究这一问题时，把研究对象定位于制造业的局限性将随着国际贸易的不断扩大而愈发突出。

第四，既有的研究多从产业层面展开，把产业布局作为既定事实，直接讨论中观层面的产业布局问题，而没有详细分析导致产业布局变化的微观基础，至于产业布局何以成为这一格局俨然成了一个黑箱。此外，产业布局变化是由众多的小规模经济主体行为选择的结果，并最终在某些地方形成了规模收益递增的局面。① 经济学理论中微观分析相对更加成熟，只有从微观角度出发，才能对产业布局变化给出中肯的解释，微观基础的缺乏也是现有国际贸易和产业布局的研究成果中一个值得改进的地方。

第五，既有的研究结论与现实有一定的差异。从国外的研究来看，在国际贸易成本较高、要素流动受到限制的情况下，工业的布局往往是集中在发达国家和地区，这是诸多研究一致的结论。然而，这一结论的可靠性值得推敲。就现实情况来看，新产品、新技术一般集中在发达国家，但工业并不能完全集聚在发达国家，甚至是在发达国家大规模集聚都是不可能的。其理由在于，工业

---

① GILLES DURANTON, DIEGO PUGA. Micro-foundations of Urban Agglomeration Economies [A] //VERNON HENDERSON, JACQUES-FRANÇOIS THISSE. Handbook of Urban and Regional Economics. Vol. 4：2 063-2 117.

是一国经济发展的支柱产业，对一国经济发展和保持经济独立性有着重要的作用，即使是发展工业的条件较差，各国仍然会大力发展工业。另外，工业所包括的行业门类众多，发达国家和发展中国家在不同的行业比较优势不同，他们可以依据自身的比较优势发展工业。由此一来，工业集中在发达国家的情况是不合乎现实的。这一结论与工业越来越多地向劳动力成本低的国家转移的事实也不一致。同时，国际贸易不仅影响产业在不同国家的布局，而且影响一国内部的产业布局，而后者也在很大程度上被既有的研究所忽视。

第三节　研究方法、内容与本书结构

一、研究方法

本书按照从微观到中观，从一般到具体，从理论到实证的研究思路，将定性分析和定量分析相结合，以产业经济学理论为基础，结合国际贸易、国际金融、区域经济学、经济地理、空间经济学、信息经济学、演化经济学、微观经济学等学科的理论知识，运用博弈论、统计学、计量经济学等学科的方法论，从全球的视角并结合中国的实际探讨国际贸易对产业布局的影响。

本书在对理论基础部分进行阐述时，重点回顾了国际贸易理论、区位理论、区域经济学、产业集聚理论、空间经济学的理论。本书在讨论国际贸易对产业布局的影响机制时，重点运用了微观经济学的理论，其突出表现是以企业的微观选址为基础，从供给、需求和制度三个方面展开分析，强调信息不对称和运输成本，强调成本收益分析在厂商选址决策中的作用，实为典型的微观经济学分析方法。同时，本书运用进化博弈模型，分析厂商群体选址因为国际贸易而发生的变化，较好地运用了博弈论这一分析工具。本书在分析国际贸易对不同产业布局的影响时，主要运用了定性的分析方法。本书结合中国改革开放以来的情况进行实证研究时，以统计学、计量经济学方法为主，主要运用了定量分析方法。

二、研究内容

本书的主要研究内容是国际贸易对产业布局的影响，书中全面分析了国际贸易的规模、国际贸易的结构、国际贸易的内容、国际贸易的方式、国际贸易政策等对产业布局的影响。本书所研究的国际贸易对产业布局的影响，不仅仅局限于国际贸易对产业在不同国家布局的影响，而且分析国际贸易对一国内部不同地区产业布局的影响。在此，作者也承认以下事实，国际贸易和产业布局是互动关系，不仅国际贸易影响产业布局，产业布局对国际贸易也有影响①。合理的产业布局可以充分利用稀缺的空间资源以促进经济增长，改变国际贸易的总额和方向。然而，本书暂不打算把产业布局对国际贸易的影响纳入进来进行研究。

本书的研究视角并不仅仅局限于中国，而是在充分关注中国的基础上，从全球的视野研究国际贸易对产业布局的影响。这样做的根据在于，评价一种理论学说好坏的一个重要标准就是其普适性高低，作为理论研究应充分注意其广泛的解释力，这决定了学者必须站在全球的视角开展研究。同时，中国的经济发展迫切需要有相关的理论进行解释，中国的经济社会现实也为经济学理论的发展完善提供了优越的条件。诺贝尔经济学奖得主米尔顿·弗里德曼甚至不惜断言，谁能成功地解释中国经济改革和发展，谁就能够获得诺贝尔经济学奖②。中国的经济社会发展已经为国内外学者所关注，因而学者必须充分考虑中国的现实问题。这一研究视角具体体现在，本书专门开辟章节利用中国改革开放以来的数据进行实证分析，而在相关理论分析和实证材料方面则兼具国内外的理论研究和事实。

三、本书结构

围绕国际贸易对产业布局的影响这一研究主题，全书可以分为 4 个部分，分别是绪论部分、理论部分、实证部分和结论部分，其中理论部分和实证部分是本书的主体部分，具体每个部分包括的章节内容见图 1-2。每个章节研究的主要内容如下：

第一章为绪论。本章重点阐述了选题的理论意义和现实意义，国内外对于国际贸易和产业布局研究的现状，并进行简要的评论。本章简要介绍了全书的结构、研究方法及主要研究内容。

第二章为国际贸易与产业布局的理论演进。本章系统地回顾了经典的国际贸易理论、区位理论和产业集聚理论，国际贸易理论和区位理论各自分为古典理论、新古典理论和当代理论三个阶段分别进行回顾，产业集聚理论分新古典产业集聚理论和当代产业集聚理论两个阶段进行回顾。本章最后论述了国际贸易理论与产业布局理论的内在关系。

---

① 迈克·斯多波. 全球化、本地化与贸易［A］//GORDON L CLARK, MARYANN P FELDMAN, MERIC S GERTLER. 牛津经济地理学手册. 刘卫东，等，译. 北京：商务印书馆，2005：147-165.

② 林毅夫，胡书东. 中国经济学百年回顾［J］. 经济学（季刊），2001（1）：3-18.

第三章为国际贸易影响产业布局的理论分析。本章较为全面地分析国际贸易的总量、结构、方式、内容以及国际贸易政策等对产业布局产生的各种影响。本章把国际贸易总量分为绝对量和相对量，把国际贸易结构分为产业结构和地区结构，把国际贸易方式分为产业内贸易和产业间贸易，把国际贸易内容分为国际商品贸易、国际服务贸易、国际技术贸易、国际资本流动，把国际贸易政策分为自由贸易政策和保护贸易政策等，分别分析其对产业布局的影响。

第四章为国际贸易对厂商选址的影响。本章首先从供给、需求和制度三个方面分析厂商选址的决定因素，并着重强调国际贸易对厂商选址决定因素的影响；其次分析国际贸易影响厂商选址的成因与条件，在此基础上分析国际贸易对单个厂商选址的影响；最后运用进化博弈模型，分析国际贸易对厂商群体选址的影响。

第五章为国际贸易对产业集聚和产业扩散的影响。本章重点分析 4 个问题，第一，国际贸易对产业集聚和产业扩散诱发因素的影响，把信息不对称作为国际贸易条件下产业布局的新增诱发因素，指出从国际贸易的角度看产业布局是传递信息的方式之一；第二，运用模型分析国际贸易对产业集聚和产业扩散的影响，并结合案例进行讨论；第三，从国家间和国家内部不同地区间两个层面，分析国际贸易对产业集聚区位选择的影响；第四，分析国际贸易对产业集聚和产业扩散生命周期的影响，重点阐述了其加速或延缓产业集聚和产业扩散生命周期的机理。

第六章为国际贸易对三次产业布局的影响。本章首先分析国际贸易对产业布局原则的影响，提出国际贸易中产业布局的主权和经济安全原则、便于信息传递的原则。其次，本章分析国际贸易对三次产业布局的影响，指出第一产业的布局有被动适应国际贸易的倾向；第二产业可以结合国际贸易进行较为灵活的布局，在分析国际贸易对第二产业布局的影响时，专门分析国际贸易对一般制造业和高新技术产业布局的影响；第三产业则充分发挥其服务功能，在国际贸易条件下有条件地发生布局的变化。

第七章为中国改革开放以来国际贸易对产业布局影响的实证分析。本章首先结合统计数据描述改革开放以来中国国际贸易和产业布局的变化。其次，本章运用全国的时间序列数据，构建向量自回归（VAR）模型分析国际贸易与产业布局的长期关系，并进行脉冲响应和方差分解。再次，本章运用中国内地除海南省、西藏自治区以外的 29 个省份 1985—2013 年的省际面板数据进行实证分析。此处先把 29 个省级单位作为一个整体进行实证分析，接下来分别把 29 个省级单位分为沿海地区和内陆地区、高贸易依存度地区和低贸易依存度地区进行实证分析。

第八章为结论、政策含义及研究展望。本章首先总结研究的结论，其次阐释政策含义，最后展望了未来研究的努力方向。

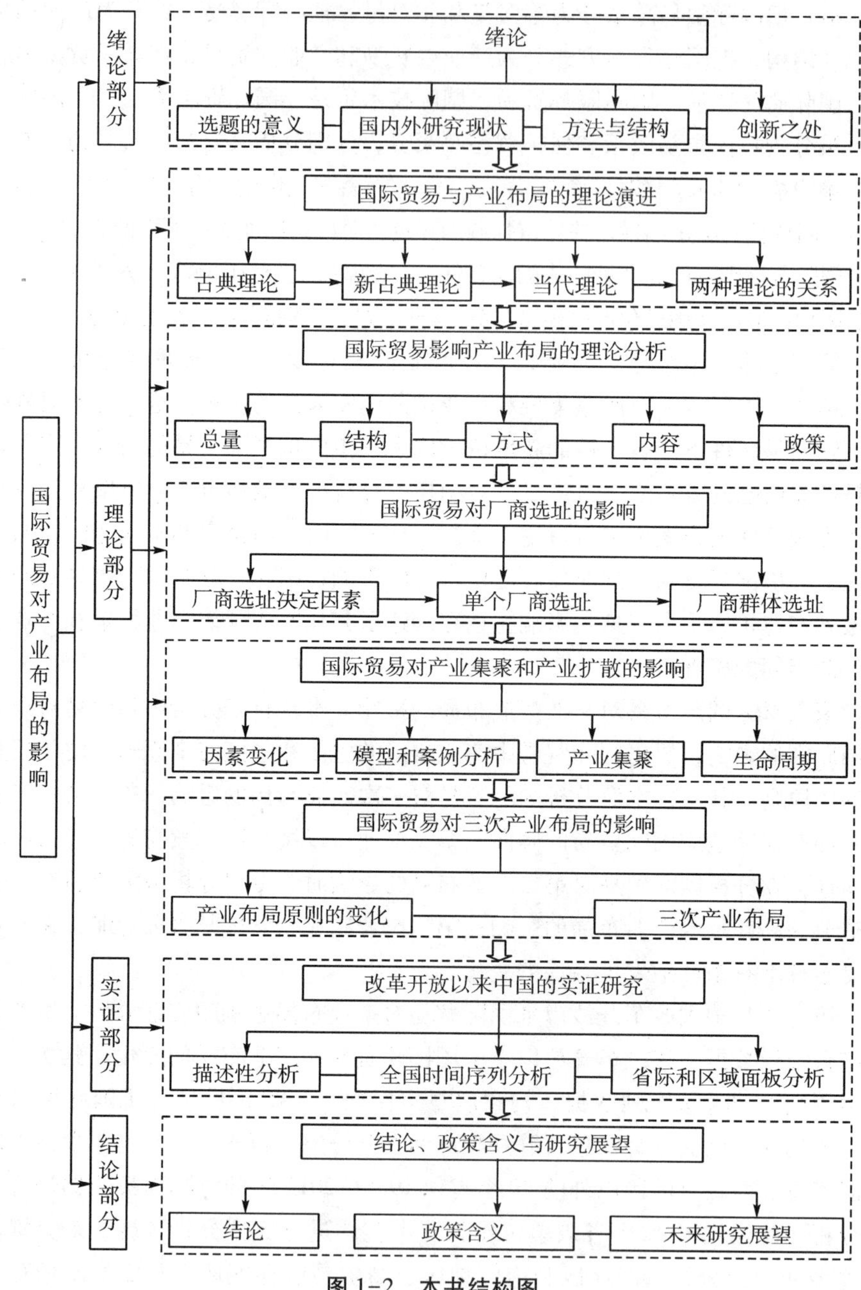

图 1-2　本书结构图

第四节　创新之处

本书可能的创新之处主要有以下几点：

第一，本书把研究主题明确界定为国际贸易对产业布局的影响。尽管国际贸易理论和产业布局理论很早就进入学者的视野，且研究成果颇丰，但把国际贸易对产业布局的影响作为研究主题的研究成果却极为少见。本书全面分析国际贸易对厂商选址、产业集聚和产业扩散的影响，构建了国际贸易影响产业布局的理论分析框架，为从宏观角度研究国际贸易对产业布局的影响提供了微观理论基础。

第二，本书从多个视角分析国际贸易对产业布局的影响。本书不仅关注国际贸易中的成本因素，如运输成本、信息搜寻成本等对产业布局的影响，而且分析国际贸易总量、国际贸易结构、国际贸易方式、国际贸易内容、国际贸易政策等对产业布局的影响。

第三，本书充分考虑信息不对称在产业布局中的作用。本书着重强调国际贸易中存在更多的信息不对称，综合运输成本和信息搜寻成本，讨论国际贸易对产业布局的影响。与国内的交易活动相比，国际贸易中的制度距离、文化距离、经济距离、空间距离更大，加剧了信息不对称。因此，突出强调信息不对称，既合乎现实，又有一定的新意。本书认为，从国际贸易的角度看，调整产业布局的目的不仅是为了降低运输成本，也是为了便于信息的传递。通过产业布局的方式向国内外的各类经济主体传递信息，以此降低经济主体支付的信息搜寻成本。

第四，本书提出，在产业集聚的不同阶段，促成产业集聚的主导因素不同。从国际贸易的角度看，产业向沿海地区集聚是运输成本、信息搜寻成本与其他产业集聚影响因素共同作用的结果。就运输成本和信息搜寻成本而言，两者在产业集聚的不同阶段所起的作用不同。在产业集聚的初级阶段，沿海地区凭借海运成本较低的优势，在国际贸易中的优势突出，导致了产业集聚。在产业集聚的高级阶段，运输成本的优势仍然存在，但通过产业集聚而带来的信息传递优势开始发挥作用。沿海地区以产业集聚的方式向外界发送相关的信息，降低其他经济主体对集聚区相关信息搜寻的难度，信息搜寻成本的优势也开始逐步呈现，此时，运输成本和信息搜寻成本共同起主导作用促进产业集聚。

第二章　国际贸易与产业布局的理论演进

在经济学正式产生前，先哲就做了国际贸易与产业布局的理论研究，部分重商主义者对这一问题已经给出了较为深入透彻的论述。例如，安东尼奥·塞拉（Antonio Serra）作为意大利晚期重商主义者，在其1613年出版的《略论无贵金属矿藏国家使金属充足的原因》一书中提出，一个国家如果没有天然金银矿，就应该人为采取手段来获得金银。具体方法包括将农产品的剩余部分换回金银；发展手工业，生产供出口的生活资料、享乐品和奢侈品以换取金银；将处于优越地理位置的地方辟为繁荣贸易的城市，如威尼斯就具备成为对外贸易城市的条件。[①] 他所提出的第三个方法清楚地揭示了国际贸易与产业布局之间存在密切的联系。尽管如此，有鉴于学术界公认将亚当·斯密《国富论》的出版作为经济学正式产生的标志，本章尝试着从古典理论开始对国际贸易与产业布局[②]的相关理论做一回顾，从而为本书的研究提供理论基础。

第一节　古典国际贸易和产业布局理论

一、古典国际贸易理论

古典经济学家主张自由贸易，他们当中的部分学者专门研究了分工和国际贸易问题，并且主张进行专业化生产，通过国际贸易来增进各国的福利水平。古典经济学家的这些论断，可以视为国际贸易和产业布局最早的理论研究。在

① 杨培雷. 当代西方经济学流派［M］. 上海：上海财经大学出版社，2003：10-11.

② 本章在对理论演进进行梳理时，主要梳理了国际贸易理论、区位理论和产业集聚理论，基本不涉及产业转移理论。这是由于本书的研究思路和方法更接近于空间经济学，从事空间经济学研究的学者在进行理论梳理时也鲜有涉及产业转移理论的。

研究国际贸易问题时，古典经济学家亚当·斯密、大卫·李嘉图几乎给出了同样的假定，如两个国家、两种商品、一种生产要素，即所谓的“二、二、一”模型，并且他们假定要素不能跨国流动，不考虑规模报酬、技术进步和运输成本等问题。

（一）亚当·斯密的分工理论和绝对优势贸易理论

英国古典经济学的创始人亚当·斯密是最早同时研究国际贸易和产业布局的经济学家。亚当·斯密在1776年出版的《国富论》中讨论了分工问题，并提出绝对优势贸易理论。产业布局的实质就是区域分工，基于这种考虑，作者认为亚当·斯密是综合研究国际贸易和产业布局的学者。

《国富论》开篇就讨论了分工问题。“劳动生产力上最大的增进，以及运用劳动时所表现出的更大的熟练、技巧和判断力，似乎都是分工的结果。”① 这就是亚当·斯密的经典论断，分工促进效率提高的原因又是什么呢？在亚当·斯密看来不外乎以下三个：“第一，劳动者的技巧因业专而日进；第二，由一种工作转换到另一种工作，通常须损失不少时间，有了分工，就可以免除这种损失；第三，许多简化劳动和缩减劳动的机械的发明，使一个人能够做许多人的工作。”② 如果把亚当·斯密的分工理论推广至区域产业分工领域，那么亚当·斯密就当之无愧是最早研究产业布局的经济学家。

分工的结果是让大家各自做最为擅长的事，“裁缝不想制作他自己的鞋子，而向鞋匠购买。鞋匠不想制作他自己的衣服，而雇裁缝制作”③。同时，亚当·斯密指出：“在每一个私人家庭的行为中是精明的事情，在一个大国的行为中就很少是荒唐的了”。④ 也就是说，适用于一国内部不同家庭的分工同样适用于不同国家、不同地区。正是如此，亚当·斯密将其分工理论向开放经济体系进行拓展，把劳动作为唯一的生产投入要素，以裁缝和鞋匠为例进行解释，提出了绝对优势贸易理论。他认为，“在某些特定商品的生产上，某一国占有那么大的自然优势，以致全世界都认为，跟这种优势作斗争是枉然的”⑤，

---

① 亚当·斯密. 国民财富的性质和原因的研究：上卷［M］. 郭大力，王亚南，译. 北京：商务印书馆，1972：5.

② 亚当·斯密. 国民财富的性质和原因的研究：上卷［M］. 郭大力，王亚南，译. 北京：商务印书馆，1972：8.

③ 亚当·斯密. 国民财富的性质和原因的研究：下卷［M］. 郭大力，王亚南，译. 北京：商务印书馆，1974：28.

④ 亚当·斯密. 国民财富的性质和原因的研究：下卷［M］. 郭大力，王亚南，译. 北京：商务印书馆，1974：28.

⑤ 亚当·斯密. 国民财富的性质和原因的研究：下卷［M］. 郭大力，王亚南，译. 北京：商务印书馆，1974：29.

如果一国“要是把劳动用来生产那些购买比自己制造还便宜的商品，那一定不是用的最为有利”①。因此，一国欲取得经济的快速发展和财富积累的增加就必须开展对外贸易，各种“管制几乎毫无例外地必定是无用的或有害的”②。

至于如何参与国际贸易，则“应当把他们的全部精力集中使用到比邻人处于某种有利地位的方面”③。在国际分工中，如果一国能够集中生产自己具有绝对优势的产品，那么就可以从贸易中获益并取得财富积累的增加。在“看不见的手”指导下的国际贸易对一国是有利的，“不受限制而自然地、正常地进行的两地之间的贸易，虽未必对两地同样有利，但必对两地有利”④。他认为，各国、各地区区域分工的基础是生产成本的绝对差别，一个国家若在生产某种产品上具有比其他国家高的劳动生产率，则该国就在生产该种产品上有绝对优势，该国的居民就可以用自己有绝对优势的产品与其他国家开展贸易，提高劳动生产率，增加彼此的福利。因此，亚当·斯密的绝对优势贸易理论和分工理论不仅是国际贸易的理论基础，而且是产业布局的理论依据之一。

（二）大卫·李嘉图的比较优势贸易理论

亚当·斯密的绝对优势贸易理论在古典经济学的集大成者大卫·李嘉图那里得到进一步发展。大卫·李嘉图在1817年出版的《政治经济学及赋税原理》中，以英国、葡萄牙两个国家关于毛呢与葡萄酒的贸易为例，提出著名的比较优势贸易理论。同亚当·斯密一样，大卫·李嘉图认为国际贸易对各国都有利，原因在于“对外贸易由于可以增加用收入购买的物品的数量和种类，并且由于使商品丰富和价格低廉而为储蓄和资本积累提供了刺激力”⑤，贸易双方生产成本的差异是国际分工和贸易的前提。

大卫·李嘉图的理论有别于亚当·斯密的理论。在亚当·斯密的理论中，鞋匠和裁缝分别在制鞋和做衣服方面有绝对的优势，两者可以明确分工。大卫·李嘉图看到了亚当·斯密绝对优势贸易理论存在的不足，认为尽管在国际贸易中有的国家可能在生产成本、劳动效率等方面都处于绝对的优势或者绝对

---

① 亚当·斯密．国民财富的性质和原因的研究：下卷［M］．郭大力，王亚南，译．北京：商务印书馆，1974：28.

② 亚当·斯密．国民财富的性质和原因的研究：下卷［M］．郭大力，王亚南，译．北京：商务印书馆，1974：28.

③ 亚当·斯密．国民财富的性质和原因的研究：下卷［M］．郭大力，王亚南，译．北京：商务印书馆，1974：28.

④ 亚当·斯密．国民财富的性质和原因的研究：下卷［M］．郭大力，王亚南，译．北京：商务印书馆，1974：61.

⑤ 大卫·李嘉图．政治经济学及赋税原理［M］．郭大力，王亚南，译．北京：商务印书馆，1962：112.

的劣势地位，但是每一个国家都能够通过权衡比较，在优势中选择最具有优势的产品，在劣势中选择劣势较低的产品进行生产并开展国际贸易。一国可能在所有产品的生产上都不具有绝对优势，但一国只要依据其比较优势参与国际分工和国际贸易，就可以提高贸易各国的福利水平。

正是依据其比较优势贸易理论，大卫·李嘉图提出了一些与产业布局有关的经典论断。他曾推论指出："在商业完全自由的制度下，各国都必然把它的资本和劳动用在最有利于本国的用途上。这种个体利益的追求很好地和整体的幸福普遍结合在一起……正是这一原理，决定葡萄酒应在法国和葡萄牙酿制，谷物应在美国和波兰种植，金属制品及其他商品则应在英国制造。"① 由此可以看出，大卫·李嘉图虽然没有像亚当·斯密那样专门讨论分工问题，但是他根据其比较优势贸易理论而推断某些产品、某些产业应该在哪些国家布局比较合理，揭示了区域分工合作的积极作用，提出了按照比较优势进行互利发展的基本思路，已经涉及了国际分工问题。另外，大卫·李嘉图的经济理论是以分配理论为核心，而地租理论又是其分配理论的核心，他把地租产生的原因之一归结为土地位置离市场的远近不同，已经深入到经济活动的空间布局方面。②正是如此，大卫·李嘉图也是古典经济学中研究国际贸易和产业布局的著名学者之一，他的学说有力地推动了国际贸易和产业布局理论的发展和完善。

二、古典区位理论

虽然产业布局问题很早就为一些经济学家如约翰·冯·杜能、阿尔弗雷德·韦伯所专门研究，但他们的理论都是以区位理论的面目面世，因此，作者对产业布局理论的综述也是从古典区位理论开始。亚当·斯密、大卫·李嘉图等人在讨论国际贸易问题时假设要素不能流动，商品却可以自由流动，而约翰·冯·杜能则假设劳动力可以自由流动，商品的流动需要支付成本。③ 也正是在这种意义上，贸易理论和区位理论存在相互的替代。在古典区位理论④中，最著名的是约翰·冯·杜能的农业区位论、阿尔弗雷德·韦伯的工业区位论。

---

① 大卫·李嘉图. 政治经济学及赋税原理 [M]. 郭大力，王亚南，译. 北京：商务印书馆，1962：113.

② 中国人民大学区域经济研究所. 产业布局学原理 [M]. 北京：中国人民大学出版社，1997：22.

③ PAUL A SAMUELSON. Thünen at Two Hundred [J]. Journal of Economic Literature，1983，21 (4)：1 468-1 488.

④ 本书按照梁琦的提法划分古典区位理论、新古典区位理论以及当代区位理论。详见：梁琦. 空间经济学：过去、现在与未来 [J]. 经济学（季刊），2005 (4)：1 067-1 086.

（一）约翰·冯·杜能的农业区位理论

为解决德国当时的农业如何实现合理布局这一问题，约翰·冯·杜能潜心经营特洛农庄逾十载，在掌握了详细的一手资料的基础上，于1826年出版了《孤立国同农业和国民经济的关系》（简称《孤立国》）这部专著。在这部里程碑式的著作中，约翰·冯·杜能系统地探索了以利润最大化为目标的农业经营方式和空间分布问题，提出了农业布局的区位理论，开创了产业布局区位理论的先河。《孤立国》的出版标志着产业布局区位理论的正式诞生。约翰·冯·杜能认为，在农业布局问题上，农作物的布局不完全由自然条件决定，确定农业活动的最佳地点时必须着重考虑运输费用问题，在这方面起决定作用的是级差地租。

约翰·冯·杜能借鉴吸收了古典经济学的理论，采用抽象的研究方法讨论农业区位理论。他假定，"有一个巨大的城市，座落在沃野平原的中央，那里没有可以通航的自然水流和人工运河。这一平原的土地肥力完全均等，各处都适宜于耕作。离城市最远的平原四周，是未经开垦的荒野。那里与外界完全隔绝，我把它称作孤立国。这一平原除一个大城市外，没有别的市镇，亦即是，这个城市必须供应全境一切人工产品，而城市的食品则完全仰给于四周的土地。供应整个国家所需的金属和食盐的矿山和盐场，假设就在中央城市的附近"①。在上述假定下，约翰·冯·杜能认为，接下来的问题是"田间耕作的情况将会怎样，如果最彻底地经营农作，那末离城市的远近将对农作产生什么影响"②。换言之，如何围绕中心城市布局农业成了一个利润最大化问题。而农业经营的利润是农产品价格、农业生产成本和农产品运往市场的运费的函数，具体为：

农业经营的利润 = 农产品价格 -（农业生产成本 + 运输费用）　　(2.1)

约翰·冯·杜能利用2.1式计算出各种农作物种植的合理分界线，并将孤立国划分成6个圈境，以城市为中心，由里向外依次为自由农作圈境、造林圈

---

① 约翰·冯·杜能. 孤立国同农业和国民经济的关系［M］. 吴衡康，译. 北京：商务印书馆，1986：19.

② 约翰·冯·杜能. 孤立国同农业和国民经济的关系［M］. 吴衡康，译. 北京：商务印书馆，1986：19.

境、轮栽作物制圈境、轮作休闲制圈境、三区农作制圈境、畜牧圈境。① 6个圈境为同心圆圈结构，各个圈境的界限相当分明，此即著名的杜能圈，如图2-1所示。

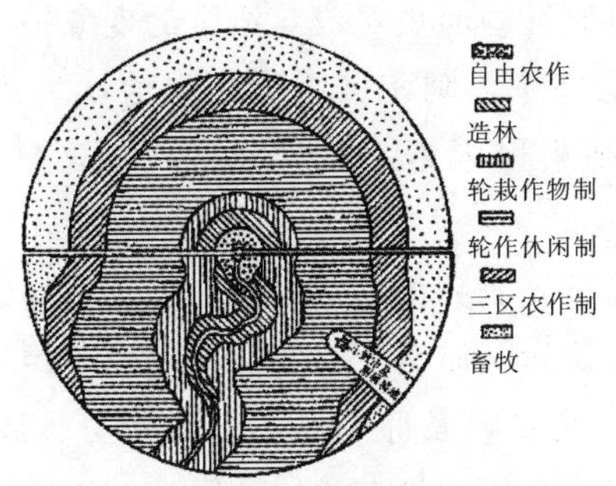

图2-1　杜能圈

资料来源：约翰·冯·杜能. 孤立国同农业和国民经济的关系［M］. 吴衡康，译. 北京：商务印书馆，1986：312.

同时，约翰·冯·杜能也提出，工厂的布局要以“最有利于国计民生”为最高原则，不要把所有的工厂都集中在首都，要把大部分工厂建在原材料价格最低的地方，以最便宜的价格向消费者供给产品。他后来又放松了其假设，认为孤立国除了存在一个巨大的城市，还存在许多小城市，但是“全境各城市的大小及相互间距离必须最有利于国计民生”②。

（二）阿尔弗雷德·韦伯的工业区位理论

阿尔弗雷德·韦伯在约翰·冯·杜能研究的基础上进行创新，首次从运输

① 这有点类似于中国古代的五服制。《禹贡》中记载五服制：“五百里甸服，五百里侯服，五百里绥服，五百里要服，五百里荒服。”在这样一种国家模式下，以京城为中心，土地应该分为五等，每一等四方各五百里。根据距离京城的远近，由近到远依次是甸服（以农业为主的直接统治区）、侯服（诸侯统治区）、绥服（必须加以绥抚的地区）、要服（边远地区）、荒服（荒蛮地区）。详见：葛剑雄. 统一与分裂：中国历史的启示［M］. 北京：商务印书馆，2013：4.

② 约翰·冯·杜能. 孤立国同农业和国民经济的关系［M］. 吴衡康，译. 北京：商务印书馆，1986：345.

费用的角度系统化、理论化地研究了工业区位理论①，把空间联系理论引入经济理论中来，并在1909年出版的《工业区位论》一书中公之于众。为了研究的顺利进行，他首先进行了一系列的假设：“我们假设原料的地理基地是给定的……消费圈层的地理属性暂时也看成是给定的现象……不涉及工业劳动力基地的流动。”② 在上述假定下，阿尔弗雷德·韦伯认为，影响工业区位的因素可以分为区域性因素和集聚因素，并且前者包括运输成本和劳动力成本两大类。

阿尔弗雷德·韦伯首先研究了运输成本对工业布局的影响。在工业被吸引到何处这一问题上，他认为，显然，工业被吸引到那些具有最低运输成本的地方，既要顾及消费地，又要顾及原料地。③ 运输成本是由运载重量、运载距离、地方自然状况、运输的货物具有的特殊属性等因素决定的，“如果重量和距离是仅有的两种决定因素，显然运输成本将引导工业到运输成本最低的地方去”④。虽然阿尔弗雷德·韦伯接受了龙哈特的“区位三角形”概念，但他反对龙哈特将运输货物的绝对重量与运输距离联系在一起进行考察。他认为绝对重量的影响固然重要，但原料重量与制成品重量之间的比例关系更为重要。为此，阿尔弗雷德·韦伯提出了广布原料和地方原料、纯原料和粗原料两对概念，把所运物品的总重量称为区位重，并构造了原料指数，即：

$$\text{原料指数}=\frac{\text{地方原料重量}}{\text{产品重量}} \tag{2.2}$$

他根据2.2式提出运输指向法则，如果原料指数大于1则区位倾向于选择

① 这样说的理由在于，在阿尔弗雷德·韦伯之前，身为建筑工程师的龙哈特（W. Launhaldt）利用几何学、微积分、物理学等知识研究区位指向问题。1882年，他在德国《工程师协会期刊》上发表《确定工商业的合理区位》一文，首次提出了在资源供给和产品销售约束下使运输成本最小化的厂商最优定位问题，对其解决方法进行了尝试性的研究，并提出了著名的“区位三角形”概念。1885年龙哈特发表的《经济学的数学基础》一文奠定了他在经济分析史上的地位。由于龙哈特的著作全部用德文写成，没有被译成英文，而且他的第一身份是建筑工程师和道路、铁路和桥梁学教授而不是经济学教授，所以他在微观经济学、运输经济学以及经济数学分析方法方面的研究一直没有得到经济学界应有的承认（详见：刘志高，尹贻梅. 经济地理学与经济学关系的历史考察［J］. 经济地理，2006（3）：353-358）。阿尔弗雷德·韦伯系统研究了这一问题，所以作者综述了他的理论。

② 阿尔弗雷德·韦伯. 工业区位论［M］. 李刚剑，陈志人，张英保，译. 北京：商务印书馆，1997：47-48.

③ 阿尔弗雷德·韦伯. 工业区位论［M］. 李刚剑，陈志人，张英保，译. 北京：商务印书馆，1997：50-54.

④ 阿尔弗雷德·韦伯. 工业区位论［M］. 李刚剑，陈志人，张英保，译. 北京：商务印书馆，1997：56.

原料地，反之倾向于选择消费地。工业首先在运输成本最低的地区形成区位单元。

同时，阿尔弗雷德·韦伯认为，与运输成本一样，劳动力成本也是影响工业布局的重要因素，劳动力成本可以对运输成本指向产生偏差，企业生产成本最低的地点同样应该是劳动力成本最小的地点，劳动力成本的地方差异才是区域性区位因素。“在新地点劳动力成本可能产生的节约比为此追加的运输成本大的情况下才能发生”① 工业转移到劳动力区位的选址决策，从而引发工业区位的第一次变形。他提出用等费用线的概念来表达区位选择结果，并且认为“各种劳动力区位无论配置在哪里，一定存在着各自区位图的等费用线”②。与运输指向法则相同，他构造了劳动力成本指数，即：

$$劳动力成本指数 = \frac{产品的劳动力价格}{产品重量} \tag{2.3}$$

阿尔弗雷德·韦伯把劳动力成本与区位重之比定义为劳动力系数，工业会按照劳动力系数的大小相应地偏离运输区位，这就是其劳动力指向原则。

另外，阿尔弗雷德·韦伯进一步认为，除了区域要素之外，“任何其他对工业的地方积累和分布起作用的因素都包括在集聚力或分散力部分中”③。由集聚所诱发的规模经济效益和外部经济效益也会对工业最优区位产生影响，直接导致由运输成本和劳动力成本所确定的工业区位，会在集聚和分散因素的作用下推动工业区位的第二次变形。集聚可以分为两个阶段，即仅通过企业自身扩大产生集聚优势的初级阶段，以及通过企业间相互联系的组织而地方集中化的高级阶段。阿尔弗雷德·韦伯认为集聚并不是规模越大越好，“任何的集聚都能引起相反的倾向，即增加支出”④，这将有可能刺激分散。他同样认为，如果集聚或分散的利益相对较大，那么企业将会根据收益最大化的目标进行集聚或分散，此即他的集聚法则。

作为最小成本区位理论的代表，阿尔弗雷德·韦伯的分析偏重于单个厂商的个体行为，缺乏对宏观经济问题的把握，他的目的在于寻找工业区位的纯理

---

① 阿尔弗雷德·韦伯. 工业区位论 [M]. 李刚剑，陈志人，张英保，译. 北京：商务印书馆，1997：98.

② 阿尔弗雷德·韦伯. 工业区位论 [M]. 李刚剑，陈志人，张英保，译. 北京：商务印书馆，1997：99.

③ 阿尔弗雷德·韦伯. 工业区位论 [M]. 李刚剑，陈志人，张英保，译. 北京：商务印书馆，1997：115.

④ 阿尔弗雷德·韦伯. 工业区位论 [M]. 李刚剑，陈志人，张英保，译. 北京：商务印书馆，1997：121.

论。他所提出的运输成本和劳动力成本决定区位的分析有些过于简单化，并且运输成本构成中忽视了对于交通枢纽的考虑,① 易于造成区位规律与现实脱节，劳动力无限供给的假设也严重地偏离实际②。另外，他的研究只讨论生产过程本身，缺乏一般的经济理论基础，因而缺乏普遍的经济意义。③

第二节　新古典国际贸易和产业布局理论

一、新古典国际贸易理论

以亚当·斯密、大卫·李嘉图为代表的古典经济学家建立了古典贸易理论，推动了经济学理论特别是贸易理论的发展。19 世纪末 20 世纪初，随着新古典经济学的逐渐形成，在新古典经济学的框架下重新分析国际贸易问题的新古典贸易理论也随之出现，其中最著名的当推埃利·赫克歇尔和伯特尔·俄林的要素禀赋贸易理论。

瑞典经济学家埃利·赫克歇尔在 1919 年发表了《国际贸易对收入分配的影响》一文，在这篇被保罗·萨缪尔森誉为"天才之作"④ 的论文中，埃利·赫克歇尔为要素禀赋贸易理论的提出奠定了基础。该文认为，"国际贸易产生的前提条件可以概括为，相互进行交易的国家间生产要素的相对稀缺程度和不同产品所用生产要素的不同比例"⑤，产生比较优势的原因在于，生产要素禀赋的不同和生产中使用的要素比例不同。

埃利·赫克歇尔的这一思想为他的学生伯特尔·俄林所接受。1933 年伯特尔·俄林出版了《区际贸易与国际贸易》一书，论证了因为要素禀赋差异

---

① Edgar M. Hoover 对这一问题有比较好的解释。虽然 Edgar M. Hoover 与阿尔弗雷德·韦伯一样十分重视运输成本问题，但是前者对运输成本的考虑更加细致周到。Edgar M. Hoover 将运输成本分为场站作业成本和线路运输成本两种，以此来讨论区位布局。详见：EDGAR M HOOVER. Location of Economic Activity [M]. New York：McGraw-Hill, 1948.

② 阿尔弗雷德·韦伯. 工业区位论 [M]. 李刚剑，陈志人，张英保，译. 北京：商务印书馆，1997：13 [译者前言].

③ ANDREAS PREDÖHL. The Theory of Location in Its Relation to General Economics [J]. The Journal of Political Economy, 1928, 36 (3): 371-390.

④ PAUL A SAMUELSON. Bertil Ohlin 1899-1979 [J]. The Scandinavian Journal of Economics, 1982, 83 (3): 355-371.

⑤ ELI F HECKSCHER. The Effect of Foreign Trade on the Distribution of Income [A] //HARRY FLAM, M JUNE FLANDERS. Heckscher-Ohlin Trade Theory. Cambridge: Mass, MIT Press, 1919: 48.

而产生国际贸易，提出国际贸易源自于各国要素禀赋的差异，创立了完整的要素禀赋贸易理论，即 H-O 理论。伯特尔·俄林认为，“贸易的首要条件是商品在一个地区的生产比在其他地区生产更便宜，这种商品包含了许多比其他地区更便宜的要素”①，因此，两个地区生产要素相对价格的差异是开展贸易的必要条件。生产要素不具备完全可分性是地区贸易产生的另一条件。生产要素的不完全可分，导致小规模生产不能获得专业化生产的内部和外部规模经济，因此，地区发挥其要素的相对优势，追求规模经济，最终引发地区间贸易关系的形成。他认为贸易的实质是地区间充裕要素与稀缺要素的交换，各国应该生产并出口那些较多使用其供给相对充裕的生产要素的产品，而进口那些本国生产需较多使用其供给相对不足的生产要素的产品。即“出口相对丰裕的要素，进口相对稀缺的要素”②。

伯特尔·俄林提出商品的自由流动可以部分替代生产要素的流动，要素的相对（绝对）价格将会因为贸易而趋于均等化。他在其著作里明确提出，“贸易对价格和要素有着深远的影响……国际贸易的趋势是使生产要素的价格均等”③。这一提法为保罗·萨缪尔森所认同，他在 1948 年发表的一篇文论中首次证明了生产要素价格均等化定理，即赫克歇尔—俄林—萨缪尔森（H-O-S）定理。保罗·萨缪尔森的结论为，不论两国生产要素的供求模式如何，自由贸易商品价格和生产要素价格相等，两国的工人、资本、土地等都能获得同样的报酬。④

H-O 理论虽然没有研究产业布局问题，但是该理论所提出的贸易模式，国际贸易中各国应该生产并出口要素充裕的产品，进口要素稀缺的产品，为产业的国际分工提供了理论基础。因此，H-O 理论仍然可以视为一种国际分工理论，并且该理论进一步补充完善了亚当·斯密、大卫·李嘉图的区域分工理论。同时，伯特尔·俄林指出，运输方便的地区能够吸引大量的资本和劳动力，可以进行大规模的生产以获取规模经济效益，运输不方便的地区则应生产便于运输，对规模要求不高的产品并从中获益，区域分工或者是产业布局思想

---

① 伯特尔·俄林. 区际贸易与国际贸易［M］. 逯宇铎，等，译. 北京：华夏出版社，2008：17.

② 伯特尔·俄林. 区际贸易与国际贸易［M］. 逯宇铎，等，译. 北京：华夏出版社，2008：67.

③ 伯特尔·俄林. 区际贸易与国际贸易［M］. 逯宇铎，等，译. 北京：华夏出版社，2008：23-24.

④ PAUL A SAMUELSON. International Trade and the Equalisation of Factor Prices［J］. The Economic Journal, 1948, 58（Jun.）：163-184.

贯穿其中。更为重要的是，伯特尔·俄林在《区际贸易与国际贸易》中论证的国际贸易理论，是把空间因素作为价格确定影响因素的一般区位理论。

二、新古典区位理论

在新古典区位论的演进过程中，地理区位学派的代表沃尔特·克里斯塔勒（Walter Christaller）的中心地理论，市场区位学派的代表奥古斯特·勒施（August Lösch）的理论最为著名。

（一）沃尔特·克里斯塔勒的中心地理论

沃尔特·克里斯塔勒通过对德国南部的城市、乡村集镇及其与四周的农村服务区之间空间结构特征的观察研究，于 1933 年出版了《德国南部中心地原理》一书，首次提出了中心地理论。他同样假定所研究的地区为匀质的平原，资源和人口的购买力呈均匀分布，交通条件也一致。

沃尔特·克里斯塔勒指出，“地球上没有一个国家不是由规模不等的中心地网所覆盖着。”① 一个地区的发展必须要有自己的中心地。所谓中心地是指一个区域的中心点，其基本功能是向区域内各点的居民和单位提供所需的商品和服务。中心地的服务半径与其规模和等级成正比，与其数量成反比。中心地与周围的地域相互联系相互依赖，中心地具有不同的规模和等级，排列具有一定的规律。各级中心地及其服务半径处在一个完整的网络系统中，形成大小不等的层层经济地理单元六边形结构。中心地的等级越高，服务半径和提供的商品、服务的数量和种类就越多，反之亦成立。各级中心地位于经济地理单元六边形的中心或者边的顶点上，如图 2-2 所示。“中心地间距的地方偏差，是由于相邻中心地中心商品价格的持久性差值造成的”②，两个相邻的同一级中心地之间的距离相等，级别越低的两个中心地相邻的距离越短。

同时，沃尔特·克里斯塔勒根据某一级中心地市场区面积与低一级中心地市场区面积的比值不同，提出了中心地系统空间的三个原则，即比值为 3 的市场原则、比值为 4 的交通原则以及比值为 7 的社会政治原则。“市场原则是中心地分布基本的和主要的规律”，“在一个根据市场原则而建立的中心地体系中，全部长距离的交通线必然经过那些非常重要的中心地，为短距离交通而建立的次要的交通线，只有拐弯抹角——甚至常常以明显的‘之’字形路线，才能达到远距离交通的中心地……按照交通原则，中心地将顺序排列在从中心

---

① 张文忠. 经济区位论［M］. 北京：科学出版社，2000：252.

② 沃尔特·克里斯塔勒. 德国南部中心地原理［M］. 常正文，王兴中，译. 北京：商务印书馆，1998：317.

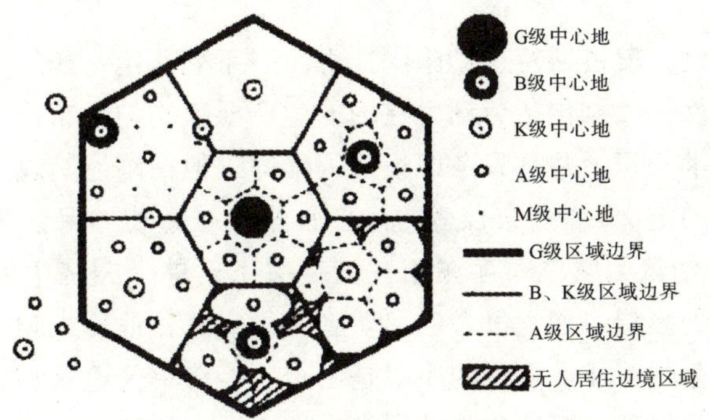

图 2-2　根据区划原则建立的中心地

资料来源：沃尔特·克里斯塔勒. 德国南部中心地原理［M］. 常正文，王兴中，译. 北京：商务印书馆，1998：99.

点辐射出的直线交通线路上……交通原则与市场原则的根本区别在于，前者是线性的，后者是平面的。因此，单纯从形式上看，两种原则是根本不一致的。还有一种性质完全不同的原则，即社会政治原则……这种典型的空间社区的中心是其首府"①。沃尔特·克里斯塔勒最后得出三角形聚落分布、六边形市场区域的空间组织结构的区位标准化理论，中心地位于六边形的中央。

沃尔特·克里斯塔勒的经典著作《德国南部中心地原理》的主要贡献不仅是所得出的空间模式和度量方法，更重要的是在对广大人口稠密地区空间结构的诸多特征的研究方面做出了系统尝试。② 他不主张消灭地域差异，而应当正视地域差异并合理调节，以促进经济发展。

（二）奥古斯特·勒施的市场区位理论

沃尔特·克里斯塔勒的中心地理论引起了奥古斯特·勒施的关注，后者在1939年出版了《经济空间秩序——经济财货与地理间的关系》一书，进一步证明了经济地理六边形结构。该书全面地反映了奥古斯特·勒施的市场区位理论，仅理论部分就包括区位论、经济地域以及贸易论等领域。他一反区位理论的传统，认为产业的市场区位选择并不是如约翰·冯·杜能、阿尔弗雷德·韦伯强调的那样，要遵循最低运费或者最低生产成本原则，而是要以利润最大化为原则。工业区位必须充分考虑市场因素，力求把企业布局在利润最大化的市

① 沃尔特·克里斯塔勒. 德国南部中心地原理［M］. 常正文，王兴中，译. 北京：商务印书馆，1998：91-95、313.

② 沃尔特·克里斯塔勒. 德国南部中心地原理［M］. 常正文，王兴中，译. 北京：商务印书馆，1998：3［英译本前言］.

场区位上。

为研究方便，奥古斯特·勒施同样做出一系列假定，如匀质的平原，各个方向的运输条件一致，包括劳动力在内的生产要素均匀分布；所有人口具有相同的偏好、技术知识，并且只考虑经济因素等。他在阐述其观点时，首先对区位给出了自己的定义，“一个合适的区位必然是一个能够保证事物会最妥善发展的区位”①。他认为区位间存在相互依存关系，单个经济主体的布局往往会受到多种因素的影响，如竞争者、消费者和供应者，他们之间通过反射作用而呈现出相互依存的特征。区位的决定是由个别经济单位追求利润最大化、整体经济的竞争者数量最大限度化的共同倾向这两种基本的力量在发挥作用，两者相互作用决定区位的均衡地点。为此，他提出区位系统平衡的理论与方法，在具体的区位选择时，必须找出各个经济单位间的相互依赖关系，寻求整个区位系统的平衡。

对于工业区位问题，奥古斯特·勒施认为，费用指向和根据总收入的指向都是单方面的、不正确的，要以利润最大化为正确的布局指向原则。“韦伯对区位问题的……基本错误在于寻找费用最小的地点。把最大的销售地点看作最适当的区位，也同样是荒谬的……只有寻找最大利润的地点才是正确的。”②他的结论是，区位最后唯一的决定因素是纯利润，个别的经济单位如厂商会把自己的生产区位选择在能够实现利润最大化的地点，而消费者将自己的消费空间选定在价格最便宜的区位点。这种利润最大化的指向论，不是支出最低亦非收入最高，而是要求两者的差额最大。

关于农业区位论，尽管奥古斯特·勒施认为利润最大化的布局指向原则仍然适用，但在他看来，农业区位理论与工业区位理论不同。“在农业中，生产区位的数目较多，在工业中则是消费区位的数目较多。因之，在农业中生产者们成群地环绕着一个消费中心；在工业中，消费者集合在生产者的周围。农产品的销售市场是点状的，而工业商品的销售市场却是平面状的。后者是由一个或少数工业企业所供给，前者则由许多农业企业所供给。从而工业的典型竞争状况是一种受限制的竞争，在农业则是自由的竞争……总之，无论在工业或农业中，我们发现两种重要的力，它们是相互对立的，而且决定区位的生产者数

① 奥古斯特·勒施. 经济空间秩序——经济财货与地理间的关系［M］. 王守礼，译. 北京：商务印书馆，1995：1.

② 奥古斯特·勒施. 经济空间秩序——经济财货与地理间的关系［M］. 王守礼，译. 北京：商务印书馆，1995：30-31.

的最大限度化与地租的最大限度化的趋势。”①

城市区位方面，奥古斯特·勒施认为，“即使地表是完全均一的，城镇仍然会产生”②，这是自然体系和历史体系共同作用的结果。“因为城镇基本上是经济活动的区位的集积，所以，城镇区位的体系同时可以由区位的一般方程式和经济区的几何形来决定。”③

奥古斯特·勒施在经济区方面做出了原创性的探索。按照他的理论，区位空间达到均衡时，最佳的空间布局也是正六边形。这是因为“六边形能保证每一面积单位的需要是最大的”④，其运输距离最短并且可以充分利用各个间隙，对消费者和生产者都最为有利。这一点在图 2-3 中有很好的体现。

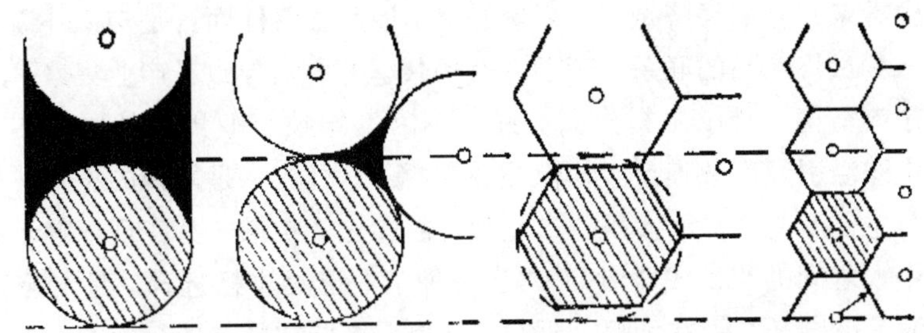

图 2-3　市场区域从大的圆周到最后小的六边形的发展

资料来源：奥古斯特·勒施. 经济空间秩序——经济财货与地理间的关系［M］. 王守礼，译. 北京：商务印书馆，1995：122.

另外，在国际贸易方面，奥古斯特·勒施主张，研究国际贸易理论不能把国家作为唯一的经济单位，而要充分考虑经济区的重要作用。与之前的区位论研究者比起来，奥古斯特·勒施可以被看作区位论的集大成者，他不仅在区位论的讨论中较为全面地涉及了工业区位论、农业区位论、城市区位、交通运输布局等问题，而且开创了区域产业布局这一新的研究领域。奥古斯特·勒施同样不主张区域均衡发展，他曾经提及如果任何事情皆同时发生则将不会有发展

---

① 奥古斯特·勒施. 经济空间秩序——经济财货与地理间的关系［M］. 王守礼，译. 北京：商务印书馆，1995：70-74.

② 奥古斯特·勒施. 经济空间秩序——经济财货与地理间的关系［M］. 王守礼，译. 北京：商务印书馆，1995：76.

③ 奥古斯特·勒施. 经济空间秩序——经济财货与地理间的关系［M］. 王守礼，译. 北京：商务印书馆，1995：94.

④ 奥古斯特·勒施. 经济空间秩序——经济财货与地理间的关系［M］. 王守礼，译. 北京：商务印书馆，1995：122.

的存在[①]，这与沃尔特·克里斯塔勒的看法如出一辙。

三、新古典产业集聚理论

尽管产业集聚理论出现得较晚，但并不能算是全新的学说。新古典经济学家阿尔弗雷德·马歇尔在其1890年首次出版的《经济学原理》中，已经对产业集聚问题给出了既明确又中肯的解释。“我们可以把因为任何一种货物的生产规模的扩大而产生的经济分为两类：第一是有赖于此工业的总体发展的经济……我们可称……为外部经济……这种经济往往能因许多性质相似的小型企业集中在特定的地方——即通常所说的工业地区分布——才能得到。”[②] 换言之，在他看来，外部经济是产业集聚的根本原因，具体而言是知识外溢、中间产品投入和最终产品的联系、劳动力市场共享等因素导致了产业集聚[③]。

阿尔弗雷德·马歇尔指出，上述三个因素导致产业集聚的原因在于：第一，知识外溢引发产业集聚。知识外溢有两条途径：一是知识的正式扩散，通过研究自主创新的产品而实现；二是知识的非正式扩散，其实现依赖于有专业知识的个人之间的非正式交流。[④] “当一种工业已经这样选择了适合自己发展的地区时，就会长久设在那里。因此，从事需要同样技能的行业的人，互相从临近的地方获益匪浅。行业的秘密不再是秘密，而似乎公开散发在空气中，连孩子们都不知不觉地学到许多。优良的工作得到恰当的赏识，机械上以及制造方法和企业的总体组织上的发明和改良一有成绩，就迅速得到研究。如果一个人有了一种新思想就会为别人所采纳，并与别人的意见结合起来，又成为更新的思想的源泉。”[⑤] 厂商受市场需求的驱动而集聚，导致竞争加剧，刺激更多的创新。此外，厂商集聚还可以促进人才间的信息交流，带给各个厂商模仿对手长处的机会。可见，知识溢出的两条渠道都在产业集聚中得到很好的实现。

第二，方便地获取专业化的投入品和服务引发产业集聚。“辅助性行业就在附近的地方产生了，供给……工业工具和原料，为它组织运输，而在许多方面又有助于它的原料的经济……辅助工业用生产过程中的一个小的部门为许多

① JOHN FRIEDMANN. Economy and Space: A Review Article [J]. Economic Development and Cultural Change, 1958, 6 (3): 249-255.

② 阿尔弗雷德·马歇尔. 经济学原理 [M]. 廉运杰，译. 北京：华夏出版社，2005：224-225.

③ 阿尔弗雷德·马歇尔. 经济学原理 [M]. 廉运杰，译. 北京：华夏出版社，2005：213-243.

④ 杨公朴. 产业经济学 [M]. 上海：复旦大学出版社，2005：454.

⑤ 阿尔弗雷德·马歇尔. 经济学原理 [M]. 廉运杰，译. 北京：华夏出版社，2005：229.

临近的工业进行工作，这些辅助工业就能不断地使用具有高度专门性质的机械，虽然这种机械的原价也许很高，折旧率也许很大，但也能够本。”① 分工的优越性决定了单个厂商直接涉足从原材料供应到产品销售整个价值链是不经济的，处于价值链不同环节的厂商进行合理地分工协作将增强厂商的竞争优势。大量的厂商集聚在一起能够扩大需求市场，使各类专业化的供应商得以生存，形成专业化供应商网络，从而可以降低产业集聚的成本。

第三，共享的劳动力市场可以导致产业集聚。厂商集聚在一个地区会吸引专业化的技术工人集聚，有利于创造出一个完善的劳动力市场。“雇主们往往能找到所需要的优秀的专门的技术工人的地方去；同时，寻找职业的人自然也会到有许多雇主的地方去，因而在那里技能就会有良好的市场。一个工厂的厂主，即使能获得一般劳动的大量供给，也往往会因为缺少某种专门技能的劳动而束手无策；而有特殊技能的工人如果遭到解雇，也不易有别的出路。”② 伯特尔·俄林也认同阿尔弗雷德·马歇尔的这一观点，他曾经指出“工业的地域集中还有许多其他好处。但一个组织得好的劳工市场常常是最重要的，尤其是那些技术工人占重要地位的工业更是如此”③。由此可以看出，产业集聚对用人单位和劳动力双方都有利。不同的厂商需要技能不同的工人，而技能不同的工人可以满足不同厂商对于工人技能的需求，共享的劳动力市场为厂商和工人都提供了便利。

第三节　当代国际贸易和产业布局理论

一、当代国际贸易理论

H-O 理论的提出在经济学界引起了极大的反响。美国经济学家瓦西里·里昂惕夫（Wassily Leontief）运用美国的数据验证该理论时，得出了与既有理论相反的结论④，从而对 H-O 理论提出了挑战，直接导致需要新的理论来解释国际贸易问题。第二次世界大战之后，国际贸易领域出现了许多新的倾向，

① 阿尔弗雷德·马歇尔. 经济学原理［M］. 廉运杰，译. 北京：华夏出版社，2005：229.

② 阿尔弗雷德·马歇尔. 经济学原理［M］. 廉运杰，译. 北京：华夏出版社，2005：229.

③ 伯特尔·俄林. 区际贸易与国际贸易［M］. 逯宇铎，等，译. 北京：华夏出版社，2008：37.

④ WASSILY LEONTIEF. Domestic Production and Foreign Trade：The American Capital Position Re-Examined［J］. Proceedings of the American Philosophical Society，1953，97（4）：332-349.

如同类产品之间的贸易量大大增加，发达国家之间的贸易量飞速增长等。古典和新古典的贸易理论却不能对上述情况给出一个令人信服的解释，更是迫切需要新的理论加以解释。在这种情况下，斯戴芬·伯伦斯坦·林德（Staffan Burenstam Linder）、雷蒙德·弗农（Raymond Vernon）、保罗·克鲁格曼应势提出了各自的贸易理论。

（一）斯戴芬·伯伦斯坦·林德的收入变动贸易理论

斯戴芬·伯伦斯坦·林德在其1961年出版的“An Essay on Trade and Transformation”一书中，提出了收入变动贸易理论。① 该理论建立在下述三个主要的命题之上：国内需求是产品出口的可能性条件；两个国家的偏好越相似，需求结构越接近，贸易量就越大；平均收入水平是影响一国需求结构的最主要的因素。他将收入作为决定消费需求和消费偏好的主要决定因素，偏好会随一国居民人均收入水平的提高逐渐转向奢侈品并造成整个社会需求的转移。当人们收入提高后，对工业消费品特别是奢侈品的需求增加，本国对工业品和奢侈品的生产也会随之增加。为满足市场上消费者的需求，厂商不得不不断地扩大生产，改进技术。最终的结果是，厂商产量增加的速度超过消费者需求增长的速度，从而使该国有能力向别国出口。②

同时，斯戴芬·伯伦斯坦·林德也指出，对于本国出口的工业产品，只有与之收入相近的国家才会有需求。因此，进口工业产品的主要国家也是收入较高的国家。他的国际贸易理论不仅解释了产业内贸易的原因，还阐释了工业制成品在发达国家间的贸易也会随着收入的不断提高而占有越来越重要的地位，对当今的国际贸易现实情况有很好的解释力。

（二）雷蒙德·弗农的产品生命周期贸易理论

雷蒙德·弗农在“International Investment and International Trade in the Product Cycle”一文中提出了著名的“产品生命周期”学说，并以此来解释国际贸易问题。③ 产品生命周期理论认为，一种新产品的技术发展可以分为新产品阶段、成熟阶段和标准化阶段，如图2-4所示。

在新产品阶段，由于产品生产技术的创新，除了创新国美国之外，没有其他国家能够掌握产品生产技术，新产品是一种科技知识密集型产品，从而只有

---

① STAFFAN BURENSTAM LINDER. An Essay on Trade and Transformation [M]. New York: John Wiley and Sons, 1961.

② 海闻，P林德特，王新奎. 国际贸易 [M]. 上海：上海人民出版社，2003：189-193.

③ RAYMOND VERNON. International Investment and International Trade in the Product Cycle [J]. The Quarterly Journal of Economics, 1966, 80 (2): 190-207.

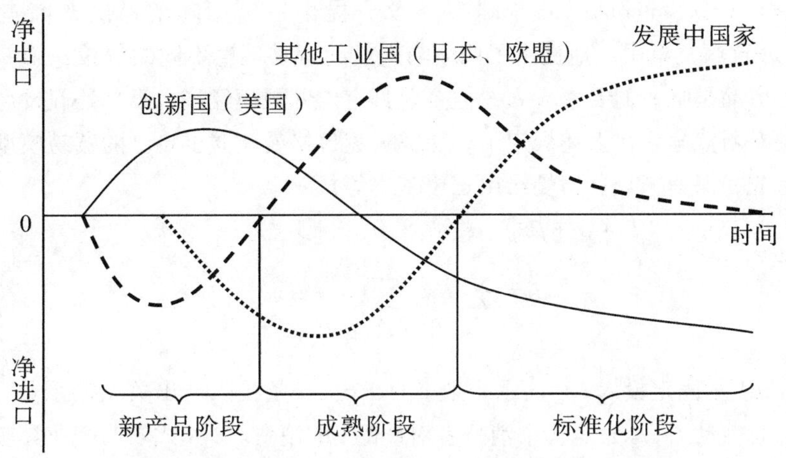

图 2-4　雷蒙德·弗农产品生命周期贸易理论示意图

资料来源：RAYMOND VERNON. International Investment and International Trade in the Product Cycle [J]. The Quarterly Journal of Economics，1966，80（2）：190-207.

少数的创新国才拥有新产品生产的比较优势，直接导致创新国厂商垄断了该产品在世界市场上的供给。

在成熟阶段，生产技术已经成熟，新产品生产更多地需要机器设备和先进的劳动技能，新产品从知识密集型转变为资本密集型。其他工业国所拥有的充裕的资本和熟练工人的比较优势凸显，并逐渐取代创新国而成为主要生产和出口国。此时其他工业国与美国分摊世界市场的新产品供给。

在标准化阶段，新产品的生产技术被镶嵌至机器或生产装配线中，创新国技术的重要性逐渐消失，任何国家只要购买了能生产该产品的机器设备就可以进行大规模的生产，劳动力成本成为决定产品是否有比较优势的主要因素，发展中国家丰富的廉价劳动力优势决定了其将成为新产品的主要出口国。

雷蒙德·弗农认为，在新产品生命周期的不同阶段，新产品的生产对要素的依赖是不同的，直接导致创新国、其他工业国家和发展中国家在产品生命周期的不同阶段拥有不同的比较优势，从而得以开展国际贸易。新产品的生命周期不断轮回，国际贸易也因此而往复不断。这一理论比较乐观地看待国际贸易和产业的国际转移，认为创新国的创新产品会不断涌现，并自然地向其他工业化国家和发展中国家扩散，导致扩散发生的动力是成本随时间推移而发生的变化。

（三）保罗·克鲁格曼的规模经济贸易理论

保罗·克鲁格曼在 1979 年发表“Increasing Returns，Monopolistic

Competition and International Trade" 一文，提出一个国际贸易的垄断竞争模型。[①] 在这篇文章中，他提出了两个与先前的贸易理论不同的假设：第一是假设尽管劳动是唯一的要素投入，但企业具有内部规模经济；第二是假设产品不同质的垄断竞争。在上述假定下，保罗·克鲁格曼建立了自己的贸易模型。

首先，保罗·克鲁格曼给出三个基本等式：

$$l_i = \alpha + \beta x_i\ ,\ \alpha,\ \beta > 0\ ,\ i = 1,\ 2,\ \cdots,\ n \tag{2.4}$$

$$L = \sum_{i=1}^{n} l_i = \sum_{i=1}^{n} (\alpha + \beta x_i) \tag{2.5}$$

$$Lc_i = x_i\ ,\ i = 1,\ 2,\ \cdots,\ n \tag{2.6}$$

其中，α表示固定投入，x_i 表示企业 i 的产出，β是投入产出关系的系数，L 表示社会总劳动力，c_i 表示每个消费者对产品 i 的消费。2.4 式表明企业具有规模经济，2.5 式表明要素市场供给与需求是均衡的，2.6 式表明产品市场是均衡的。

有了上述等式就可以分析垄断竞争厂商的均衡问题了。由于保罗·克鲁格曼假设企业都是垄断竞争企业，因此，每个企业面对的需求曲线都是斜率为负向下倾斜的曲线。利润最大化的生产决策仍然遵循边际收益等于边际成本的原则。垄断竞争企业的边际收益是 $P_i\left(1 - \frac{1}{\varepsilon(c)}\right)$ ，其中 P_i 表示产品价格，ε是需求量 c 的函数，代表需求价格弹性的绝对值，且 $\varepsilon > 0$。根据劳动是唯一的要素投入的假定，如果用 W 表示劳动工资率，企业 i 的生产总成本为 $Wl_i = W(\alpha + \beta x_i)$ ，边际成本为 βW ，企业利润最大化的短期均衡为：

$$P_i\left(1 - \frac{1}{\varepsilon(c)}\right) = \beta W \tag{2.7}$$

整理得：

$$\frac{P_i}{W} = \frac{\beta \varepsilon(c)}{\varepsilon(c) - 1} \tag{2.8}$$

由于垄断竞争企业的长期利润为零，即总收益等于总支出。总收益等于价格乘以产量 $P_i x_i$ 。总支出等于工资率乘以劳动投入 Wl_i ，根据此长期均衡条件并把 2.4 式代入，可以得出长期均衡为：

$$P_i x_i = W(\alpha + \beta x_i) \tag{2.9}$$

将 2.6 式代入整理可得：

---

① PAUL R KRUGMAN. Increasing Returns, Monopolistic Competition, and International Trade [J]. Journal of International Economics, 1979, 9 (4): 469-479.

$$\frac{P_i}{W} = \frac{\alpha}{Lc_i} + \beta \tag{2.10}$$

保罗·克鲁格曼创立了一个模型。如果纵轴为 P/W，横轴为 c，且 PP 曲线和 ZZ 曲线分别由 2.8 式和 2.10 式给出，则保罗·克鲁格曼模型的基本图解可见图 2-5。PP 曲线和 ZZ 曲线的交点 E 是均衡价格和消费量。假定条件为充分就业，则企业数或产品种类等于劳动总数除以企业的劳动投入，即：

$$n = \frac{L}{\alpha + \beta x} \tag{2.11}$$

或者：

$$n = \frac{1}{\frac{\alpha}{L} + \beta c} \tag{2.12}$$

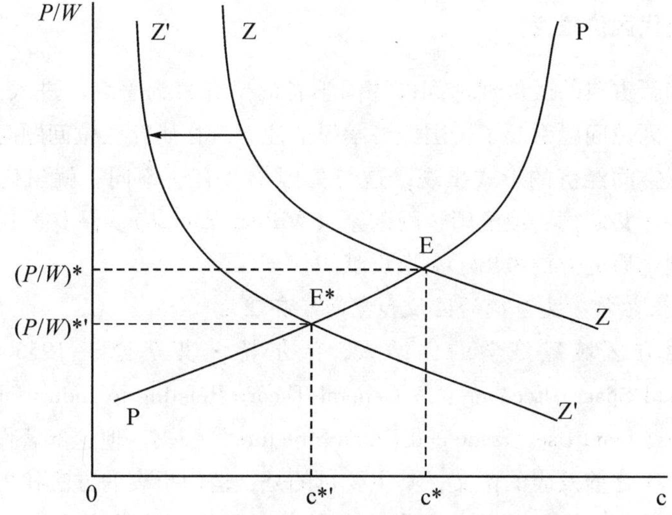

图 2-5　保罗·克鲁格曼贸易模型的基本图解

资料来源：PAUL R KRUGMAN. Increasing Returns, Monopolistic Competition, and International Trade [J]. Journal of International Economics, 1979, 9 (4): 469-479.

引入国际贸易后，假设存在另一个同类型的经济，有相同的偏好、资源存量和技术，并有人口 L^* 。当双方自由贸易时，对本国的任何一种商品都意味着市场更大和消费者更多。由于假定技术不变，所以在模型中 PP 曲线不受影响。贸易使每种产品的消费人口增加了 L^* ，导致 ZZ 曲线左移。在新的均衡 E^* 点上，相对于工资，产品价格和单个人消费量都下降了。长期均衡中产品价格下降意味着产品平均成本的下降，也反映了每个企业扩大生产后产生的规模经济。据 2.12 式可知，消费人口从 L 增至 $L+L^*$ 和每个商品消费量从 c^* 降至 $c^{*\prime}$ 意味着产品种类的增加。新的商品种类 $n'=\dfrac{1}{\dfrac{\alpha}{L+L^*}+\beta c'}$ 较之贸易前的 $n=\dfrac{1}{\dfrac{\alpha}{L}+\beta c}$ 要多。

保罗·克鲁格曼从中得出结论：首先，通过国际贸易可以扩大产品消费市场，增加消费人口，垄断竞争企业可以从中扩大生产并获得规模经济，降低成本和产品价格；其次，虽然每个消费者对某种产品的消费量会有所减少，但是消费品的种类会大大增加，消费者可以通过产品种类的增加提高福利。他的这一理论从根本上来看是以经典的比较优势理论为基础建立起来的。

二、当代区位理论

古典和新古典的区位理论都以德国学者的研究最为著名。进入当代以来，经济活动的区位问题引起了美国经济学家的注意。在研究区位问题时，部分美国学者是以空间经济的形式出现，这与德国学者有所不同。就当代的情况而言，沃尔特·艾萨德、威廉姆·阿朗索（William Alonso）、保罗·克鲁格曼等人在区位理论研究方面做出了突出贡献。①

（一）沃尔特·艾萨德的区位和空间经济理论

作为西方区域经济学的创始人，沃尔特·艾萨德于 1956 年出版了"Location and Space-Economy：A General Theory Relating to Industrial Location, Market Areas, Land Use, Trade and Urban Structure"一书。他这部著作约有一半的内容来自于之前发表的论文，其主要目的是，运用折衷的方法找出一个有关区位和空间经济的一般理论，把古典和新古典区位理论整合为一个统一的框架。沃尔特·艾萨德认为，经济活动不仅仅是垂直结构的，同样是水平结构的。② 也就是说，经济活动不仅存在于不同的历史时期，同样存在于不同的地域空间。他本人及其追随者的中心目标是，要用空间坐标重写新古典经济学的

---

① 当代区位理论发展的过程中，美国经济学家 Edgar M. Hoover 也做出了突出的贡献，但鉴于他的分析主要是考虑了运输成本问题，与阿尔弗雷德·韦伯的理论有着相似相通之处，这里不再介绍。有关 Edgar M. Hoover 的理论，详见：EDGAR M HOOVER. Location of Economic Activity [M]. New York：McGraw-Hill, 1948.

② JOHN FRIEDMANN. Economy and Space：A Review Article [J]. Economic Development and Cultural Change, 1958, 6 (3)：249-255.

均衡理论。

沃尔特·艾萨德的研究基于这样一种考虑，即新古典经济学理论构筑的“没有空间概念的理想王国”并不完备，“时间和空间都必须在经济理论中得到充分的考虑”①。在沃尔特·艾萨德那里，距离因素是影响区位决策的一个非常重要甚至被认为是唯一的因素。他充分考虑了运输因素，把运输率（Transport-rate）作为一个与运输投入（Transport-inputs）相关联的概念，把运输率定义为“单位重量移动单位距离”②，如吨—千米等，运输率作为运输投入的价格由供求决定③。顺此思路，沃尔特·艾萨德提出了一般区位理论的基本原则，即“任何两种或者两组运输成本的替代率……必须与运费率的倒数相等”④，决策机构必须把包括运输成本在内的各种可能性进行综合考虑才能选择最优的区位。

沃尔特·艾萨德在一个简单的一般均衡模型中，运用运输成本概念分析了成本导向的生产行为区位选择问题。接着引入劳动、电力、租金、原材料和其他与距离无关的空间布局因素，同时引入与地理位置无关的规模经济和集聚经济因素，他认为这两种因素所带来的成本可以看作对运输成本的替代。任何一个投资者都想从投资中最大化其净回报，依照这一思路，他成功地把区位问题重新表述为一个标准的替代问题，厂商的区位选择和整个区位布局模式都可以被认为是权衡比较运输成本和生产成本的结果。他认为“这一替代原则为发展一般理论提供了一个很好的分析工具”⑤，并运用这一原则分析了集聚问题和贸易与区位理论的相互关系等。

沃尔特·艾萨德提出，研究空间经济学需坚持三个基本的原则：第一，必须与基于完全竞争的一般均衡分析有着根本的不同；第二，应该与垄断竞争的

---

① WALTER ISARD. Location and the Space Economy：A General Theory Relating to Industrial Location，Market Areas，Land Use，Trade，and Urban Structure [M]. New York：Technology Press of Massachusetts Institute of Technology and John Wiley & Sons，1956：24-25.

② WALTER ISARD. Location and the Space Economy：A General Theory Relating to Industrial Location，Market Areas，Land Use，Trade，and Urban Structure [M]. New York：Technology Press of Massachusetts Institute of Technology and John Wiley & Sons，1956：79.

③ JOHN FRIEDMANN. Economy and Space：A Review Article [J]. Economic Development and Cultural Change，1958，6（3）：249-255.

④ WALTER ISARD. Location and the Space Economy：A General Theory Relating to Industrial Location，Market Areas，Land Use，Trade，and Urban Structure [M]. New York：Technology Press of Massachusetts Institute of Technology and John Wiley & Sons，1956：252.

⑤ WALTER ISARD. Location and the Space Economy：A General Theory Relating to Industrial Location，Market Areas，Land Use，Trade，and Urban Structure [M]. New York：Technology Press of Massachusetts Institute of Technology and John Wiley & Sons，1956：54.

一般理论保持一致；第三，恰当地运用演化的方法对更好地体现动态关系大有裨益。① 上述原则在保罗·克鲁格曼等人的新经济地理学中有着鲜明的体现。

（二）威廉姆·阿朗索的单中心城市模型

威廉姆·阿朗索在 1964 年出版了 “Location and Land Use：Toward a General Theory of Land Rent” 一书，详细分析区位、地租和土地利用之间的相互关系。他同样假定一个均匀分布的平原，从中心 “向各个方向的运输都是可能的，所有的雇佣、商品和服务都只能在城市中心获取”②，财产所有者被分为农业生产者、制造商或服务商，以及在居住地安家的私人家庭三个群体。他在充分考虑运输费用的基础上，运用竞租曲线探讨了拥有一个中心支配城市的一般模式。所谓竞租曲线就是对不同土地使用者都是无差异的土地价格和距市中心距离的曲线。

威廉姆·阿朗索的分析建立在农业生产者和厂商竞租行为的基础上。家庭追求的是效用最大化，厂商关注利润最大化。他认为农业生产者根据每一个农产品价格水平确定一个竞租曲线，其理由在于，农业生产者只能在中心市场按照市场价格出售其产品，并且影响其收益的主要因素是运输成本。城市的厂商则综合考虑其商业容量、运营成本（运营成本的高低与距离中心地的远近有关）等来竞争其选址，他们同样有与其利润水平相对应的竞租曲线。城市家庭在支出预算不变的情况下寻求效用最大化，其竞租曲线是唯一的。他以此为基础进一步分析每一个家庭和厂商的竞租曲线。事实上，威廉姆·阿朗索正是发展并采用类似于无差异曲线的竞租曲线来分析城市土地使用的空间分布模式。当任何一个土地使用者都不能够通过重新选址或增减土地使用量来获得更大的收益或满足，且任何一个地主都不能通过改变其土地价格获取更多的收益时，市场便达到了均衡。换言之，在均衡处 “没有一个土地使用者能够通过转移到其他区位，或者购买或多或少的土地来增加其收益”③，不存在帕累托改进。

威廉姆·阿朗索得出如下结论：第一，一个城市的最佳空间布局并不一定非要遵循旅行支出与地租之和最小的原则，其理由是成本最小的原则只有在其

---

① MASAHISA FUJITA. Location and Space-Economy at Half a Century：Revisiting Professor Isard's Dream on the General Theory [J]. The Annals of Regional Science, 1999, 33 (4)：371-381.

② WILLIAM ALONSO. Location and Land Use：Toward a General Theory of Land Rent [M]. Cambridge：Mass, Harvard University Press, 1964：18.

③ WILLIAM ALONSO. Location and Land Use：Toward a General Theory of Land Rent [M]. Cambridge：Mass, Harvard University Press, 1964：77.

他条件不变时才成立。第二，竞租曲线陡峭的土地使用者将会接近市中心；反之，竞租曲线平缓的土地使用者将会远离市中心。第三，低收入家庭将会占据具有较高土地使用价值的中心地区，而高收入家庭则布局在城市周边。其逻辑在于，与高收入家庭享用较多的土地相比，低收入家庭享有较少的土地，结果是低收入家庭大量涌入一个面积有限的地方所带来的单位面积的年租金会更高。[①] 这一结论与第二个结论的逻辑是一致的，低收入家庭享用的土地较少，通勤费用的变化比地租的变化更重要，导致低收入家庭的竞租曲线比较陡直，高收入家庭则相反。最终的结果是，高收入家庭居住在城市边缘，低收入家庭居住在城市中心。威廉姆·阿朗索假定农业生产者可以自由地进出商业，而拥有垄断性质的城市厂商却不能够自由地进出，该假定直接影响了其理论的普适性。

（三）保罗·克鲁格曼的中心—外围理论

保罗·克鲁格曼在 1991 年接连发表两篇经典论文 “History and Industry Location：The Case of the Manufacturing Belt”[②] 和 “Increasing Returns and Economic Geography”[③]，应用迪克西特—斯蒂格利茨（D-S）垄断竞争、冰山运输成本、多重均衡演化以及计算机数值模拟技术等，把规模经济和区位问题、竞争、均衡等联系在一起，提出了自己的中心—外围模型。文章提出，为了在最小化运输成本的同时实现规模经济，制造业厂商倾向于在需求较大的区域选址。区位的需求取决于制造业的分布，一旦制造业的中心得以确立，就会存在自我强化的趋势使其得以长期存在。

保罗·克鲁格曼假定一个国家存在东部和西部两个制造业区域，农产品和工业制成品两种产品。农产品依赖于土地，其分布是外生给定的，东西两个地区各占 50%。工业制成品可以在每一个地区生产。制造业厂商选址面临的问题是，集中于一个地区要承担高额的运输成本，平均分布在两个地区又要支付额外的固定成本。最后，他假定每一个地区对工业制成品的需求与该区域的人口数量成比例。

如图 2-6 所示，MM 线代表制造业分布对人口分布的依赖曲线，PP 线代

---

① WILLIAM ALONSO. A Theory of the Urban Land Market [J]. Regional Science, 1960, 6 (1): 149-157.

② PAUL R KRUGMAN. History and Industry Location: The Case of the Manufacturing Belt [J]. The American Economic Review, 1991, 81 (2): 80-83.

③ PAUL R KRUGMAN. Increasing Returns and Economic Geography [J]. The Journal of Political Economy, 1991, 99 (3): 483-499.

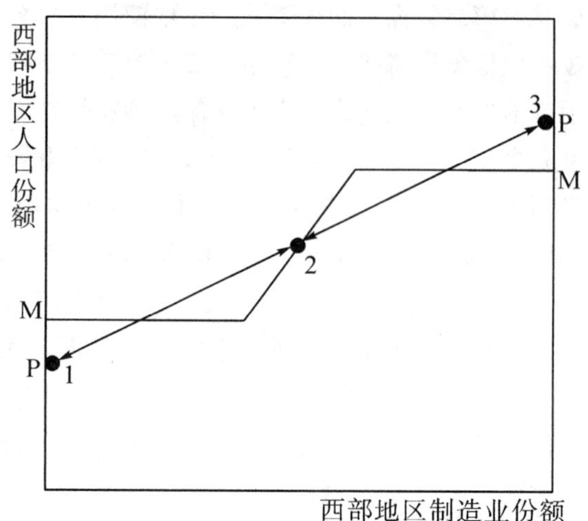

图 2-6　保罗·克鲁格曼中心—外围模型图解

资料来源：PAUL R KRUGMAN. History and Industry Location：The Case of the Manufacturing Belt［J］. The American Economic Review, 1991, 81（2）：80-83.

表制造业对人口分布的反向作用。如果西部地区人口份额很小，则不足以导致制造业在该地聚集。反之，若西部地区人口份额很大，则制造业将在该地区聚集。西部地区的制造业份额越大，西部地区的人口份额也就越大，但两者不会成比例变化，其原因在于不进行迁移的农业人口的存在。制造业不断地向均衡水平调整的结果是存在三个均衡点，即集聚于图中的 1、3 点或者均匀分布于 2 点。

三、当代产业集聚理论

继阿尔弗雷德·马歇尔之后，阿尔弗雷德·韦伯在探讨工业区位问题时，把影响工业区位的因素分为区域性因素和集聚因素。他把集聚因素分为两个阶段，即企业通过自身规模的扩大产生集聚优势的初级阶段，以及企业通过相互联系实现地方工业化的高级阶段，后一阶段可以被看作产业集聚问题。从此以后，产业集聚理论在相当长的时期内游离于主流经济学之外，直至 20 世纪 90 年代，迈克尔·波特和保罗·克鲁格曼对该问题的杰出研究，使主流经济学家重新关注产业集群问题。鉴于保罗·克鲁格曼的中心—外围理论已经在当代区位理论中有所涉及，此处只回顾迈克尔·波特的理论。

迈克尔·波特在其 1990 年出版的《国家竞争优势》一书中，以其独创的

"钻石体系"国家竞争优势分析框架为基础，重新阐释了有关产业集聚的经济理论。他认为产业集聚是规模经济、范围经济和外部经济共同作用的结果。按照迈克尔·波特的解释，"集群即指在某一特定领域，存在着一群相互关联的公司和机构的地理上的集中。集群包括一系列有相互关联的产业和其他对竞争有重要作用的实体"①。产业集群可以降低交易成本、提高效率，并且可以改进激励方式、改善创新条件、加速生产率的成长等。

迈克尔·波特认为，对一国经济来说，"有竞争力的产业通常不是均衡分布的……国家竞争优势的关键要素会组成一个完整的系统，是形成产业集群现象的主要原因"②。产业之间存在前向或后向的关联，一个有竞争力的产业会带动另一个产业的发展，并创造新的相关产业。产业集群形成之后，集群内部的产业之间就会有互动关系，使得集群的整体竞争力大于各个部分的竞争力之和。为了追求利益最大化，国家将把更多的资源投向产业集群从而使集群得以强化。

迈克尔·波特指出，产业集群通常发生在特定的地理区域，如某个城市或者地区。此时由于企业的扩散效果最容易在原发公司附近出现，所以地理集中性会鼓励产业新手出现。同时，地缘因素会增加信息和活动的集中，便于形成特殊的沟通模式等，最终的地理集中性使得产业集群内部的互动更加完善。另外，他还研究证实了大学、研究中心、职业培训机构以及外商直接投资等对于产业集群的作用。

产业集群并不是永久存在的，一旦竞争优势丧失产业集群就会解体。迈克尔·波特认为，生产要素的恶化，国内需求跟不上国际步调，本地客户不够挑剔，技术变化导致不利因素出现或相关产业出现缺口，所设定的目标限制了投资程度，企业推动自我调整的弹性，国内竞争者停战③等因素会导致产业集群失去竞争优势。如果进一步发展，"当产业集群的地理集中性很显著时，它本身也隐含自我崩溃的因子……如果产业集群内部依赖创新的产业丧失其优势，其所属集群内的相关产业会纷纷脱离、解散"④。

---

① MICHAEL E PORTER. Clusters and the New Economics of Competition [J]. Harvard Business Review, 1998 (Nov. -Dec.): 77-90.

② 迈克尔·波特. 国家竞争优势 [M]. 李明轩，邱如美，译. 北京：华夏出版社，2002：139-140.

③ 迈克尔·波特. 国家竞争优势 [M]. 李明轩，邱如美，译. 北京：华夏出版社，2002：156-159.

④ 迈克尔·波特. 国家竞争优势 [M]. 李明轩，邱如美，译. 北京：华夏出版社，2002：161.

第四节　国际贸易理论与产业布局理论的关系

国际贸易理论与产业布局理论的关系甚为密切。首先，两种理论都可以看作分工理论，都研究产业空间布局的合理化。国际贸易理论研究的是国际分工问题，产业布局理论研究的是区域分工问题，国际分工是区域分工的重要形式之一，因此，产业布局理论的研究包括的内容更广。无论是研究国际分工还是研究区域分工，都着重强调了自然条件的影响。虽未直接言明，古典经济学家亚当·斯密、大卫·李嘉图等人在讨论国际贸易问题，创立国际贸易理论时都涉及产业布局问题。

其次，国际贸易理论和产业布局理论在研究的思路和内容方面较为相似。古典和新古典的国际贸易论都强调，各国开展国际贸易要结合本国的优势。区位理论的研究也一直贯穿着结合区位优势发展区域经济的思想。无论是阿尔弗雷德·韦伯主张的成本最小化，还是奥古斯特·勒施主张的利润最大化，其目的都是为了结合区位优势更好地发展区位经济。

最后，国际贸易理论和产业布局理论存在一种近似的替代关系，这一传统源自于两个理论发轫之时，在理论发展的早期阶段体现得更为明显。亚当·斯密、大卫·李嘉图等人在讨论国际贸易问题时，假设要素不能流动，商品却可以自由流动，而约翰·冯·杜能则假设劳动力等要素可以自由流动，商品的流动需要支付成本。① 他们都是研究同一问题，只是假设条件有所差别。后续的国际贸易理论大多考虑商品流动而要素不流动问题，产业布局理论则更多地考虑要素流动而商品不流动问题。两种理论都是讨论分工问题，且存在一定的替代关系，共同构成本书的理论基础。

本章小结

按照空间经济学的研究方法，本章对经典的国际贸易理论和区位理论、产业集聚理论进行了较为系统的梳理回顾，中间也穿插着一些评述。本章对国际

① PAUL A SAMUELSON. Thünen at Two Hundred [J]. Journal of Economic Literature, 1983, 21 (4): 1 468-1 488.

贸易理论和区位理论各自分为古典理论、新古典理论和当代理论三个阶段分别进行回顾。因为产业集聚是产业布局的重要方式之一，学者对此也有很多研究，故本章也把产业集聚理论分为新古典产业集聚理论和当代产业集聚理论两个阶段进行回顾。

古典国际贸易理论主要回顾了亚当·斯密的绝对优势贸易理论，大卫·李嘉图的比较优势贸易理论；新古典国际贸易理论主要介绍了埃利·赫克歇尔、伯特尔·俄林的要素禀赋贸易理论；当代国际贸易理论主要涉及斯戴芬·伯伦斯坦·林德的收入变动贸易理论，雷蒙德·弗农的产品生命周期贸易理论，保罗·克鲁格曼的规模经济贸易理论。古典区位理论主要回顾了约翰·冯·杜能的农业区位论，阿尔弗雷德·韦伯的工业区位论；新古典区位理论主要介绍了沃尔特·克里斯塔勒的中心地理论，奥古斯特·勒施的市场区位理论；当代区位理论主要涉及沃尔特·艾萨德的区位和空间经济理论，威廉姆·阿朗索的单中心城市模型，保罗·克鲁格曼的中心—外围理论。新古典产业集聚理论主要回顾了阿尔弗雷德·马歇尔的理论；当代产业集聚理论主要介绍了迈克尔·波特的理论。

第三章　国际贸易影响产业布局的理论分析

依据宏观经济学的逻辑，国际贸易是拉动一国经济增长的三驾马车之一。它的大规模开展既可以影响全球范围内的产业布局，也可以影响一个国家或地区内部的产业布局。同时，国际贸易对不同发展水平、不同类型国家的产业布局有着不同的影响。国际贸易的不断扩大势必导致各国专业化水平的进一步提高，产业也会逐渐向着更有效率的区位转移，它对产业布局的影响是全方位、多层次的，其影响随着国际贸易的不断开展而逐步强化。国际贸易总量、国际贸易结构、国际贸易方式、国际贸易内容以及国际贸易政策等都会对产业布局产生深远的影响，并且对产业布局的影响方式、途径、机制、效果等并不相同，本章将对此展开理论分析。

第一节　国际贸易总量对产业布局的影响

国际贸易总量大小及其增减变化会直接影响一个地区的产业布局。与此同时，大规模的国际贸易会强化国际贸易的方式、结构、内容对产业布局的影响。简单说来，国际贸易总量对产业布局的影响表现在两个方面：首先，从绝对量来看，国际贸易总量越大，对产业布局的影响就越大；反之也成立。其次，从相对量来看，国际贸易的相对比例也即贸易依存度越高，对产业布局的影响就越大；反之也成立。

一、国际贸易的绝对量对产业布局的影响

国际贸易绝对量的大小决定国际贸易对产业布局的影响程度。国际贸易的绝对量是指以货币或者实物表示的国际贸易的总量。在国际贸易的总量较大时，尽管长途运输存在规模经济，但随着运输边际成本的递增，为国际贸易支

付的运输成本总额仍然相对较大。此时将产业的部分产能直接转移到进口国生产销售，不仅可以规避运输成本，而且可以接近消费地，减少因为距离而导致的信息不对称，从而可以获得更好的经济效益。产业也可以布局到进口国密集的几个国家中地理位置、生产条件较好的国家进行生产，以短距离国际运输的方式满足进口国的消费需求。同时，消费者的数量要远远大于厂商的数量，他们对商品信息进行甄别的总成本相对较高。单个消费者的消费量较小并且一般不具备专业的知识，他们专门甄别贸易商品信息的现实可能性较小。再者，进口原材料的经济主体一般具有相关的专业知识，且原材料种类较少、品质差异更明显，在原材料贸易中的信息不对称程度较低。总之，进口商品的经济主体不一定具备相关的专业知识，且制成品的品质差异大，更难以鉴别，在制成品的贸易中信息不对称程度更高，从而信息搜寻成本较大。产业的部分产能转移到进口国可以大幅度降低因为距离导致的信息不对称，降低消费者的产品信息甄别成本，对整个经济体而言是一种帕累托改进。

随着国际贸易总量的增加，进口国消费进口品的消费者数量将有一定的增加。虽然进口国消费进口品规模的增加和消费者数量的增加之间不存在严格的函数关系，但是消费某种商品的消费者数量增加所带来的示范效应仍不可忽视，他们不仅改变自己的消费偏好，同样在一定程度上影响周围其他消费者的消费偏好。这部分消费者的数量增加后，示范效应的作用会更加显著，一些没有消费过进口商品的消费者也逐渐对进口商品产生需求，进一步扩大进口商品的消费需求总额和进口规模。同时，既有消费者也可以向潜在消费者提供部分有关商品的信息，让潜在消费者对商品有更加清楚的认识，提高潜在消费者的消费积极性。此时，厂商不在本国生产并开展出口贸易，而选择直接到进口国生产并销售就会更加有利。产业出现向进口国转移的压力，产业布局也有改变的动力。

相比而言，国际贸易总量越大越有利于产业的专业化集聚。若没有国际贸易，各国只能按照自给自足的方式建立完整的经济体系，以满足居民的消费需求。人口规模小，经济总量小，在某一方面具有突出优势的国家出现产业专业化集聚的可能性就会大大降低。因为国际贸易的存在，产品的潜在需求者不仅包括本国居民，也包括外国居民，专业化生产的大量产品便因此拥有巨大的市场需求，有利于产品的销售。甚至本国可以专门集中生产一种或一类产品，对其他产品的需求可以通过国际贸易的方式得到满足。例如，2010 年石油输出国组织（OPEC）中，伊朗和委内瑞拉的燃料出口分别占该国出口总额的

70.8%和93.4%①，这些国家之所以能够集聚大规模的石油生产并出口到国外，既有资源禀赋优势，又得益于国际石油市场的大规模需求。同时也得益于国际贸易，他们可以通过国际贸易换取外汇，购买进口商品满足其对石油以外的其他产品的需求，从而可以集中精力生产石油。

二、国际贸易的相对量对产业布局的影响

国际贸易的相对量在此处是指外贸依存度，即国际贸易总额占一国 GDP 的比例。对于一个国家来说，外贸依存度越高，国际贸易对一国的经济发展影响就越显著。政府机构在做出决策和制定政策时就会对国际贸易给予更多的关注，并可能从政策层面相应地给予优惠，比如为外向型产业发展提供良好的政策环境，通过区域经济政策为外向型产业发展提供足够的地域空间。尽管产业布局变化是中观层面的产业转移、微观层面的厂商选址共同作用的结果，但无论是产业转移还是厂商选址，他们都是按照理性的原则做出决策。如果重新选址可以带来更好的效益，则重新选址就是一个理性的选择。从这个角度来看，政府机构从宏观层面给予的政策优惠，可以改变或部分改变行业和厂商行为选择的成本收益。特别是通过合理的制度设计可以降低选址的成本，增加厂商重新选址的收益，最终促进了产业转移和厂商改变选址，产业布局也因此而受到国际贸易相对量的影响。总之，在外贸依存度较高时，国际贸易对一国经济发展影响更大，政府有制定政策促进国际贸易的激励措施，各类经济主体也乐意在做决策时对国际贸易予以更多的关注，国际贸易对产业布局的影响也会越显著。

第二节　国际贸易结构对产业布局的影响

在国际贸易总量影响产业布局的同时，国际贸易的结构也会对产业布局产生影响。国际贸易的结构包括多种，此处重点分析国际贸易的产业结构和地区结构对产业布局的影响。国际贸易的产业结构是指国际贸易的标的物的产业构成。国际贸易的地区结构是指国际贸易中出口产品目的国家的地区构成，以及进口品货源地国家的地区构成。国际贸易的两种结构本身及其变化都会影响产业布局。

---

① 中华人民共和国国家统计局. 国际统计年鉴：2013［Z］. 北京：中国统计出版社，2013：322.

一、国际贸易的产业结构对产业布局的影响

总体来看，不同的国际贸易产业结构对产业布局的影响不同。在国际贸易中，无论农产品、初级产品在贸易品总量中占的比重是高是低，对产业布局的影响都相对较小。这主要是由以下原因所致：首先，农产品及初级产品的生产对自然条件具有较大的依赖性。从成本的角度看，改变农产品及初级产品产业布局的成本较高；从收益的角度看，农产品及初级产品本身的特性，以及长期形成的国际分工格局导致其价格相对较低，产品的附加值不高。尽管发展中国家大多依赖农产品及初级产品的出口创汇，但也并没有因此而显著改变农产品及初级产品的生产布局。其次，就世界各国国际贸易的现实情况看，农产品及初级产品的贸易量占贸易总量的比例较低，为了开展国际贸易而进行巨额的投资以改变其布局并不是一个理性的决策。由表3-1可知，全球和不同发展水平国家的进出口贸易结构中，农业原材料、食品和燃料所占的比例均很低。尤其重要的是，这种情况并非个例而是在全球范围内普遍存在。如2010年农业原材料出口所占比例最高的国家为蒙古国，但也只有12.4%，食品进口所占比例最高的国家为孟加拉国，但也只有22.5%。[①] 所以，国际贸易中农产品及初级产品的比重大小，其比重是否发生改变对产业布局的影响一般不太显著。

表3-1　　2010年全球及不同发展水平国家的进出口贸易结构　　单位:%

	地区及国家类型	农业原材料	食品	燃料	矿物和金属	制成品	其他
出口	世界	1.7	8.2	12.1	4.5	68.9	4.6
	高收入国家	1.7	7.5	9.6	4.1	71.8	53
	中等收入国家	1.9	10.6	21.6	6	58.3	1.6
进口	世界	1.4	7.4	15.8	4.1	68.4	3
	高收入国家	1.3	7.4	16	3.7	68.5	3.2
	中等收入国家	2	7.6	14.5	5.6	68.2	2.1
	低收入国家	3.4	15.8	16.4	2.4	59.6	2.5

数据来源：中华人民共和国国家统计局. 国际统计年鉴：2013［Z］. 北京：中国统计出版社，2013：322-323.

与农产品及初级产品的贸易相比，工业制成品的贸易量占贸易品总量的比例及其变化对产业布局的影响尤为突出。特别是在加工生产过程中失重较少的

① 中华人民共和国国家统计局. 国际统计年鉴：2013［Z］. 北京：中国统计出版社，2013：322-323.

产品，以及制成品不便于远距离运输的产品，这些产品的生产厂商一般会按照接近消费地的原则进行布局。此举一方面是为了节省运输成本，另一方面也是为了缩短与消费者的距离，降低信息不对称程度，增加消费者对产品的购买量，提高市场占有率，从而获取更大的利润。另外，与农产品比起来，工业制成品的生产对自然条件的依赖相对较低，改变其区位布局的成本也相对较低，进行区位选择的自由度相对较大。再者，由表3-1可知，从全球及不同发展水平国家国际贸易的产品结构来看，工业制成品所占比例较高，这一格局势必对各国贸易政策的制定、行业发展及厂商选址造成更大的影响，各类经济主体也会按照便利国际贸易的原则进行相应的布局。由此一来，国际贸易中工业制成品的比例较高会导致产业布局发生相对较大的改变。

二、国际贸易的地区结构对产业布局的影响

按照一般的理解，国际贸易的地区结构影响产业布局主要是出于降低运输成本的考虑。但考虑到信息的传递成本随着距离的增加而增加，信息不对称的程度也随着距离的增加而加剧等因素，国际贸易的地区结构之所以能够影响产业布局，其机理在于国际贸易中的信息不对称问题更加突出。此时通过合理的产业布局有助于更好地传递信息，从而降低国际贸易中信息传递的成本，降低信息不对称程度，让供求双方都能够更好地从中获益。稳定的国际贸易地区结构一方面可以降低信息不对称程度，另一方面也使得贸易伙伴间既有的国际贸易格局得到进一步强化，巩固各国既有的产业布局。

国际贸易的地区结构通过主导国际产业转移方向的方式影响产业布局。国际贸易与生产要素的跨国转移存在相互替代关系，选择国际贸易还是要素的跨国转移主要是依据其行为的成本和收益对比。与要素的跨国流动相比，国际贸易发生的频率较高，每次交易的金额较小，要素跨国转移发生的频率较低，每次交易的金额较大。在保护性贸易政策逐渐盛行，特别是各类隐性的保护手段越来越受到各国政府青睐的情况下，开展商品国际贸易的收益在降低而其成本却在增加，以要素跨国流动为特征的国际产业转移就会越来越受到各类经济主体的青睐。这最终将导致国际产业转移大量出现，其转移的方向是从贸易出口国转移到该国产品的主要进口国。因此，稳定的国际贸易地区结构可以主导国际产业转移的方向，改变产业布局。

最后，国际贸易的地区结构也可以巩固既有的产业布局。对一个国家或地区来说，受到政治因素、经济因素、意识形态等各方面的影响，在开展国际贸易的过程中，其贸易的地区结构一般具有相对的稳定性。换句话说，在短时间

内，各国的主要贸易伙伴一般不会发生较大的改变，各国将依据本国的优势进行生产经营并开展国际贸易。国际贸易的不断开展导致各个贸易伙伴的比较优势愈发明显，国际间的分工格局会在一定时期内持续稳定地存在，国与国之间的分工行为也将得到强化，从而使各贸易国的产业结构和布局得以持续存在。中国的情况就印证了这一点。

改革开放以来，中国的国际贸易急速增长，进出口总额由 1978 年的 206.4 亿美元增至 2013 年的 41 596.93 亿美元①，绝对数增长了 200 倍，年均增长 18.1%，比改革开放前的 28 年提高了 5.51 个百分点②。然而，由表 3-2 可知，中国的主要贸易伙伴并没有因为国际贸易的急剧增长而发生大的变化，欧盟、美国、日本、中国香港、东盟等一直是中国主要的贸易伙伴。加入世界贸易组织（WTO）以后，前十位贸易伙伴与中国的贸易额占中国国际贸易总额的比例基本稳定在 80%。

表 3-2　　中国主要的进出口贸易伙伴

排名＼年份	1999	2005	2006	2007	2008	2009	2010	2011	2012	2013
1	日本	欧盟	欧盟	欧盟	欧盟	欧盟	欧盟	欧盟	欧盟	欧盟
2	美国	美国	美国	美国	美国	美国	美国	美国	美国	美国
3	欧盟	日本	日本	日本	日本	中国香港	日本	东盟	东盟	东盟
4	中国香港	中国香港	中国香港	东盟	东盟	东盟	东盟	日本	中国香港	中国香港
5	东盟	东盟	东盟	中国香港	中国香港	日本	中国香港	中国香港	日本	日本
6	韩国	韩国	韩国	韩国	韩国	韩国	韩国	韩国	韩国	韩国
7	中国台湾	中国台湾	中国台湾	中国台湾	中国台湾	印度	中国台湾	中国台湾	中国台湾	中国台湾
8	澳大利亚	俄罗斯	俄罗斯	俄罗斯	澳大利亚	澳大利亚	澳大利亚	澳大利亚	澳大利亚	澳大利亚
9	俄罗斯	澳大利亚	澳大利亚	澳大利亚	俄罗斯	中国台湾	巴西	巴西	俄罗斯	巴西
10	加拿大	加拿大	印度	印度	印度	俄罗斯	印度	俄罗斯	巴西	俄罗斯

资料来源：《中国商务年鉴》相关各年。

① 中华人民共和国国家统计局. 2013 年国民经济和社会发展统计公报［EB/OL］.［2014-02-24］. http：//www. stats. gov. cn/tjsj/zxfb/201402/t20140224_ 514970. html.

② 国家统计局. 新中国 60 年［Z］. 北京：中国统计出版社，2009：68.

第三节　国际贸易方式对产业布局的影响

国际贸易方式有多种分类方法，此处只分析产业间贸易和产业内贸易两种贸易方式。产业间贸易以比较优势贸易理论、要素禀赋贸易理论为理论基础，产业内贸易则以强调规模经济的贸易理论为理论基础。[①] 虽然产业内贸易理论并没有否定产业间贸易理论，甚至从根本上来看后者是对前者的修正和进一步发展，但以其为理论基础所开展的两种不同方式的贸易对产业布局产生的影响各不相同，且这种影响效果在全球范围内更为显著。

一、产业间贸易对产业布局的影响

产业间贸易是指同一个国家在一段时期内，同一个产业部门在参与国际贸易的过程中只进行产品的出口或进口。按照一般的国际贸易理论，产业间贸易是以各国的比较优势为基础的，因此，在产业间贸易情况下，同一产业产品在国际贸易中基本上是单向流动的。其结果是，产业间贸易的开展将导致产业在全球范围内集中布局，生产并出口某一类产品的国家充分利用自己的比较优势进行大规模的生产，其产出份额和市场占有率均较高；进口该产品的国家则因为不具有比较优势从而少量甚至是不生产这些产品。此时，站在全球的角度看，产业间贸易将促进产业集中布局在产品出口国。

产业间贸易对产业布局的影响有逐渐弱化的趋势，这主要源于以下三个方面：第一，随着国际贸易的开展，产业间贸易的规模在逐步缩小，占贸易总额的比例也在逐渐降低，这一现象直接决定了产业间贸易对产业布局的作用将会逐渐降低。第二，经济的发展不仅表现为经济总量的增长，而且也有结构调整因素贯穿其中，配第—克拉克定理、霍夫曼经验定理已经给出了中肯的解释。随着全球经济的不断发展，各国和地区将陆续进入工业化、信息化时代，其产业结构有逐步趋同的趋势，直接决定了开展产业间贸易不再具备现实条件。第三，各国越来越注意到合理的产业结构可以有效地保障一国的经济安全和产业安全，各国都在积极地调整产业结构，以促进经济发展并维护其主权。除非一国生产某种产品的成本特别高，或者是完全不具备生产某种产品的条件，否则

---

① 王炳才．产业间贸易理论与产业内贸易理论比较研究［J］．国际贸易问题，1997（8）：26－28.

他们将会适度发展一些不具有比较优势的产业，防止受制于他人。这也可以在一定程度上抵消产业间贸易所导致的产业集聚，弱化产业间贸易对产业布局的影响。

二、产业内贸易对产业布局的影响

产业内贸易是指一个国家在某一时期内，同一个产业部门在参与国际贸易的过程中既出口又进口某一产品，也即各国进行国际贸易时，基本上交易的是相同或相似的产品。导致产业内贸易出现的主要原因是产品的差异化、规模经济、垄断竞争或者寡头垄断、跨国公司的活动①，以及消费者的偏好差异等。与产业间贸易对产业布局的影响相比，产业内贸易对产业布局的影响较为复杂，并且影响的方向和途径也更为多样化。

产业内贸易既可以促进产业在部分国家集聚，也可以促成产业在全球范围内分散布局。首先，产业内贸易条件下，各国都在同一产品的生产上具有一定的生产能力，他们生产的产品既可以供给国内的消费需求，也可以满足国际市场的产品消费需求。各国在生产同一产品的过程中，部分国家和地区会因为规模经济等原因而在该产品的生产上具备优势，通过累计因果循环的作用，其优势地位不断得以强化，最终导致这些国家在该产品的生产上所具有的优势地位为其他国家所不可比拟，产业将随之集聚在这些国家。其次，因为各国开展产业内贸易时，他们都有生产某一产品的能力，部分国家想拥有产品生产的绝对优势难度相对较大，并且因为消费者的消费偏好是有差异的，他们倾向于消费不同国家的产品，最终有利于产业在全球范围内分散布局。

随着产业内贸易规模的不断扩大，以及产业内贸易占贸易总额的比例不断提升，产业内贸易对产业布局的影响正在逐步凸现。第二次世界大战以来，产业内贸易得到长足发展。1962 年产业内贸易只占全球贸易总额的 25%，进入 21 世纪后，产业内贸易占全球贸易总额的比例超过了 50%。② 产业内贸易占贸易总额比例的增加并非是个别现象，“从原油到天然气等初级产品、从汽车零部件到电脑热线服务，到食品饮料等终极产品，所有商品和服务的产业内贸易比例都增加了”③。总之，产业内贸易的逐渐增加必将逐步强化国际贸易对产

---

① 尹翔硕. 国际贸易教程［M］. 上海：复旦大学出版社，1996：113.

② 世界银行. 2009 年世界发展报告［M］. 胡光宇，等，译. 北京：清华大学出版社，2009：172.

③ 世界银行. 2009 年世界发展报告［M］. 胡光宇，等，译. 北京：清华大学出版社，2009：172.

业布局的影响。消费者的消费需求多样化程度正在逐步提高，也会刺激产业内贸易规模进一步扩大，这也是产业内贸易对产业布局的影响不断扩大的重要原因。

第四节　国际贸易内容对产业布局的影响

不仅国际贸易总量、国际贸易结构、国际贸易方式可以影响产业布局，国际贸易内容同样会对产业布局产生影响。具体而言，国际商品贸易、国际服务贸易、国际技术贸易、国际资本流动等都对产业布局有不同的影响。

一、国际商品贸易对产业布局的影响

国际商品贸易对产业布局造成影响的途径主要有两个，即商品贸易规模和商品贸易的标的物。

（一）国际商品贸易的规模对产业布局的影响

国际商品贸易的规模对产业布局的影响，有赖于贸易商品生产的原材料运输成本和商品本身运输成本的对比。如果原材料运输成本较高，且在生产过程中失重较大，则产业将布局在原材料丰富的国家和地区；如果商品本身运输成本较高，则产业将布局在商品大规模消费的国家和地区。前一种情况主要体现了自然资源禀赋对产业布局的影响，其直接结果是产业布局在原材料丰富的国家和地区，通过国际贸易的方式满足国外消费者的需求，其对产业布局的影响是促进产业在资源禀赋优越的国家和地区集聚。后一种情况是商品本身运输成本较高，这将激励产业在消费地区集聚。

（二）国际商品贸易的标的物对产业布局的影响

国际商品贸易的标的物对产业布局的影响主要来源于标的物的附属属性、标的物的生产条件、标的物所处的产品生命周期的阶段。

对出口国和进口国都能够生产的商品而言，国际商品贸易增加了消费者的选择范围，影响了消费者的偏好，改变了各地区消费需求的比例关系，进而影响产业布局。消费者消费一种商品或服务的目的是为了获得心理满足，增加自己的效用水平。对他们而言，从商品的消费中获得效用满足不仅来自商品本身的属性，还来自于商品的附属属性。就同一种商品而言，购买本土商品和购买进口商品所带来的效用满足是不同的。这部分是源于商品本身的差异，部分是源于消费者的主观心理。在经济发展水平逐步提高的情况下，消费者购买商品

时不仅关注商品本身的实用性，而且更多地关注商品的附属属性所带来的效用满足。购买进口商品，特别是来自特定国家的进口商品，是消费者身份、阶层、地位、个人品位的象征，可以让消费者获得更多的心理满足。此时，把产业布局在进口国以外的国家，尽管要面临着较大的信息搜寻成本和运输成本，但仍然可以从中获益。

国际商品贸易有可能导致产业逐渐向进口国转移。以农业为代表的第一产业对气候、降水、光照等自然条件的依赖性比较高，进口国可能不具备生产特定农产品的自然条件，直接决定了厂商没有条件到进口国进行生产。对于工业品而言，在生产过程中失重较多的商品到进口国生产的优势不是特别明显，而在生产过程中失重较少的商品，以及在进口国可以获得充足原材料的商品，到进口国直接生产的优势十分突出。厂商就地生产和销售就可以有效地规避信息搜集成本和运输成本，同时也可以根据当地的消费需求适当改进工艺，以利于厂商更好地获利。在后一种情况下，厂商选择到进口国进行生产并销售正是由国际商品贸易所引起。

同时，国际商品贸易的标的物所处的产品生命周期的阶段不同，同样可以对产业布局造成影响，这一点已被雷蒙德·弗农的产品生命周期理论所证实。

二、国际服务贸易对产业布局的影响

国际服务贸易①影响产业布局的方式主要有两个，即国际服务贸易改变了产业发展的要素供给和需求条件，降低了商品跨国交易成本。国际服务贸易的分离式服务、消费者所在地服务、生产者所在地服务以及流动服务等②，不同的服务贸易类型都可以对产业布局产生影响。

国际服务贸易中的劳动力跨国流动可以影响产业布局。劳动力作为产业发展的一个重要因素，其跨国流动可以改变世界各国和地区的劳动力数量及其比例，也即改变了世界各国的劳动力供给，从而可以从供给一方影响劳动力的价格并作用于产业布局。按照托达罗等人的人口流动理论，劳动力流动的目的无非是为了获得更高的预期收入，这意味着劳动力的流向是由工资低的国家和地

① 国际服务贸易有广义和狭义之分。狭义的国际服务贸易指发生在国家之间的服务输入和输出活动。广义的国际服务贸易包括有形的劳动力输出输入、无形的提供者与使用者在没有实体接触情况下的交易活动。按照广义的国际服务贸易，劳动力的跨国流动属于国际服务贸易。根据国际贸易理论，劳动力的跨国流动可归于要素跨国流动的范畴。本书的研究主题是国际贸易对产业布局的影响，为了行文方便，本书采用广义的国际服务贸易，把劳动力的跨国流动作为国际服务贸易的一种加以分析。

② 王绍媛. 国际服务贸易［M］. 大连：东北财经大学出版社，2007：22.

区流向工资高的国家和地区，为产业在劳动力稀缺、工资水平较高的国家和地区进行布局提供了条件。由此看来，劳动力的跨国流动对于特定产业特别是劳动密集型产业布局的影响不容忽视。同时，劳动力的跨国流动改变了国家之间的劳动力比例和结构，因为劳动力本身也是消费者，也可以从需求方面影响产业布局。

国际服务贸易可以降低商品的跨国交易成本，改变厂商的收益状况。商品跨国交易需要额外支付关税，厂商跨国投资需要了解东道国的法律制度等，两者都需要支付较高的跨国交易成本。国际服务贸易则有助于降低厂商的跨国交易成本。国际服务中的国际运输、跨国银行、国际投融资及其他金融服务、劳务输出、国际商业批发和零售服务以及官方开展的国际服务项目等，可以直接降低商品的跨国交易成本。另外，一些国际服务项目如国际信息处理和传递服务、国际咨询服务、国际交流服务等，可以丰富厂商的信息来源，弱化信息不对称状况，降低厂商的信息搜寻成本，从而间接地降低厂商的跨国交易成本。跨国交易成本的降低既可以促进厂商在本土生产，开展更多的国际贸易活动，也可以刺激厂商到其他国家和地区投资。前者的例子如国际运输服务可以为厂商提供价格低廉的运输服务，厂商不必专门进行产品的国际运输，有利于厂商开展产品出口贸易。后者的例子如跨国银行、国际融资公司等其他金融服务，满足了厂商将盈利汇入自己国家的需求，提高了厂商到其他国家和地区投资的积极性。

与国际货物贸易相比，未来国际服务贸易对产业布局的影响将逐步加强。在后工业化社会或者服务经济中，服务业的地位将逐步提高，在经济总量中的份额也将逐步扩大，服务业对整体经济的影响作用会进一步扩大。信息技术的进步直接推动了以高新技术跨国服务为代表的国际服务贸易得到更快发展，国际服务贸易的行业结构、地区结构也正在发生积极的变化，这将进一步刺激国际服务贸易加速发展，并强化其对全球产业布局的影响。与此同时，国际服务贸易发展的地理分布不均衡，不同类型的国家在国际服务贸易中的比较优势（如表 3-3）、地位差异等，也会导致国际服务贸易向部分国家集聚，从而导致服务产业中的部分行业在部分国家和地区出现集聚的趋势。

表 3-3　　发达国家和发展中国家服务贸易部门比较优势的差异

比较项目	发达国家	发展中国家
有比较优势的服务贸易部门数量	较多	较少
有比较优势服务贸易部门的分布	集中	分散

表3-3(续)

比较项目	发达国家	发展中国家
有比较优势的服务贸易部门类型	资本、技术密集型部门	资源密集型部门
服务贸易部门比较优势波动幅度	较小	较大

资料来源：王绍媛. 国际服务贸易［M］. 大连：东北财经大学出版社，2007：85-86.

三、国际技术贸易对产业布局的影响

国际技术贸易对产业布局的影响主要是扩大了适宜于产业布局的地理范围，推动产业向经济发展条件恶劣的地区布局。

首先，国际技术贸易可以提高各国的整体技术水平，降低产业发展对劳动、资本、原材料的依赖。新技术研发的成本较高，高额的研发成本决定了并不是所有国家都有实力开展新技术研发，也即新技术研发一般集中在部分的发达国家和地区。从经济学的角度看，资源相对于人类的无限欲望而具有稀缺性是一个不可改变的事实，这决定了各国在进行新技术研发时，关注的焦点之一就是用新技术提高资源利用率，减少既定产出的资源消耗。换言之，技术研发总在向着节约资源的方向发展。购买并推广和使用新技术的成本较低，技术落后的欠发达国家可以从国外购买技术，提升本国的技术水平。通过国际技术贸易的方式，欠发达国家和地区购买发达国家和地区的技术，改善产业发展的生产条件和生产技术，提高其生产效率和对各种资源的利用率，从而降低生产活动对劳动、资本、原材料的依赖程度。发达国家同样可以以技术咨询和技术服务的方式与发展中国家开展国际技术贸易，以更低的成本解决发展中国家经济发展中面临的技术制约问题，扩大产业布局的范围。

其次，技术贸易提高世界各地的技术水平，使得原来不利于大规模开展某项生产活动的地区有条件进行生产活动。世界各国的技术进步并不是同步进行的，各国特定的条件决定了其在某些领域的技术创新和进步速度会高于其他国家。以以色列的农业节水灌溉技术为例，以色列水资源严重匮乏，国土面积的60%以上处于干旱与半干旱状态，因而该国长期致力于农业节水技术的研发以最大限度地节约水资源。该国在农业生产中将压力灌溉技术、滴灌技术、埋藏式灌溉技术、喷洒式灌溉技术以及散布式灌溉技术并用，灌溉系统的操作采用计算机自动处理，为农业生产提供了技术支持。由于长期研发推行节水灌溉技术，以色列自 1948 年建国后的 50 年中，农业生产增长了 12 倍，而农业用水

量仅增长了3.3倍。[1] 可以预见的是，以色列节水灌溉技术为主要从事农产品生产和加工的厂商到干旱、半干旱地区进行布局提供了现实可能。另外，国际技术贸易提高了技术水平，并可能带动一些新的专门用于产品检验的技术和产品出现，提高各类经济主体对商品信息的甄别能力，减少国际贸易中的信息不对称，为产业布局提供更大的选择余地。再者，国际技术贸易中的许可贸易可以使技术水平落后的国家合法取得专利、商标、专有技术的使用权。此举一方面维护了技术所有人的权益，另一方面可以使技术购买方充分利用本国的各种优势，降低生产成本，提高产品在国际市场上的竞争力，为技术密集型产业在全球范围内分散布局提供技术支持。

最后，国际技术贸易也可以通过把技术嵌入机械产品的方式作用于产业布局。在雷蒙德·弗农看来，产品进入标准化阶段之后，发展中国家能够大量生产创新国的产品并出口，其根本原因在于新产品生产的技术已经镶嵌至生产设备之中，发展中国家在向发达国家购买机器设备的同时，购买了发达国家的先进生产技术。合成化肥产业在20世纪初产生于德国，到了20世纪90年代却在全球100多个国家都有生产[2]，导致合成化肥产业的生产布局从德国扩散至全球的动力正是国际技术贸易。

国际技术贸易市场格局的极度不平衡会削弱其对产业布局的影响。在当今国际分工条件下，尽管发展中国家的国际技术贸易发展速度很快，但因其国际技术贸易发展的起点较低，发展中国家在国际上的发言权依然较小，国际技术贸易仍然呈现单轨性特征，发达国家垄断国际技术贸易的市场格局并没有明显的改观，国际技术贸易的市场格局极度不平衡依然存在。这不仅不利于国际技术贸易的发展，也不利于国际技术贸易有效发挥其对产业布局的影响。

四、国际资本流动对产业布局的影响

作为改变全球各地资本供给的方式，国际资本流动对产业布局的影响不可忽视。国际资本流动包括资产组合投资和外商直接投资两大类[3]，不同的国际资本流动方式对产业布局有不同的影响。

资产组合投资中的国际借贷，尤其是外国政府贷款、国际金融组织贷款一

---

① 驻以色列使馆商务处. 以色列农业节水灌溉情况简介［EB/OL］.［2009-09-27］. http://www.mofcom.gov.cn/aarticle/i/dxfw/gzzd/200909/20090906531169.html.

② KEITH CHAPMAN. Industry Evolution and International Dispersal: The Fertiliser Industry［J］. Geoforum, 2000, 31 (3): 371-384.

③ 海闻，P林德特，王新奎. 国际贸易［M］. 上海：上海人民出版社，2003：210-216.

般为软贷款。这种贷款期限较长而利息较低，为资本短缺的国家改善其基础设施，增强产业发展能力提供了资本支持，有利于改善这些国家的产业布局。如世界银行、亚洲开发银行向中国提供的各种贷款利息较低且期限较长，贷款主要用于完善基础设施，为经济落后资本短缺的中西部地区改善经济发展的基础条件提供了资本来源，增强了中西部地区产业发展的能力，为产业在中国的三大区域之间进行梯度转移提供了条件。国际证券投资为发行债券的国家提供资本用于发展本国生产和服务业，提高资本流动性，分散投资风险。此举有利于资本不足的国家发展资本技术密集型产业，利于资本充裕的国家将资本技术密集型产业转移到发展中国家，促进产业的国际转移从而影响产业布局。

外商直接投资的区位选择也会影响产业布局。国内外的研究一再表明，对外直接投资具有区位选择的特点①，外商直接投资的区位选择同时关注微观和宏观层面。出资方一般选择到经济条件较好的国家进行投资活动，他们的投资行为会丰富东道国的资本存量，降低产业发展过程中的融资价格，为东道国产业布局的优化提供资本支持。同时，理论分析和实证检验都表明，外商直接投资和国际贸易之间存在互补和替代关系②，外商直接投资也可以通过影响国际贸易来间接影响产业布局。外商直接投资在一定程度上可以替代国际贸易，若厂商到东道国进行生产只供应东道国市场而不考虑国际市场，大规模开展外商直接投资活动的结果是降低国际贸易的规模，弱化国际贸易对产业布局的影

---

① SHARMISTHA BAGCHI-SEN. The Location of Foreign Direct Investment in Finance, Insurance and Real Estate in the United States [J]. Geografiska Annaler. Series B, Human Geography, 1991, 73 (3): 187-197. 贺灿飞，魏后凯. 信息成本、集聚经济与中国外商直接投资区位 [J]. 中国工业经济, 2001 (9): 38-45. 魏后凯. 加入 WTO 后中国外商投资区位变化及中西部地区吸引外资前景 [J]. 管理世界, 2003 (7): 87-75. 魏后凯，贺灿飞，王新. 外商在华直接投资动机与区位因素分析——对秦皇岛市外商直接投资的实证研究 [J]. 经济研究, 2001 (2): 66-76.

② 理论方面的研究，罗伯特·蒙代尔和雷蒙德·弗农认为，国际贸易和 FDI 之间存在替代效应，而小岛清则认为国际贸易和 FDI 之间存在互补关系；实证方面的分析，Andrew Schmitz & Pelter Helmberger、梁琦和施晓苏对中国的国际贸易和 FDI 实证研究认为，两者之间的互补效应大于替代效应，Munisamy Gopinath、Daniel Pick & Utpal Vasavada 的实证研究结论则与此相反。详见：ROBERT A MUNDELL. International Trade and Factor Mobility [J]. The American Economic Review, 1957, 47 (3): 321-335. RAYMOND VERNON. International Investment and International Trade in the Product Cycle [J]. The Quarterly Journal of Economics, 1966, 80 (2): 190-207. 小岛清. 对外贸易论 [M]. 周宝廉，译. 天津：南开大学出版社, 1987: 414-415. ANDREW SCHMITZ, PERTER HELMBERGER. Factor Mobility and International Trade: The Case of Complementarity [J]. The American Economic Review, 1970, 60 (4): 761-767. 梁琦，施晓苏. 中国对外贸易和 FDI 相互关系的研究 [J]. 经济学（季刊）, 2004 (3): 839 - 858. MUNISAMY GOPINATH, DANIEL PICK, UTPAL VASAVADA. The Economics of Foreign Direct Investment and Trade with an Application to the U. S. Food Processing Industry [J]. American Journal of Agricultural Economics, 1999, 81 (2): 442-452.

响。外商直接投资与国际贸易又有互补关系，厂商到东道国进行投资，可以利用东道国的优势生产条件生产更多的产品，并通过出口贸易的方式满足其他国家的需求。伴随着外商直接投资规模的增加，国际贸易的规模也有相应的增加，国际贸易对产业布局的影响也相应凸显。不论如何，外商直接投资过程中有技术和管理的交流，从而可以适时地影响产业布局。

资本可以自由流动的水平同样影响着产业布局。依据 Kazuhiro Yamamoto 的研究，如果资本可以在国家之间完全自由流动，随着产品运输成本的下降，制造业厂商的集聚将会加速。① 在运输成本很低时，受资本投资本土化偏好的影响，即使是市场广大的国家也可以实现完全的集聚。相反，如果资本不能够在国家之间自由流动，市场广大的国家产业集聚会随着资本流动的一体化而加速。同时，如果制造业产品的运输成本较低，因为资本的国际投资需要支付成本，此时所有的资本拥有者将撤回在外国的投资而只在本土投资，减少国际产业转移。

第五节　国际贸易政策对产业布局的影响

国际贸易政策可以分为自由贸易政策和保护贸易政策两种，前者鼓励自由贸易，鼓励商品自由进出口，倡导国内外厂商在国际市场上自由竞争，对国际贸易设置的各种制度障碍较低，对进出口不进行管制或者很少管制；后者则反对自由贸易，往往鼓励商品出口限制商品进口，保护本国厂商而打击外国厂商，以征收关税、设置较高的产品检验标准等方式限制商品进口。作为产业布局的重要方式之一，产业的集聚可以看作政治的集聚在产业层面的再现，制度对于产业布局有着重要的影响②，国际贸易政策同样如此。国际贸易政策对产业布局的影响不仅限于国与国之间，而且可影响一国内部的产业布局。从经济发展的总体趋势看，经济全球化、经济网络化、贸易自由化的趋势越来越明显，自由贸易政策将对产业布局产生更大的影响。但就政策本身而言，保护性贸易政策是以保护国内产业和改善国际收支为目的的，可以直接限制各类经济

---

① KAZUHIRO YAMAMOTO. Location of Industry, Market Size, and Imperfect International Capital Mobility [J]. Regional Science and Urban Economics, 2008, 38 (5): 518-532.

② MARC L BUSCH, ERIC REINHARDT. Industrial Location and Protection: The Political and Economic Geography of U. S. Nontariff Barriers [J]. American Journal of Political Science, 1999, 43 (4): 1 028-1 050.

主体的经济活动，对产业布局的影响更直接。

一、自由贸易政策对产业布局的影响

自由贸易政策可以促进产业在一个国家大规模集聚，有利于产业在全球范围内进行合理布局。贸易政策较为宽松时，产业可以根据各国的供求条件进行生产布局。在自由贸易条件下，当一国因为资源禀赋、专门技术、传统工艺等，导致其在生产某种产品方面具有其他国家无可比拟的优势时，该国可以在本国集中优势进行产品的大规模生产，通过国际贸易的方式占领国际市场，满足国外消费者的需求，让消费者获得效用满足的同时让自己获利。该国通过国际贸易满足国内消费者对其他商品的消费需求。只要国际贸易带来的运输成本、信息搜寻成本的增加不高于改变生产布局的成本，具有优势的国家就可以以专业化生产的方式从国际贸易中获利。总之，自由贸易政策条件下，产业可以依照经济效益的目标在全球范围内进行合理的布局，促进全球经济效益的优化。

自由贸易政策也可以促进产业在一个国家内部具有优势的地区进行大规模的集聚，优化一国内部地区之间的产业分工。对于国土面积较大的国家来说，国家内部不同区域的比较优势是不同的，沿海地区开展国际贸易的优势明显高于内陆地区。这是由沿海地区在国际贸易中运输成本较低、信息搜寻成本较低的客观条件所决定的。一国开展国际贸易的目的无非是为了使本国的福利水平最大化，在国际贸易开展的过程中，国家将不断地进行产业结构和产品结构的升级换代以取得更好的经济效益。实现这一目标自然需要在国家内部的不同地区之间进行合理的产业分工，让地区之间的产业发展具有一定的梯度差异。国际贸易的开展可以让具有优势的地区更好地发展，优化产业布局。中国的现实情况就是如此。改革开放后，中国逐渐融入世界经济，国际贸易规模迅速提高，东部沿海地区的优势很快得到彰显，工业迅速发展起来。这一局面的形成不仅仅是因为中国具有廉价劳动力的比较优势，更是因为中国实行改革开放便于国际贸易的开展，为东中西三大区域的产业分工提供了政策支持，为东部沿海地区利用自身优势迅速崛起提供了机遇。

此外，出口导向型的贸易政策也间接地促进了对技术要求较低的劳动密集型产业，如制衣、制袜和家具制造等行业向低工资国家的集聚①。

---

① ALLEN J SCOTT. The Changing Global Geography of Low-Technology, Labor-Intensive Industry: Clothing, Footwear, and Furniture [J]. World Development, 2006, 34 (9): 1 517-1 536.

二、保护贸易政策对产业布局的影响

保护贸易政策促成产业在全球范围内分散布局，不利于集聚经济优势的发挥。如果以国际贸易中的大国和小国来分析，则在大国贸易保护政策不变的情况下，小国国际贸易保护政策的加强将更有利于产业在该国集聚，甚至可能出现较大国更多的产业在小国布局。① 在保护贸易政策实施的国家，进口商品需要交纳较高的关税，接受严格的检验标准的检验，国外厂商在本土生产并把产品出口到实施保护贸易的国家往往得不偿失。对此，为了提高产品在进口国市场上的竞争力，获取更大的利润，厂商理性的选择就是直接到进口国投资并就地销售，从而避开保护贸易政策所带来的各种不利影响。事实上，一些大型的跨国公司在全球多个国家同时进行生产销售，其原因之一正是为了规避关税所导致的竞争优势丧失。不论如何，因为保护性贸易政策的存在，产业很难在一个国家获得大的发展，进行大规模的集聚，国际分工难以有效开展。在这种条件下，不论自身产业发展条件如何，各国只有采用自给自足的发展战略，为产业的均衡发展创造条件，以避免在国际市场上受制于他国。每一个国家都采取这种策略的结果是，产业在全球范围内分散布局，产业集聚的优势在国际层面上难以实现。

以关税为例，关税政策可以影响产业在国际和国内的布局。关税既可以鼓励出口也可以限制进口，它使国际间的分工合作变得更加困难，不利于开展专业化生产。“关税问题是改变转运条件的一个方面，它影响着国内和国际间的工业布局。”② 对原材料征收关税将刺激厂商到原材料所在地国家投资，对制成品征收关税将刺激厂商到产品进口国投资。无论如何，厂商在国家间的选址都或多或少地受到关税政策的影响。不仅如此，厂商在一国内部的选址同样受关税的影响。如果一国征收较重的出口关税，将激励厂商把选址从接近国际市场的地区转到国内人口密集的地区，从沿海港口地区转移到内地。瑞典曾经实施的关税政策有利于南方的农业而不利于北方的农业，为应对这一政策，南方的农民生产粮食，北方的农民则选择冬季在森林里工作。其结果是瑞典的粮食

---

① 熊文，王铮. 贸易保护、产业集聚与经济增长——一个两地区模型分析［A］//佚名. 中国地理学会百年庆典学术论文摘要集. 北京：［出版者不详］，2009：35.

② 伯特尔·俄林. 区际贸易与国际贸易［M］. 逯宇铎，等，译. 北京：华夏出版社，2008：223.

生产绝大部分集中在该国的南方，北方农民生产的粮食却不能满足自身的消费。①

随着国际贸易的发展，保护贸易政策不再局限于征收关税等传统手段，更多地假借环保、国民健康、安全和社会责任等名目，以抬高市场准入门槛、提高产品质量检验标准、设定严格的环境保护标准等面目出现。新的贸易保护方式具有更强的保护性、灵活性、多样性、隐蔽性，因而受到各国的欢迎并为各国所广泛采用。在不考虑国家通过新的贸易保护政策，故意为出口国设置障碍的情况下，新的贸易保护措施可以有效打击质量低劣的产品进入国际市场，有利于产品质量较高、环保标准较好的国家提高其产品在国际市场上的竞争力，为其进行大规模生产创造了条件，从而在一定程度上有利于国际间产业布局的优化。但是，严格的保护措施也会在一定程度上阻碍产业的国际转移，导致国际间的产业梯度差异持续存在，不利于产业在国际间的协调发展，从而对产业布局造成不利影响。

本章小结

本章全面就国际贸易的总量、结构、方式、内容以及国际贸易政策等对产业布局所产生的各种影响进行总括性的理论分析。本章把国际贸易总量分为绝对量和相对量，国际贸易结构分为产业结构和地区结构，国际贸易方式分为产业内贸易和产业间贸易，国际贸易内容分为国际商品贸易、国际服务贸易、国际技术贸易、国际资本流动，国际贸易政策分为自由贸易政策和保护贸易政策等分别分析其对产业布局的影响。

就国际贸易总量而言，国际贸易总量越大、贸易依存度越高，对产业布局的影响就越显著。此外，国际贸易总量的增大还会强化国际贸易的结构、方式、内容对产业布局的影响。就国际贸易的结构而言，不同的国际贸易产业结构对产业布局的影响不同，工业品占贸易总量的比重越大影响越显著。稳定的国际贸易地区结构有进一步强化既有产业布局的倾向。就国际贸易方式而言，产业间贸易可以有效促进产业集聚，但产业间贸易占贸易总量的比例在逐渐缩小，其对产业布局的影响正在逐渐降低。产业内贸易既有利于产业集聚，也可

---

① 伯特尔·俄林. 区际贸易与国际贸易［M］. 逯宇铎，等，译. 北京：华夏出版社，2008：239.

能导致产业扩散，其对产业布局的影响也随其所占比重的增加而日益显著。就国际贸易内容而言，国际商品贸易、国际服务贸易对产业布局的影响较为复杂；国际技术贸易有利于扩大产业布局的范围，推动产业向经济发展条件恶劣的地区布局；国际资本流动有利于产业的国际转移。就国际贸易政策而言，自由贸易政策更有利于产业集聚，也更有利于产业的合理布局，但保护贸易政策可以直接限制经济主体的行为，对产业布局的影响更直接。

第四章　国际贸易对厂商选址的影响

厂商是区位理论最基本的研究单位。[①] 地理位置对厂商的形成及行为方式非常重要，进行合理的选址也是厂商开展空间管理的一个重要方面。厂商要为国际贸易支付额外的运输成本和信息搜寻成本，为了降低成本，实现利润最大化的目标，其有可能改变选址。众多同类厂商选址的变化反映到产业层面来，就是产业布局的变化。换言之，厂商选址的改变不仅是产业布局变化的直接诱因，而且这一变化积聚到一定程度将直接导致产业布局发生变化。本章将着重分析国际贸易对厂商选址的影响，首先讨论国际贸易对厂商选址决定因素的影响，其次讨论国际贸易影响单个厂商选址的原因与条件，并分析了两国国家、两个厂商的选址行为和多个国家、多个厂商的选址行为，最后运用进化博弈模型，分析国际贸易对厂商群体选址的影响。

第一节　国际贸易对厂商选址决定因素的影响

厂商开展各项经济活动的目的无非是为了追求利润最大化。新古典经济学假定，整个世界是匀质的，地区差异被完全消除。因此，新古典经济学家分析厂商的行为选择时，无需考虑厂商的选址问题，厂商能否实现利润最大化与选址无关。现实情况是，整个世界是非均匀的，各地的差异很大，厂商选址是一项有长期影响的投资，他们能否根据现实条件进行合理的选址将直接影响其竞争优势[②]，关系到利润最大化这一目标能否顺利实现。厂商进行选址的主要原

---

① COLIN HILL. Some Aspects of Industrial Location [J]. The Journal of Industrial Economics, 1954, 2 (3): 184-192.

② 迈克尔·波特. 区位、集群与公司战略 [A] //GORDON L CLARK, MARYANN P FELDMAN, MERIC S GERTLER. 牛津经济地理学手册. 刘卫东，等，译. 北京：商务印书馆，2005：257-278.

因有两个，即更好地服务于当地市场和以较低的价格获得投入要素。[①] 服务于当地市场可以降低运输成本，低价格获得投入要素则往往面临高的运输成本，厂商需要在降低运输成本和要素成本之间进行抉择，但实现利润最大化的目标一直没有改变。这一点在哈罗德·霍特林（Harold Hotelling）的线性城市厂商选址模型[②]，史蒂芬·萨洛普（Steven C. Salop）的考虑外部性的圆周城市厂商选址模型[③]中有很好地体现。

一、封闭经济中厂商选址的决定因素

在不考虑国际贸易时，厂商选址主要受三类因素的影响，即供给方面的因素、需求方面的因素以及制度层面的因素。上述三类因素单独作用或者是共同作用，可以有效地影响厂商的选址。

（一）供给方面的因素

供给方面的因素是影响厂商选址的首要因素。事实上，要素的地理分布非常重要，厂商的活动必须适应不同区域所带来的供给条件的改变。其原因在于，只有充足的要素供给才能满足厂商的各类引致需求。对厂商而言，影响其选址的供给方面的因素包括相关产业和支持产业的发展、基础设施的完善与否、要素供给能否充足供应。厂商一般不能包揽从原材料供应到制成品的最终销售等所有的环节，相关产业和支持产业在厂商获取利润、提升竞争力等方面发挥着重要作用。基础设施影响经济活动主要通过不需支付费用的生产要素，提高其他投入要素的生产率，吸引外来投资，刺激对基础设施的需求和其他服务的需求等来实现。[④] 充足和优越的基础设施可以有效降低厂商的投资成本，减少其所支付的交易成本，细化分工以促进经济增长[⑤]，增强厂商的营利能力。实证研究也证实了这一点，利用美国的数据进行的研究表明，基础设施存

---

① 霍华德·塞兹，安瑟尼·维纳布尔斯. 国际投资地理学［A］//GORDON L CLARK, MARYANN P FELDMAN, MERIC S GERTLER. 牛津经济地理学手册. 刘卫东，等，译. 北京：商务印书馆，2005：125-146.

② HAROLD HOTELLING. Stability in Competition［J］. The Economic Journal, 1929, 39（Mar.）: 41-57.

③ STEVEN C SALOP. Monopolistic Competition with Outside Goods［J］. The Bell Journal of Economics, 1979, 10（1）: 141-156.

④ RANDALL W EBERTS, DANIEL P MOMILIEN. Agglomeration Economics and Urban Public Infrastructure［A］//PAUL CHESHIRE, EDWIN S MILLS. Handbook of Regional and Urban Economics. Vol. 3：1 455-1 495.

⑤ 杨小凯. 经济学：新兴古典与新古典框架［M］. 北京：社会科学文献出版社，2003：103-104.

量每增加1%，私人资本产出增加0.39%，即基础设施的产出弹性为0.39。①基于印度的数据进行的研究证明，基础设施对投资增长具有显著的促进作用。② 要素供给对于厂商选址的影响更无需多言，资本、劳动力、原材料是厂商进行各种生产活动不可或缺的要素，其供给是否充足直接影响到厂商的生产活动能否顺利开展。

（二）需求方面的因素

厂商实现利润最大化不仅要求有充足的要素供给，而且要求有足够的市场需求。需求方面影响厂商选址的因素包括GDP总量和人均量、人口特征、消费者偏好等。GDP总量代表一个地区的经济发展总体水平，体现了一个地区的市场容量。按照约翰·梅纳德·凯恩斯的绝对收入假说，消费由收入决定，消费和收入之间存在稳定的函数关系，收入增加将带来消费增加。他认为，“消费倾向是一个比较稳定的函数……总消费量主要是决定于总所得量，消费倾向本身之改变可以看作是次要的。”③ 一个地区GDP总量大意味着经济发展水平高，市场容量较大，厂商到这些地区投资获利的可能性更大。消费者的消费结构与人均收入密切相关，这在表4-1中有很好的反映。厂商通过了解人均GDP水平，把握消费者的消费水平、消费结构和消费层次，从而确定自身的产品定位。

表4-1　　　　亚洲居民的收入和消费特点

年收入	消费特点
1 000美元以下	主要集中于基本食品消费；鲜有可自由支配的消费开支
1 000~2 000美元	部分消费品开支；开始在外吃饭；超级市场购买极其有限的部分产品
2 000~3 000美元	在超级市场大量购买食品；娱乐和休闲的开支比重提高；耐用消费品的开支增加，购买个人使用的摩托车和小型汽车
3 000~5 000美元	饮食消费、休闲开支多样化，旅游度假；耐用消费品消费范围很广，购买非必需的耐用消费品；健身开支增加；增加对汽车的购买

① DAVID ALAN ASCHAUER. Is Public Expenditure Productive? [J]. Journal of Monetary Economics, 1989, 23 (2): 177-200.

② PRAVAKAR SAHOO, RANJAN KUMAR DASH. Infrastructure Development and Economic Growth in India [J]. Journal of the Asia Pacific Economy, 2009, 14 (4): 351-365.

③ 约翰·梅纳德·凯恩斯. 就业利息和货币通论 [M]. 徐毓枬，译. 北京：商务印书馆，1963：84-85.

表4-1(续)

年收入	消费特点
5 000~10 000 美元	在外吃饭的开支增加，冷冻的加工食品替代基本食品；休闲开支开始用于海外度假、购买奢侈品；投资出现
10 000 美元以上	投资；购买奢侈品；家庭娱乐

资料来源：菲利普·科特勒，洪瑞云，梁绍明，等. 市场营销管理（亚洲版）：上册［M］. 郭国庆，等，译. 北京：中国人民大学出版社，1997：16. 尹世杰. 消费经济学［M］. 北京：高等教育出版社，2003：105.

人口密度、年龄结构等人口特征也影响消费需求，厂商选址时对此也密切关注。同等面积条件下，人口密度越大市场需求越大，生活必需品的消费更是如此。人口的年龄结构也可以影响消费需求。首先，人口的年龄结构影响边际消费倾向。相比而言，老年人的边际消费倾向更高①，老年人口较多对扩大消费需求有积极影响。其次，消费者的消费欲望和能力随年龄的增长而变化，年龄结构作为一个非经济因素可以影响消费结构。② 依据弗朗科·莫迪利安尼的生命周期消费理论，小孩和老人较多的家庭抚养系数较高，个人的消费需求较低；年轻人和老年人的比例较大，整个社会的消费倾向会较高，中年人的比例较大，则消费倾向会下降。③

消费者的习惯和偏好是决定产品能否顺利销售的关键因素，也可以影响厂商选址。约翰·梅纳德·凯恩斯认为，客观因素会影响消费需求，消费者个人的谨慎、远虑、改善、独立、自豪与贪婪等主观因素也会影响消费需求。④ 消费者的偏好可以在一定程度上提高他们的支付意愿，降低消费者的需求价格弹性，为厂商获取更大的利润提供了条件。文化因素，不论是文化还是亚文化均在消费者行为中起着最广泛、最深刻的影响。⑤ 受风俗习惯、宗教禁忌、种族文化、民族文化、地理文化的影响，一些地区严禁消费某些产品，由此形成的

① 于学军. 中国人口老化的经济学研究［J］. 中国人口科学，1995（6）：24-34.

② 尹世杰. 消费经济学［M］. 北京：高等教育出版社，2003：28.

③ FRANCO MODIGLIANI, RICHARD BRUMBERG. Utility Analysis and the Consumption Function: An Interpretation of Cross-section Data［A］//FRANCESCO FRANCO. The Collected Papers of Franco Modigliani, Vol. 6. Cambridge: The MIT Press, 2005: 3-46. ALBERT ANDO, FRANCO MODIGLIANI. The "Life Cycle" Hypothesis of Saving: Aggregate Implications and Tests［J］. The American Economic Review, 1963, 53（1）: 55-84.

④ 约翰·梅纳德·凯恩斯. 就业利息和货币通论［M］. 徐毓枬，译. 北京：商务印书馆，1963：93-95.

⑤ 加里·阿姆斯特朗，菲利普·科特勒. 科特勒市场营销教程［M］. 6版. 俞利军，译. 北京：华夏出版社，2004：215-220.

消费偏好具有长期稳定性，厂商若生产这些产品则没有销路。

（三）制度方面的因素

制度是经济社会主体博弈的结果，它对经济社会发展的作用重大，个体行为和社会制度结构的关系十分密切①，制度完善与否事关厂商的利益能否得到有效保护。合理的制度可以降低交易成本，为实现合作创造条件，提供激励机制，将外部性内部化等②，也可为厂商的生产经营提供良好的环境。厂商在选址时，必须做到与特定的制度相容，依照具体制度制定自己的选址和生产决策，方能更好地营利。具体而言，影响厂商选址的制度层面的因素包括保障产权的制度、收入分配制度、环境保护制度以及制度执行的成本等。

产权制度明确合理可以保护厂商的合法权益。H. 德姆塞茨认为，“产权包括一个人或其他人受益或受损的权利”，产权的一个主要功能是提供将外部性内部化的激励③，尽可能减少负外部性行为对厂商利益的损害。能否最大限度地提供将外部性内部化的激励，是判定产权制度是否有效的标准。厂商投资的目标是追求利润最大化，其合法利益受到威胁和损害时将寻求制度的保护。如果一个地区的产权制度不明晰，厂商的所有权、收益权和剩余索取权等都不能够得到有效的保障，则意味着他们投资的风险极大，并将降低他们到该地区投资的积极性。“产权能够限制开发资源的速度”④，合理的产权还能够保障厂商所需的资源供给。

收入分配制度通过影响消费作用于厂商选址。消费者的消费动机会受到收入分配制度的影响。⑤ 不合理的收入分配制度将拉大贫富差距，直接导致低收入群体的潜在需求难以转化为现实需求，抑制消费水平提升。同时，收入分配制度作为一种重要的正式制度，如果制度设计不合理，将降低部分居民工作的积极性，阻碍生产活动的顺利开展，不利于 GDP 总量的增加，也会制约消费水平的提升。所以，收入分配制度也是影响厂商选址的一个重要的制度性因

① MARK GRANOVETTER. Economic Action and Social Structure：The Problem of Embeddedness［J］. The American Journal of Sociology，1985，91（3）：481-510.

② 卢现祥. 西方新制度经济学［M］. 北京：中国发展出版社，1996：52-60.

③ H 德姆塞茨. 关于产权的理论［A］//R 科斯，A 阿尔钦，D 诺斯. 财产权利与制度变迁——产权学派与新制度学派译文集. 上海：上海三联书店，1991：96-11.

④ 道格拉斯 C 诺斯. 经济史中的结构与变迁［M］. 陈郁，罗华平，等，译. 上海：上海三联书店，1991：95.

⑤ 约翰·梅纳德·凯恩斯. 就业利息和货币通论［M］. 徐毓枬，译. 北京：商务印书馆，1963：95.

素。另外，税收制度可以直接影响厂商的选址①，也可以调节居民的收入差距，间接影响厂商选址。

产权制度和收入分配制度是厂商选址时考虑的因素，而环境保护制度则是投资的东道地区决定是否同意接纳厂商投资的因素。随着经济发展水平的提高，环境污染和生态破坏在加剧，各类经济主体的环保意识在逐渐增强，反映到制度上来就是环境保护制度更加严格，各类环境保护的标准一再提高。此举既是保护人类共同生活的家园，也是为了维护居民享有良好生存环境的权利。如果厂商的各种环境保护配套设施不完善，对污染物不能做到先治理后排放，则引资地区势必会拒绝厂商到该地投资，从而影响厂商的选址。

制度执行成本的高低同样对厂商的选址有重要影响。制度规则完备只是保障厂商正当合法权益的必要条件，有完备的制度并且执行成本较低才是制度层面保障厂商利益的充要条件。在厂商的正当利益受到侵害，需要借助制度来寻求保护时，过高的制度执行成本将让厂商望而却步，于保障厂商的利益而言制度便成为一纸空文。在开放经济条件下，厂商到国外投资参与国际竞争，不可避免地面临着文化、风俗、法律等差异，通过求助于法律等制度维权的成本高低将直接影响厂商的选址。

二、国际贸易引起的厂商选址决定因素的变化

国际贸易可以进一步扩充厂商选址的决定因素。除了第四章第一节第一部分所述的三类影响因素外，国际贸易中为信息不对称支付的信息搜寻成本，为远距离运输支付的运输成本也是厂商选址的决定因素。对异质性厂商而言，国际贸易成本的降低会吸引更多低成本厂商定位于中心区域，而高成本厂商定位于外围区域，国际贸易成本的进一步降低将导致高成本厂商也定位于中心区域。② 鉴于区位理论对运输成本问题已经有很好的研究，本书的主要创新是将信息搜寻成本作为国际贸易影响产业布局的主要成因之一，且下文对信息搜寻成本的分析同样适用于运输成本③，故此处主要分析信息不对称及信息搜寻成本问题。

---

① TIMOTHY J BARTIK. Business Location Decisions in the United States: Estimates of the Effects of Unionization, Taxes, and Other Characteristics of States [J]. Journal of Business & Economic Statistics, 1985, 3 (1): 14-22.

② 梁琦，李晓萍，吕大国. 市场一体化、企业异质性与地区补贴——一个解释中国地区差距的新视角 [J]. 中国工业经济，2012 (2): 16-25.

③ 这一分析方法和思路在第四章第二节同样适用，故第四章第二节在进行分析时也是以信息搜寻成本为例，意在突出强调本书的创新之处。

（一）信息不对称

信息是由“可以导致个人的主观可能性或者信念的分布发生改变的事件组成”①，它可以减少经济主体面临的不确定性，影响各类经济行为，信息的获取需要支付成本。新古典经济学认为信息是完全的，市场的每一个参与者对各类信息有完全的了解。随着经济学理论的发展完善，这一抽象的假定逐渐为后续学者所诟病。这是因为，完全信息的假定意味着可以无成本地获取信息，价格已经传递了所有与商品交易有关的信息。而现实经济中一个经济主体知道其他经济主体所不知道的信息是常有的事②，也即信息不对称问题在现实中广为存在，商品交易双方的信息拥有量并不相同。作为一种有价值的资源，信息的搜集、获取需要支付一定的成本。③ 更为重要的是，在信息的传递过程中会出现噪音导致信息失真。

不完全信息使厂商拥有市场势力，④ 激励厂商重新决策。概括而言，厂商所需要的信息主要包括以下几类：政策环境信息、原材料供应商的信息、市场上消费者的需求信息等。前两类信息主要依靠信息搜寻来实现，通俗地说就是自己主动去了解他人。后一类信息则需要厂商主动发送，特别是有关产品质量、性能、特色等方面的信息，通俗地说是主动为他人了解自己提供便利。厂商不能够有效获得前两类信息将会增加自己的生产成本，缺失后一类信息则不利于其吸引消费者并占领市场。总之，信息缺失不利于厂商利润最大化目标的实现。

（二）信息传递的成本⑤

厂商能否有效获得信息将影响其利润最大化目标的实现，这将激励厂商为占有足够的信息而努力。然而，信息并不是无成本地传递，其传递需要支付一

---

① JACK HIRSHLEIFER. Where Are We in the Theory of Information? [J]. The American Economic Review, 1973, 63 (2): 31-39.

② 哈尔·瓦里安. 微观经济学 [M]. 周洪，等，译. 北京：经济科学出版社，1997：469-500.

③ GEORGE J STIGLER. The Economics of Information [J]. The Journal of Political Economy, 1961, 69 (3): 213-225.

④ 约瑟夫 E 斯蒂格利茨. 产品市场上的不完全信息 [A] //理查德·施马兰西，罗伯特 D 威利格. 产业组织经济学手册：第 1 卷. 李文溥，等，译. 北京：经济科学出版社，2009：670-734.

⑤ 信息传递成本主要是针对信息发送方，而信息搜寻成本主要是针对信息接收方。对于信息发送方来说，为了让其发送的信息被接收方顺利接收，需要支付的成本可以看作信息传递成本。对于信息接收方来说，为了有效地搜集信息，需要支付的成本可以看作信息搜寻成本。本书认为，站在发送方的角度说信息传递成本，站在接收方的角度说信息搜寻成本更便于表达，故对两者不加细分。

定的成本，在某些情况下有可能很高。整个信息传递过程包括发送信息和获取信息两个方面。信息搜寻成本主要来源于两部分：第一部分是直接成本，即为获取信息本身所需要支付的搜寻、接收成本，这部分成本包括时间成本和交通费用①；第二部分是间接成本，即获得的信息质量高低对后续经济活动成本的影响。信息质量越高越有助于后续经济行为的决策，从而降低成本支付；信息质量越低或者信息严重失真，则越不利于后续经济行为决策，从而提高成本支付。

信息传递成本与其传递距离有一定的关系，随着传递距离增加信息传递成本也在增加。另外，获取信息都要支付一定的初始成本，这决定了信息传递成本曲线并非从零点出发，而是截距为正的曲线。图 4-1 展示了信息传递成本与传递距离间的关系。横轴表示信息传递的距离，纵轴表示信息传递的成本，信息传递成本曲线向上倾斜，意味着随信息传递距离的增加，信息传递成本也在增加。

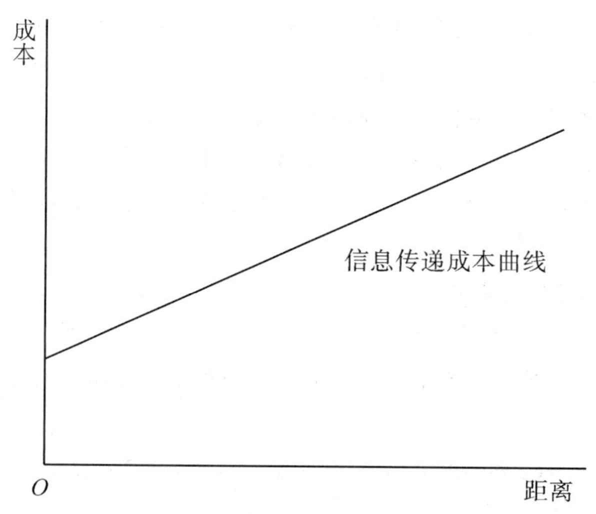

图 4-1　不考虑节点时的信息传递成本曲线图

除了信息传递的距离外，信息传递过程中的节点转换也影响信息传递成本。对信息传递来说，每增加一个节点，信息传递成本都会发生不连续的跳跃式上升，从而增加信息传递的成本。图 4-2 展示了考虑信息传递节点的信息传递成本曲线，横轴表示信息传递的距离，纵轴表示信息传递成本，A、B、C、

---

① G J 斯蒂格勒. 产业组织和政府管制［M］. 潘振民，译. 上海：上海人民出版社、上海三联书店，1996：78-83.

D分别为信息传递的节点。该图形象地反映了信息传递成本随着距离的增加而增加，每经过一个节点都会出现跳跃式增加。

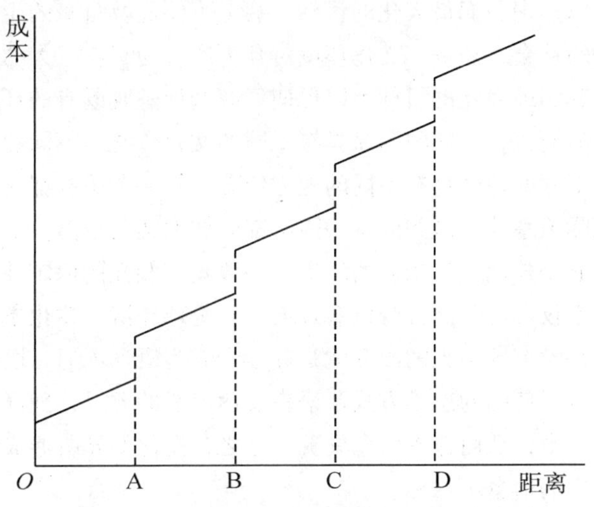

图4-2 考虑节点时的信息传递成本曲线图

厂商在面对严重的信息不对称时，很难与供应商和消费者建立稳定的交易关系，他们将试图靠近拥有大量的供应商和潜在消费者的地区进行选址。[①] 总的来看，厂商做出上述选址决策的目的主要是便于信息的传递，可以称其为积极传递信息的选址模式。一般而言，厂商在选址时以积极传递信息的模式居多，也有极少数行业的厂商在选址时努力阻止信息的有效传递。比如各国的军工行业、垄断性的高技术消费品行业等，这些厂商为防止竞争对手和消费者获取自身的生产技术等信息，在选址时有意识地进行精心选择，以提高信息传递成本。

（三）国际贸易中信息不对称加剧的原因

与国内开展的各项贸易活动相比，国际贸易面临更大的距离，这进一步加剧了信息不对称。所谓距离是指商品、服务、劳务、资本、信息和观念穿越空间的难易程度，它用来衡量资本、劳务、商品和服务在两个地区间流动的难易程度。[②] 此处的距离并不全是物理概念而是经济概念，具体包括文化距离、制

---

① 迈克·斯多波. 全球化、本地化与贸易［A］//GORDON L CLARK, MARYANN P FELDMAN, MERIC S GERTLER. 牛津经济地理学手册. 刘卫东，等，译. 北京：商务印书馆，2005：147-165.

② 世界银行. 2009年世界发展报告［M］. 胡光宇，等，译. 北京：清华大学出版社，2009：74.

度距离、经济距离和空间距离，四种距离的存在将强化信息不对称，提高信息搜寻成本。厂商若不能植根于有助于其发展的社会、政治、文化和制度背景中，则不仅难以实现利润最大化的目标，甚至可能危及自身的生存。其根源在于，厂商所处的社会、经济、文化环境对其生产行为有着巨大的影响，若环境不适宜，追求利润最大化的目标足以促使厂商选择逃脱既有的环境。

就文化距离而言，不同的国家具有不同的文化传统，不同的民族具有不同的民族习惯，不同的地区具有不同的地方传统，每一个民族都有自己特定的知识、思想和人际关系等，诸如此类的因素都会加大文化距离。一个国家或地区文化氛围的形成是长期文化积淀的结果，一般具有较强的稳定性。换言之，文化距离的存在不仅客观，而且难以有效缩短。全球经济一体化条件下，各国的语言表达习惯并没有发生大的改变就是佐证。因为语言不通，国际贸易中往往涉及翻译，而由于各国的思维方式及语言表达习惯的差异，翻译中经常难以真正做到信、达、雅，从而造成信息失真。总之，文化差异所造成的文化距离强化了国际贸易中的信息不对称。

制度距离方面，不同的国家具有不同的政党制度、外交制度、法律制度、贸易制度等，在全球性的制度条款尚未全面出台并为各国所接受的情况下，不同国家的制度很难有效地对接。以至于国际贸易中往往出现在一个国家是合法的经济行为，到另外一个国家却变成违法的经济行为。按照制度经济学家的观点，经济主体的行为受历史、制度、文化的影响，其战略决策的做出取决于特定的制度环境和一系列的刺激因素。① 比如，在国际贸易中，贸易摩擦的出现大多与各国的产品质检制度不同有关，从而造成了不必要的损失并损害贸易双方的利益。可以说，制度距离的存在导致厂商在进行国际贸易时困难重重，单个厂商在开展国际贸易时不可能改变既有的制度，只能改变自身以适应制度规定并为之支付成本。在制度尚未在各国协调统一的情况下，各国都将采取措施保护地区利益，以制度的名义设置各种壁垒，打击竞争对手，这同样可以增加距离，加剧信息不对称。

经济距离方面，国家间的经济距离要远大于国内不同地区间的经济距离。2012 年中国各地区居民人均收入中，城镇居民人均可支配收入最高的省份上海市为 40 188. 34 元，最低的甘肃省为 17 156. 89 元；农村居民人均可支配收

---

① 道格拉斯 C 诺斯. 制度、制度变迁与经济绩效［M］. 杭行，译. 上海：格致出版社、上海三联书店、上海人民出版社，2008：14-36.

入最高的省份上海市为 17 803. 68 元，最低的甘肃省为 4 506. 66 元。[①] 无论是城镇居民还是农村居民，同类群体的人均收入相差不超过 4 倍。2011 年世界人均 GDP 最高的国家卢森堡人均 GDP 为 115 038 美元，最低的国家刚果（金）人均 GDP 仅为 231 美元[②]，前后相差近 500 倍。可见，人均收入在国家间的差距远大于一国内部地区间的差距。第四章第一节第一部分的分析已经表明，人均收入是影响厂商选址的需求因素之一。国家间存在的人均收入差距，增加了厂商了解居民消费水平和消费习惯的难度，加剧了信息的不对称。

空间距离方面，国际贸易中产品的运输距离通常比国内运输距离更长，也即国际贸易的空间距离会更大。无论是厂商还是消费者，空间距离的延长都不利于他们有效获取信息。巨大的空间距离既影响厂商的利润最大化，也不利于消费者效用最大化。如 1985—1995 年，中国一个省来自另外一个省的移民比例随着两省间地理距离的增加而下降，地理上非毗邻省区间进行移民要支付额外的成本。[③] 厂商谋求在空间上的临近，无非是谋求以较低的搜寻成本和交易成本，迅速获得足够的资源供给和市场空间，空间距离的存在和增加不利于这一目标的实现。

四种距离并不是彼此割裂，而是有机联系相互强化的关系。一般而言，文化距离和经济距离的增加导致制度距离增加，制度距离的增加会加剧文化距离和经济距离。空间距离的增加将导致文化距离、经济距离和制度距离增加，文化距离、经济距离和制度距离的增加从精神和文化方面“延长”了空间距离。尽管厂商的最终目标是实现利润最大化，但其在国际贸易中却不得不面临这些问题。

信息不对称可以影响厂商的选址。信息的部分特征是其他商品所不具有的，经济主体进行有效决策必须及时获取准确的信息。从信息拥有方来看，信息具有无形扩散的特征，从信息寻求方来看，信息的质量高低需要监控[④]，这就为信息不对称条件下经济行为主体改变自己的行为提供了充分的理由。厂商

---

① 中华人民共和国国家统计局. 中国统计年鉴：2013 [Z]. 北京：中国统计出版社，2013：388、401.

② 中华人民共和国国家统计局. 中国统计年鉴：2013 [Z]. 北京：中国统计出版社，2013：29-32.

③ MATTHEW J SLAUGHTER. Trade Liberalization and Per Capita Income Convergence：A Difference-in-Differeces Analysis [J]. Journal of International Economics，2001，55 (1)：203-228. 世界银行. 2009 年世界发展报告 [M]. 胡光宇，等，译. 北京：清华大学出版社，2009：75.

④ JACK HIRSHLEIFER. Where Are We in the Theory of Information? [J]. The American Economic Review，1973，63 (2)：31-39.

作为一类经济主体，其存在和发展壮大除了依赖于厂商间的知识溢出①，依赖于人际关系、规则和习俗之外，他们更需要足够精准的信息，以便于在不确定或复杂条件下做出正确的选择。四种距离的存在直接导致厂商在国际贸易中面临更多的信息不对称，增加厂商的交易成本，不利于厂商利润最大化目标的实现，此时厂商可能采取相应的对策以降低或者消除信息不对称所带来的负面影响。虽然把厂商的管理和优势整体转移到另一个国家并不现实②，但通过厂商的重新选址，特别是跨国投资将有助于厂商降低信息搜集成本、信息传递成本和运输成本，并实现利润最大化。

第二节　国际贸易对单个厂商选址的影响

如第四章第一节第二部分所述，考虑国际贸易后，厂商的选址除了受供给因素、需求因素和制度因素影响外，信息搜寻成本、运输成本对厂商选址也有影响。在经济全球化大背景下，国际市场上的竞争对单个厂商发展所起的作用，逐渐弱化了厂商与特定国家间的关系，此时厂商做出各种决策必须充分考虑国际经济往来。一方面，虽然运输技术提高、单位产品重量下降后③，运输成本在厂商总成本中的比例不断下降，但在国际贸易中这部分成本仍不可忽视。公路、铁路和航空运输的成本大大下降，海运经过集装箱革命，运输能力大大增强。1817—1825 年建造的伊利运河使布法罗和纽约市的运输成本降低了 85%，铁路体系使运输成本降低了 80%左右，1978—1998 年，火车运输成本降低了 33%。④ 即使如此，国际贸易中的远距离运输风险较大，需要采取的安全措施较多，其成本仍然比较高，厂商在决策时仍不得不考虑这一因素。另一方面，国际贸易中信息不对称更加突出，因此，信息搜寻成本也是影响厂商选址的重要因素。

---

① MARYANN P FELDMAN. An Examination of the Geography of Innovation [J]. Industrial and Corporate Change, 1993, 2 (3): 417-437.

② HU YAOSU. The International Transferability of the Firm's Advantages [J]. California Management Review, 1995, 37 (4): 73-88.

③ 迈克·斯多波. 全球化、本地化与贸易 [A] //GORDON L CLARK, MARYANN P FELDMAN, MERIC S GERTLER. 牛津经济地理学手册. 刘卫东，等，译. 北京：商务印书馆，2005：147-165.

④ 世界银行. 2009 年世界发展报告 [M]. 胡光宇，等，译. 北京：清华大学出版社，2009：170-193.

一、国际贸易影响单个厂商选址的原因与条件

以中东欧国家为样本进行的实证研究表明，与本地市场效应、市场潜力等产业集聚力量相比，由于比较优势引发的国际贸易对厂商选址的影响作用更大。①

（一）国际贸易影响单个厂商选址的原因

在国际贸易条件下，厂商解决信息不对称、降低运输成本的方法有很多，其中之一是厂商可能改变选址。首先，在信息不对称且要支付运输成本的情况下，通过交易本地化的方式才能确定潜在的厂商和消费者。② 这一做法在中世纪曾经出现过。通过禁止在特定市场或者在非市场交易时期买卖特定商品的方式提高市场效率。③ 国际贸易条件下，可供厂商选址的地理范围大大扩大。与此同时，厂商在选址时也面临更大的信息不对称和远距离运输问题。换句话说，从信息搜寻和运输的角度看，把选址定在国内还是国外成了厂商在开放经济条件下不得不考虑的问题。国界也因此而成为厂商获取信息的一个节点，它的存在将作用于厂商的信息传递成本曲线，影响厂商的选址。运输成本是每一次国际贸易商品运输时都必须支付的成本，通过合理的选址，缩减运输距离，则可以一次性地解决这一问题。

其次，厂商选择到国外投资，将产品出售给东道国的消费者可以减少运输成本。对于信息搜寻来说，在投资前期厂商要在东道国寻找投入品、了解当地市场潜力以及招聘员工等。④ 进入东道国之初，面对陌生的环境仍然有信息不对称的情况⑤，但此举可以有效融入东道国的文化之中，降低文化距离和制度距离。面对信息不对称，厂商若不采取有效的解决办法，而试图通过跨越巨大的距离与供应商和消费者建立联系所需要花费的成本和时间更多。同时，厂商在国内重新选址，也可以有效地向外界发送与自身总体实力、产品性能、产品质量等有关的信息，赢得消费者的信赖，增加产品销售额，从而获得更大的利

---

① GIANFRANCO DE SIMONE. Trade in Parts and Components and the Industrial Geography of Central and Eastern European Countries [J]. Review of World Economics, 2008, 144 (3): 428-457.

② 乔治 J 斯蒂格勒. 产业组织 [M]. 王永钦，薛锋，译. 上海：上海三联书店、上海人民出版社，2006：232.

③ GEORGE J STIGLER. The Economics of Information [J]. The Journal of Political Economy, 1961, 69 (3): 213-225.

④ RICHARD E CAVES. International Corporations: The Industrial Economic of Foreign Investment [J]. Economica, 1971, 38 (2): 1-27.

⑤ 刘志彪. 国际贸易和直接投资：基于产业经济学的分析 [J]. 南京大学学报：哲学·人文科学·社会科学，2002 (3): 43-54.

润。从消费者的角度看，除了有意识地进行信息搜寻之外，消费者获取信息的一个重要途径是消费者群体之间的互动。① 厂商通过选址所传递的信息即使只为少数消费者所获取，这部分消费者通过与其他消费者互动的方式扩散信息，仍然可以起到降低信息不对称程度的作用。

再者，厂商重新选址后将可能支付较低的信息搜寻成本和运输成本，可以在一定程度上降低所供给商品的价格。消费者消费商品的目的是为了获取效用满足，获取尽可能多的消费者剩余。同等条件下，价格越低消费者获取的消费者剩余将越多，他们的有效消费需求也越大，因此，消费者会为了支付较低的价格而进行价格信息搜寻。但消费者不会为了获取低价而进行无休止的价格信息搜寻，因为信息搜寻是有成本的，一旦信息搜寻的边际收益小于其边际成本，则消费者再进行信息搜寻就变得无利可图。② 厂商改变选址降低产品出口价格的做法可以吸引更多的消费者，且所吸引的消费者数目以递增的速度增加。③ 总之，在国际贸易中存在更多信息不对称的条件下，厂商通过改变选址，用要素的跨国流动替代产品的国际贸易来降低信息不对称，缩减运输距离，在很大程度上可以达到一劳永逸的效果，因此，该策略无疑是厂商的一个最佳选择。

（二）国际贸易影响单个厂商选址的条件

虽然厂商面对国际贸易中的信息不对称和运输成本会有改变选址的激励，但这并不意味着厂商一定会为之而改变选址。厂商改变选址是有条件的，他最终是否采用重新选址的策略，取决于改变选址的预期净收益与不改变选址的净收益的比较。若改变选址的预期收益减去为之支付的成本，即预期的净收益大于不改变选址的净收益，则厂商将改变选址。反之，若改变选址的预期净收益小于不改变选址的净收益，则厂商将延续既有的选址策略。经过成本收益的对比分析后，厂商定夺是否改变选址。

二、两个国家、两个厂商的选址

为了便于分析，我们考虑两个国家两个厂商的情形。假定两个国家甲国和

---

① 约瑟夫 E 斯蒂格利茨．产品市场上的不完全信息［A］//理查德·施马兰西，罗伯特 D 威利格．产业组织经济学手册：第 1 卷．李文溥，等，译．北京：经济科学出版社，2009：670-734.

② 丹尼斯·卡尔顿，杰弗里·佩罗夫．现代产业组织：下册［M］．黄亚钧，等，译．上海：上海三联书店、上海人民出版社，1998：815-819.

③ 乔治 J 斯蒂格勒．产业组织［M］．王永钦，薛锋，译．上海：上海三联书店、上海人民出版社，2006：23.

乙国，两个厂商 1、2 分别隶属于甲国和乙国。图 4-3 直观地描述了厂商选址的决策机制及其变化，在该图中，横轴表示信息传递的距离，纵轴表示信息传递成本，O′F 为国界线，左侧为甲国，右侧为乙国。在没有国际贸易时，A_1B_1、A_1E 为厂商 1 在本国甲国的信息传递成本曲线，A_2B_2、A_2E 为厂商 2 在本国乙国的信息传递成本曲线。如果两国开展国际贸易，则厂商为追求利润最大化而有占领他国市场的冲动。因为跨国交易将面临很多新问题，从而国界于厂商而言是一个信息传递的节点，此时厂商 1、2 跨越国界的信息传递成本曲线便不再连续，A_1EFC_1、A_2EFC_2 分别代表厂商 1、2 跨国交易的信息传递成本曲线，它们展示的情况就是如此。

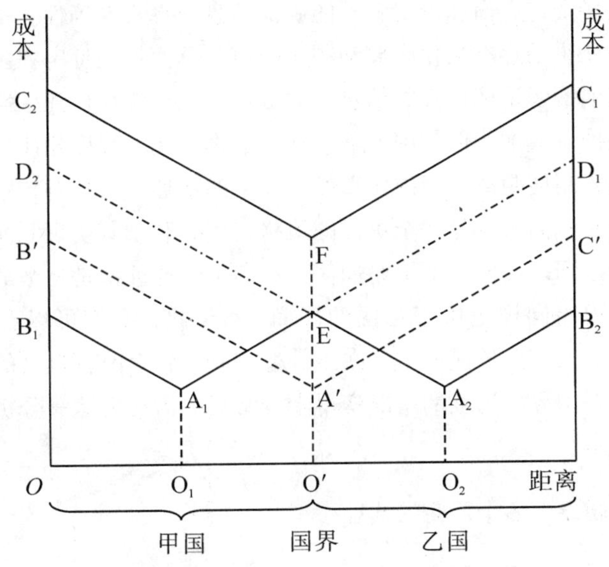

图 4-3　国际贸易条件下厂商选址的示意图

首先考虑封闭经济条件下的情况。在没有国际贸易时，因为竞争的存在，厂商的选址受到国内其他厂商选址的影响。此时只涉及本国厂商的问题，按照 Harold Hotelling 的分析方法，甲国的厂商 1 只需把选址定在本国的中点位置 O_1 即可，乙国的厂商 2 也会根据甲国厂商的选址方式把选址定在 O_2 点。在该点，厂商处于国内的中心位置，距国内所有地方的空间距离之和最低，信息搜寻成本和运输成本自然也最低。因此，定位在此处的厂商便没有改变选址的需求，此时各方达到了均衡。

上述情况只是在封闭经济条件下的均衡策略，一旦有国际贸易发生，厂商的市场将不再局限于本国，则厂商的选址将会发生改变。以厂商 1 为例，于信息传递而言国界无疑是一个节点，按照图 4-2、图 4-3 的分析，跨越国界后厂商的信息传递成本曲线将出现跳跃式上升，即 A_1EFC_1 曲线。从选址的角度看，此时厂商将会为了降低信息传递成本，增加其收益而改变选址，具体的做法就是把选址定位在 O′处。这一做法有助于厂商增加与国外市场的交流，可以淡化甚至消除国界这一信息传递的节点，降低信息传递成本，特别有利于厂商低成本了解国外信息，且有助于国外消费者了解厂商自身及其产品信息，从而扩大对乙国市场的渗透。厂商的信息传递成本曲线为 A′B′、A′C′，可以看出信息传递成本较低。

上述局面的形成是因为在产品尚未完全标准化阶段，有关产品的各类信息不仅复杂而且易变，厂商和消费者不能确保信息的真实准确性。本国厂商在了解国内信息时几乎不存在文化距离和制度距离，厂商把选址定在国境边界处会增加国内部分消费者了解厂商的信息搜寻成本，也会增加厂商了解国内远距离消费者的信息搜寻成本。但与国外信息搜寻成本下降的幅度相比，因为几乎不存在文化距离和制度距离，国内信息搜寻成本的增加显得相对较小，把选址定在国境边界处对厂商来说是一个更优的策略，更有利于其实现利润最大化的目标。此时不论乙国厂商的选址策略如何，厂商 1 的选址都是一个最优的选择。

这种分析思路同样适用于乙国的厂商 2。至此，我们可以看到国际贸易中，厂商为了降低信息传递成本，在条件适宜时，将会改变自己的选址。最终的结果是厂商在国界处选址的情况变得十分常见。同时，这一分析思路也可以应用于运输成本。

三、多个国家、多个厂商的选址

上述分析仍然局限于两个国家两个厂商，他们在开展国际贸易时从降低信息传递成本和运输成本的角度出发来选址，并且把自己的选址定位在国界处或者是直接进入外国进行投资。然而，现实世界并不是线性的，而且不只包括两个国家，这时厂商的选址将会如何呢？上面的分析已经表明，在国际贸易条件下厂商的选址会发生改变，并且改变的路径有两个，到国外投资以及在本国范围内或国界处重新选址。这种分析思路同样适用于三个或者三个以上的厂商。

图 4-4 描述了 5 个国家、5 个厂商的情形，在这种情况下，厂商仍然会从降低信息不对称的角度出发做出选址决策，其决策机制如上文分析。此处只是考虑了毗邻国家的信息传递问题，信息在国家之间传递时只有一个节点，对于地理上的非毗邻国而言，信息传递的节点更多、距离更远、成本更高，对厂商选址的影响也更为显著，同样可以运用此处的分析方法加以分析。对于信息不

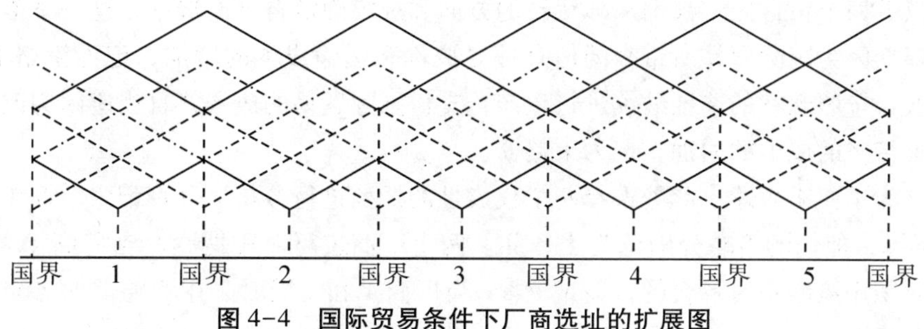

图 4-4　国际贸易条件下厂商选址的扩展图

对称的分析思路和方法也同样适用于对运输成本的分析，此处不再赘述。

第三节　国际贸易对厂商群体选址的影响

空间相互依赖性的存在导致不同厂商的选址具有依存关系。厂商的选址并不完全是单个厂商的个体行为选择，同样会受其他厂商选址的影响并影响其他厂商，不同厂商的选址交互影响。同时，厂商与区域之间存在互动关系，不同的区域塑造不同的厂商，厂商也会对区域经济社会发展产生影响。① 从产业布局的角度看，没有厂商选址的变化，产业布局将不会发生改变，但单个厂商选址的变化并不足以导致产业布局的变化。产业布局的最终改变是多个厂商的选址发生改变后积累到一定程度的结果。正是从这个角度看，仅有第四章第二节的针对单个厂商的分析仍然不够，本书必须分析厂商群体的选址决策。本节将利用进化博弈的方法分析国际贸易对厂商群体选址的影响。

一、博弈模型选择与博弈方的得益

国际贸易中存在严重的信息不对称，每一个厂商获取信息的时间有先后之别，厂商根据其所获取的有效信息进行决策也有时间先后，因此，可以采用进化博弈模型，分析国际贸易对厂商群体选址的影响。在此，把全球范围内生产同一种产品的厂商作为一个整体进行研究，在这一个群体中，所有的厂商都可以根据自己的实际情况进行决策。对每一个厂商来说，可供他们选择的策略包

① PETER DICKEN, NIGEL THRIFT. The Organization of Production and the Production of Organization: Why Business Enterprises Matter in the Study of Geographical Industrialization [J]. Transactions of the Institute of British Geographers, 1992, 17 (3): 279-291.

括以下两个：首先，根据国际贸易的方向和规模确定自己的选址，这一举措可以降低因为国际贸易所带来的信息搜寻成本和运输成本的增加，记为策略Ⅰ；其次，按照现有的选址继续进行生产，支付国际贸易的成本并且规避因为改变选址带来的成本的增加，记为策略Ⅱ。

为了便于表述，此处选择两个代表性的厂商进行分析，分别记为厂商1和厂商2，他们的策略分别记为Ⅰ、Ⅱ。两个厂商进行对称博弈，当厂商1和2同时采用策略Ⅰ时各自的得益记为a，当厂商1和2同时采用策略Ⅱ时各自的得益记为b，当厂商1采用策略Ⅰ而厂商2采用策略Ⅱ时各自的得益分别为c和d，当厂商1采用策略Ⅱ而厂商2采用策略Ⅰ时各自的得益分别为d和c。两个厂商的得益矩阵见图4-5。厂商具体采用哪种策略依赖于其他厂商的选择。以厂商1为例，其策略选择依赖于以下条件：第一，在厂商2采用策略Ⅰ时，厂商1改变选址前后净收益的变化情况；第二，在厂商2采用策略Ⅱ时，厂商1改变选址前后净收益的变化情况。

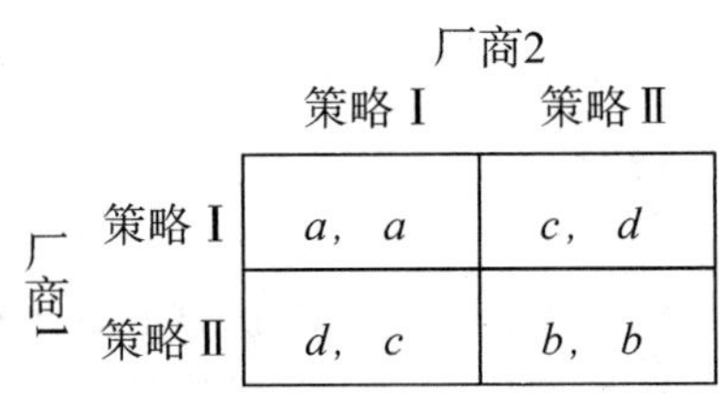

图4-5　厂商1、2的得益矩阵

图4-5中的第一个字母代表厂商1的得益，第二个字母代表厂商2的得益。由于本书认为厂商是理性的博弈方，他们选择的每一个策略都是经过比较，能够使自己利润最大化的策略，因此，厂商根据另一博弈方的策略所确定的自己的策略选择之间没有必然的优劣关系。换言之，每一个厂商所面临的4种得益没有严格的大小关系，在不同的情况下得益的排序会有所不同。a、b、c、d之间没有严格的大小关系，并且不会全等。

二、厂商群体的得益及行为选择

现在考虑整个厂商群体的情况，假设厂商只有两个策略Ⅰ、Ⅱ供选择，他们必须在两个策略中选择其一。如果在生产同一种产品的厂商群体中有比例为x的厂商选择策略Ⅰ，则剩下的比例为$1-x$的厂商必定选择策略Ⅱ。因为厂商的策略会随时间的变化而相应地做出调整，则选择策略Ⅰ、Ⅱ的厂商的比例是时间t的函数，记为$x(t)$。采用策略Ⅰ、Ⅱ的期望得益和整个群体平均期望得益分别为：

$$\pi^{\mathrm{I}} = x(t)a + (1 - x(t))c \tag{4.1}$$

$$\pi^{\mathrm{II}} = x(t)d + (1 - x(t))b \tag{4.2}$$

$$\bar{\pi} = x(t)\pi^{\mathrm{I}} + (1 - x(t))\pi^{\mathrm{II}} \tag{4.3}$$

其中，π^{I}、π^{II}、$\bar{\pi}$ 分别表示采用策略Ⅰ、Ⅱ的期望得益和整个群体平均期望得益。

以采用策略Ⅰ类型的厂商的比例为例，其动态变化速度的复制动态微分方程可以表示为：

$$\begin{aligned}\frac{dx(t)}{dt} &= x(t)(\pi^{\mathrm{I}} - \bar{\pi}) = x(t)\{\pi^{\mathrm{I}} - [x(t)\pi^{\mathrm{I}} + (1 - x(t))\pi^{\mathrm{II}}]\} \\ &= x(t)(1 - x(t))(\pi^{\mathrm{I}} - \pi^{\mathrm{II}}) \\ &= x(t)(1 - x(t))[x(t)(a - d) + (1 - x(t))(c - b)]\end{aligned} \tag{4.4}$$

对于上述方程，只要给定参数 a、b、c、d 的值就可以得出 $x(t)$ 的单元函数 $dx(t)/dt$ 。进而可以在此基础上讨论该博弈的进化稳定策略。

依据上述动态微分方程不难发现，其等于零的三个可能的解是 $x(t)=0$、$x(t)=1$ 和 $x(t)'=(c-b)/(a-b-d+c)$ ，此时复制动态微分方程有三个稳定状态，与之对应的复制动态相位图见图 4-6、图 4-7。而如果第三个解与前两个解中的某一个相同，则只剩下两个稳定状态，与之对应的复制动态相位图见图 4-8、图 4-9。

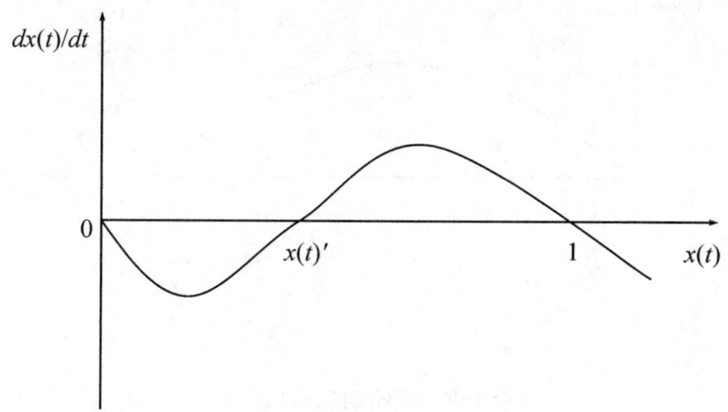

图 4-6　复制动态相位图一

图 4-6 所示的是 $a-d>0$ 且 $c-b<0$ 的情况。此图代表的情形是，若其他厂商不改变选址，厂商个体单独改变选址将减少其个体收益，所有的厂商都不会改变选址。若其他厂商改变选址，厂商个体随之改变选址将增加其个体收

益，最终的结果是所有厂商都改变选址。这表明个体厂商的选址受到其他厂商的影响。

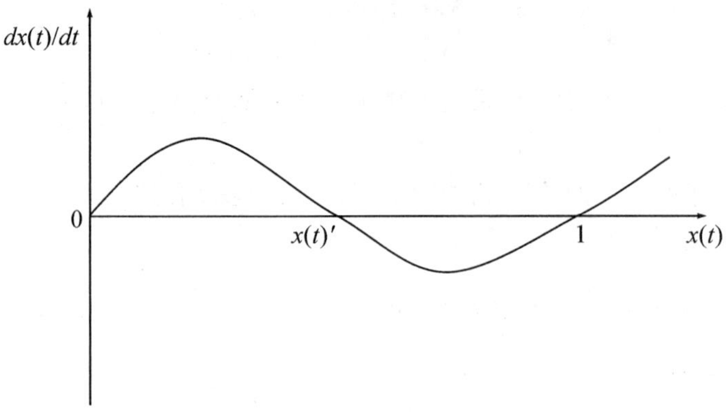

图 4-7　复制动态相位图二

图 4-7 所示的是 $a - d < 0$ 且 $c - b > 0$ 的情况。此图代表的情形是，若其他厂商不改变选址，厂商个体单独改变选址将增加其个体收益，部分厂商会受此影响而改变选址。若其他厂商改变选址，厂商个体随之改变选址将减少其个体收益，也有部分厂商受此影响不改变选址。稳定结果是有比例为 $x(t)'$ 的厂商改变其选址。

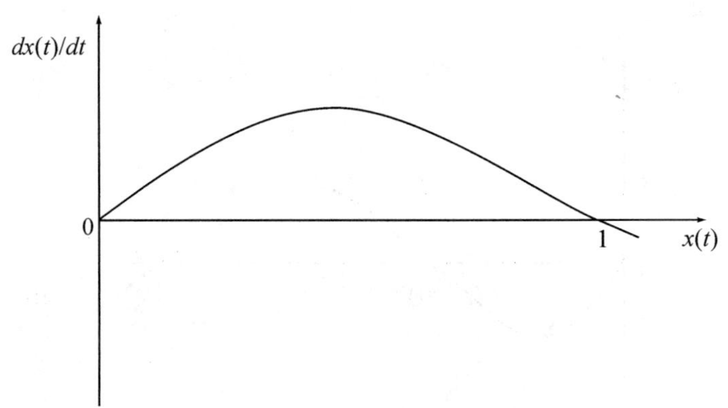

图 4-8　复制动态相位图三

图 4-8 所示的是 $a - d > 0$ 且 $c - b > 0$ 的情况。此图代表的情形是，不论其他厂商是否改变选址，厂商个体单独改变选址都将增加其个体收益。所有的厂商都以此为激励改变选址，最终的结果必然是所有的厂商都改变选址。

图 4-9 所示的是 $a - d < 0$ 且 $c - b < 0$ 的情况。此图代表的情形是，不论

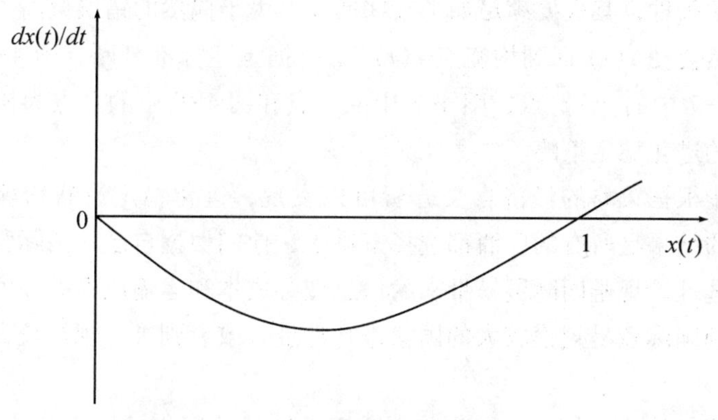

图 4-9 复制动态相位图四

其他厂商是否改变选址，厂商个体单独改变选址都将减少个体收益。单个厂商完全没有改变选址的激励，最终的结果必然是所有的厂商都不改变选址。

图 4-6、图 4-7、图 4-8、图 4-9 所示的四种情况出现的原因在于，厂商在国际贸易中要支付更多的信息搜寻成本和运输成本，这是国际贸易影响厂商选址的根本原因。而厂商具体是否改变选址要进行成本收益的对比分析，若改变选址优于不改变，则厂商会选择改变选址；反之，若不改变选址优于改变，则厂商会选择不改变选址。同时，厂商的生产经营受市场外部环境和其他厂商的影响，他们的选址自然也受外部环境和其他厂商的影响。

三、厂商群体博弈的进化稳定策略

根据微分方程的稳定性定理，在均衡点 $x(t)^*$ 附近，当 $x(t) > x(t)^*$ 时，博弈方通过不断地学习向均衡点 $x(t)^*$ 调整，从而使 $x(t)$ 减小；当 $x(t) < x(t)^*$ 时，博弈方通过不断地学习向均衡点 $x(t)^*$ 调整，从而使 $x(t)$ 增大。①从而对于均衡点 $x(t)^*$ 有

$$\frac{dx(t)^*}{dt}\begin{cases} >0,\ if x(t) < x(t)^* \\ <0,\ if x(t) > x(t)^* \end{cases} \tag{4.5}$$

即 $[dx(t)^*/dt]' < 0$。换言之，复制动态方程的相位图与 $x(t)$ 相交，且交点处斜率为负的点，方为博弈的进化稳定策略。

从博弈论的角度看，作为进化稳定策略的点 $x(t)^*$，首先要满足本身必须

① 马知恩，周义仓. 常微分方程定性与稳定性方法 [M]. 北京：经济科学出版社，2001：41-64.

是均衡点的条件，其次要满足如果某些博弈方由于偶然的错误偏离了他们，复制动态仍然会使 $x(t)$ 回到均衡点 $x(t)^*$。[①] 据上述标准判断，图 4-6 中的 0、1 点，图 4-7 中的 $x(t)'$ 点，图 4-8 中的 1 点和图 4-9 中的 0 点为该博弈在不同情况下的进化稳定策略。

进一步根据策略的经济含义分析可以发现，进化稳定策略均衡点 1 意味着，博弈的结果是所有的厂商都选择策略Ⅰ，他们根据自己的国际贸易方向和规模确定选址，规避国际贸易带来的信息搜寻成本和运输成本的额外增加。此时厂商将到国际贸易规模较大的国家进行选址，或者到进口规模较大的国家进行选址。

进化稳定策略均衡点 0 意味着，博弈的结果是所有的厂商都选择策略Ⅱ，厂商不会根据国际贸易确定自己的选址，国际贸易对厂商原有的选址结果没有影响。造成这一局面的原因在于，厂商的选址并不只是受到国际贸易的影响，其行为的改变是在各种影响因素的共同作用下，厂商不断权衡选择的结果。第四章第一节的分析已经表明，既有的供给条件、需求条件、制度条件等都会影响厂商的选址，这些一般的影响因素在国际贸易条件下仍然存在，甚至在一定程度上会对厂商的选址起到决定性的作用。

进化稳定策略均衡点 $x(t)'$ 意味着，有比例为 $x(t)'$ 的厂商选择了策略Ⅰ，而比例为 $1-x(t)'$ 的厂商选择了策略Ⅱ，此时比例为 $x(t)'$ 的厂商将根据国际贸易的规模和流向确定选址，而比例为 $1-x(t)'$ 的厂商将维持原有的区域布局。厂商通过改变选址来实现利润最大化，这本身就是一个动态的过程。因为厂商选址之间存在相互的影响作用，随着其他厂商选址的变化，留存下来的厂商面临的经济社会环境也在逐渐改变。尽管此时部分厂商自身没有改变其选址，但其他厂商的选址同样会在特定条件下推动自身利润最大化目标的实现。

附录：进化博弈的复制动态相位图

为了更直观地分析第四章第三节进化博弈的复制动态相位图，此处采用赋值的方法，运用 OriginPro7.5 软件做了进化博弈的复制动态相位图。为简化分析并与书中保持一致，此处只讨论 a、b、c、d 全不相等的情况，即四个得益中没有任何两个是相等的，厂商每做出一个决策都对应一个唯一的收益。

① 谢识予. 经济博弈论 [M]. 上海：复旦大学出版社，2002：233-262.

$a-d>0$ 且 $c-b<0$ 的复制动态相位图见图 4-10。$a-d=4$ 且 $c-b=-3$ 对应图中的虚线加双点线，$a-d=3$ 且 $c-b=-3$ 对应图中的实线，$a-d=3$ 且 $c-b=-4$ 对应图中的虚线。

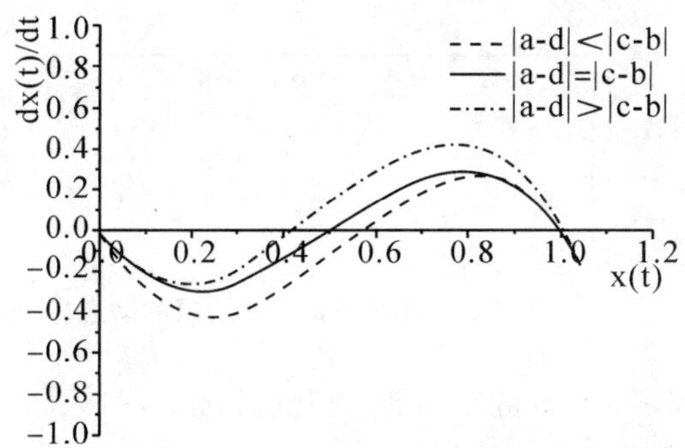

图 4-10　$a-d>0$ 且 $c-b<0$ 的复制动态相位图

$a-d<0$ 且 $c-b>0$ 的复制动态相位图见图 4-11。$a-d=-3$ 且 $c-b=4$ 对应图中的虚线，$a-d=-3$ 且 $c-b=3$ 对应图中的实线，$a-d=-4$ 且 $c-b=3$ 虚线加双点线。

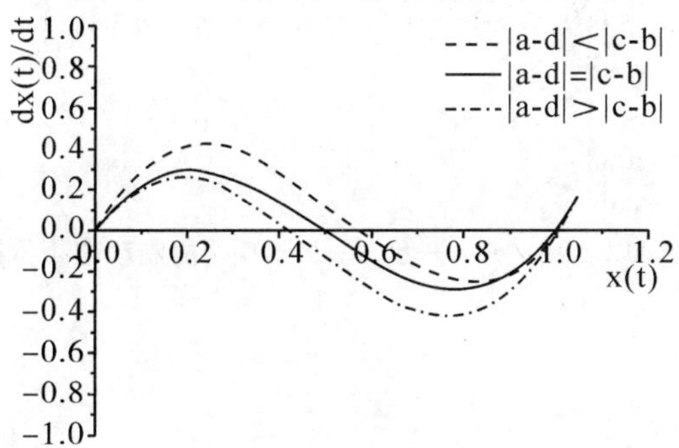

图 4-11　$a-d<0$ 且 $c-b>0$ 的复制动态相位图

$a-d>0$ 且 $c-b>0$ 的复制动态相位图见图 4-12。图中的实线是 $a-d=3$ 且 $c-b=3$ 的情况。因为当 $a-d$ 、$c-b$ 的差值变化时，相位图的弧度会发生变化，但其稳定状态的个数及其位置都不会变化，故此处只模拟了一种情况。图 4-13 也是如此。

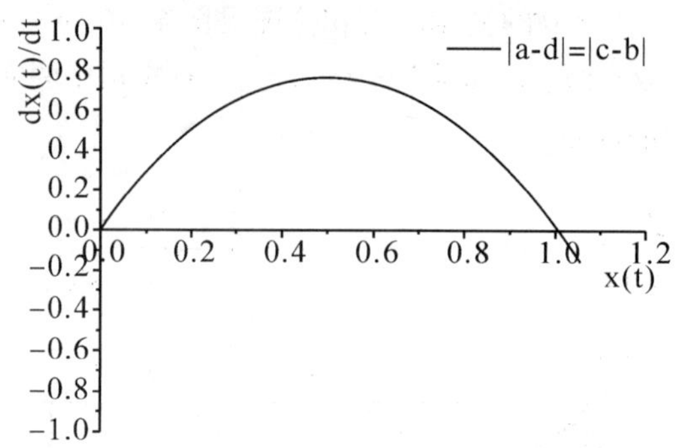

图 4-12 $a - d > 0$ 且 $c - b > 0$ 的复制动态相位图

$a - d < 0$ 且 $c - b < 0$ 的复制动态相位图见图 4-13。图中的实线是 $a - d =- 3$ 且 $c - b =- 3$ 的情况。

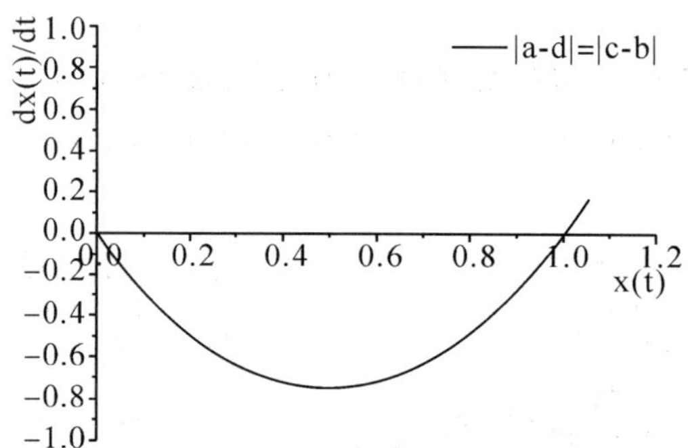

图 4-13 $a - d < 0$ 且 $c - b < 0$ 的复制动态相位图

本章小结

本章综合分析国际贸易对厂商选址的影响。本章首先从供给、需求和制度三个方面分析厂商选址的决定因素，着重强调了国际贸易对厂商选址决定因素的影响；其次分析国际贸易影响厂商选址的成因与条件，在此基础上分析国际贸易对单个厂商选址的影响；最后运用进化博弈模型，分析国际贸易对厂商群体选址的影响。

国际贸易中的制度距离、经济距离、文化距离和空间距离更大，导致厂商进行国际贸易时需要支付更高的信息搜寻成本和运输成本，这是促使厂商在国际贸易中改变选址的根本原因。由于厂商的选址同时受到供给、需求和制度等因素的影响，厂商的选址并不会因为国际贸易而必然发生变化。厂商受国际贸易影响改变选址是有条件的，具体的条件为：若改变选址的预期收益减去为之支付的成本，即预期的净收益大于不改变选址的净收益，则厂商将改变选址；反之，若改变选址的预期净收益小于不改变选址的净收益，则厂商将延续既有的选址策略。同时，厂商的决策受外部经济环境和其他厂商的影响，国际贸易也因此而影响厂商群体的选址，但影响结果不尽一致。

第五章 国际贸易对产业集聚和产业扩散的影响

第四章的分析表明，国际贸易可以影响厂商个体和群体的选址，当厂商的选址受国际贸易的影响所发生的改变积聚到一定程度时，将导致产业布局发生变化。产业集聚和产业扩散作为两种重要的产业布局方式，并没有严格的优劣之分。产业集聚和产业扩散分别适合于不同的经济条件，与经济发展条件相适应的布局方式就是最优的。虽然产业集聚在世界各地广泛存在，但是产业扩散同样受人关注，经济活动分散布局增加的趋势不容忽视。虽然产业更多的是在区域间组织的，但也不完全囿于国家的空间①，因此，国际贸易也会影响全球和个别国家的产业集聚和产业扩散，只不过对产业集聚的影响更大。本章将着重探讨国际贸易对产业集聚和产业扩散诱发因素的影响，国际贸易对产业集聚区位的影响，以及国际贸易对产业集聚和产业扩散生命周期的影响。

第一节 国际贸易对产业集聚和产业扩散诱发因素的影响

产业集聚和产业扩散是产业布局的两种重要方式，产业发展过程中产业集聚和产业扩散两种布局方式交替出现。封闭经济条件下，诸多的自然因素、经济因素和制度因素促成了产业集聚和产业扩散。在国际贸易中额外支付的贸易成本和运输成本，以及信息搜寻成本将成为产业集聚和产业扩散的新增诱发因素。并且，从信息传递的角度看，产业布局是在向外界传递信息。

一、封闭经济中产业集聚和产业扩散的诱发因素

产业集聚的成因有多种，国内外学者已经给出了不同的解释。总体来看，

---

① MARYANN P FELDMAN. The New Economics of Innovation, Spillovers and Agglomeration: A Review of Empirical Studies [J]. Economics of Innovation and New Technology, 1999, 8 (1): 5-25.

导致产业集聚和产业扩散的因素有自然因素、经济因素和制度因素三大类。

自然因素可以直接导致产业集聚和产业扩散，如气候、土壤、资源分布、水路运输便利与否等都会导致产业集聚。英国“斯塔福夏郡生产的各种陶器，一切原料都由远地输入。但该地有廉价的煤和制造重型‘火泥箱’——即烧制陶器用的箱子——所需要的优良黏土；制草帽用的麦秆的主要产地是贝德福夏郡，该地的麦秆含有比例适中的二氧化矽，韧性好又不脆；白金汉夏郡的毛榉为威科姆制造椅子提供所需的原料；设菲尔德有利器业，主要是因为该地有磨利器的优良沙石可做磨刀石”①。可见，原材料等自然条件在产业集聚中发挥着重要作用。自然因素影响产业集聚和产业扩散的机理还在于，自然因素可以通过改变成本和收益间接地促成产业集聚和产业扩散。以运输成本为例，它的高低在很大程度上受到自然因素的影响。运输成本的存在，经常导致对运输成本有较高依赖性的产业发生集聚。② 在阿尔弗雷德·韦伯看来，运输成本是导致产业集聚和产业扩散的重要原因之一。厂商与其他厂商进行业务往来或者向消费者出售产品，都要支付一定的运输成本。运输成本大小与空间距离远近关系密切，空间距离越远运输成本越高，空间距离越近运输成本越低。国际贸易尚未完全自由化时，厂商进行国际贸易需要支付额外的跨国交易成本，并且运输成本也极有可能比国内贸易高。此时，如果厂商集聚经营所获取的集聚经济效益能够抵消远距离运输所带来的成本增加并有所盈余，则厂商将在国内或者某一个地区集聚，获取更大的集聚经济效益以实现利润最大化。反之，厂商将为了支付较低的运输成本而分散于全球各地，产业分散布局的局面随之出现。产业集聚区生态环境恶化，居民为降低环境污染对生活的危害，寻求好的生活环境也会产生产业扩散。③

经济因素也是影响产业集聚和产业扩散的重要因素，经济学家已给出了中肯的解释。如新古典经济学家阿尔弗雷德·马歇尔认为，劳动力市场共享、中间产品投入和技术外溢等因素导致了产业集聚。④ 迈克尔·波特认为，产业集

---

① 阿尔弗雷德·马歇尔．经济学原理［M］．廉运杰，译．北京：华夏出版社，2005：227.

② 徐康宁．产业集聚形成的源泉［M］．北京：人民出版社，2006：116-129.

③ MORIKI HOSOE, TOHRU NATIO. Trans-boundary Pollution Transmission and Regional Agglomeration Effects［J］. Papers in Regional Science, 2006, 85（1）：99-120.

④ 阿尔弗雷德·马歇尔．经济学原理［M］．廉运杰，译．北京：华夏出版社，2005：226-243.

聚是由厂商之间的竞争引起的，产业集聚有助于提升国家竞争力和产业竞争力。[①] 保罗·克鲁格曼认为，产业集聚是厂商层面上的报酬递增、运输费用和要素流动相互作用的结果。[②] 此外，基础设施建设水平、市场规模等也是导致产业集聚的重要经济因素。总之，获得更好的经济效益是导致产业集聚的根本原因，一旦这一目标不能实现，则产业将会出现分散布局的趋势。与产业集聚相比，产业扩散可以在提高一些成本的同时降低另外的成本。具体而言，厂商通过把选址从产业集聚区转移到边缘地区，可以从较低的土地价格中获益，规避集聚地区交通运输的经常性堵塞从而降低运输成本，并可以降低工人的通勤成本等[③]，这些因素将导致产业扩散。

制度因素同样可以导致产业集聚和产业扩散。[④] 在新厂商进入门槛较高、金融发展滞后、法制不健全、约束机制繁多的国家产业集聚程度更高。同时，不可贸易的投资驱动型产业（Investment-intensive Industries）的集聚与制度的关系更为密切。[⑤] 如果政府向厂商征收高额的环境税，则产业集聚的规模就会缩减，集聚的速度就会降低，从而税收制度就会引发产业扩散。[⑥] 另外，还有很多具体的正式制度可以直接作用于产业集聚和产业扩散。

二、国际贸易中产业集聚和产业扩散的新增诱发因素

国际贸易条件下，第五章第一节第一部分所述的三类产业集聚和产业扩散的诱发因素仍然发挥着重要的作用，但是一些新增的诱发因素，如贸易成本和运输成本、信息搜寻成本等也会促成产业集聚和产业扩散。

---

① 迈克尔·波特. 区位、集群与公司战略［A］//GORDON L CLARK, MARYANN P FELDMAN, MERIC S GERTLER. 牛津经济地理学手册. 刘卫东，等，译. 北京：商务印书馆，2005：257-278.

② 保罗·克鲁格曼. “新经济地理学”在哪里？［A］//GORDON L CLARK, MARYANN P FELDMAN, MERIC S GERTLER. 牛津经济地理学手册. 刘卫东，等，译. 北京：商务印书馆，2005：49-60.

③ MICHELLE J WHITE. Urban Areas with Decentralized Employment：Theory and Empirical Work［A］//PAUL CHESHIRE, EDWIN S MILLS. Handbook of Regional and Urban Economics. Vol. 3：1 315-1 412.

④ MARC L BUSCH, ERIC REINHARDT. Industrial Location and Protection：The Political and Economic Geography of U. S. Nontariff Barriers［J］. American Journal of Political Science, 1999, 43（4）：1 028-1 050.

⑤ TODD MITTON. Institutions and Concentration［J］. Journal of Development Economics, 2008, 86（2）：367-394.

⑥ MORIKI HOSOE, TOHRU NATIO. Trans-boundary Pollution Transmission and Regional Agglomeration Effects［J］. Papers in Regional Science, 2006, 85（1）：99-120.

（一）贸易成本和运输成本

国际贸易影响产业集聚和产业扩散的根本原因在于，国际贸易可以影响产业集聚和产业扩散的收益。国际贸易条件下，厂商进入外国市场的途径有两条，即直接到国外投资并就地生产和销售，以及在国内投资建厂而将产品销售到国外。如果运输成本较高，且到国外投资能够充分利用国内所不具有的优势条件降低生产成本，获取更大的经济效益，则厂商将积极到国外投资。此时，产业将出现在全球范围内分散布局的局面。如果运输成本较低，产业将在某些具备比较优势的国家集聚，通过国际贸易的方式满足其他国家居民的消费需求。此时具备比较优势的国家的政府会以产业区、技术区等方式鼓励产业向本国进一步集聚，通过出口导向的方式促成出口导向型专业化产业集群的形成。总之，集聚所产生的经济效益不足以抵销高额的贸易成本和运输成本，是产业分散布局在全球各地而不积极追求集聚经济效益的重要原因之一。

（二）信息搜寻成本

国际贸易中较高的信息搜寻成本也会导致产业集聚和产业扩散。一国内部地区间的差异要小于国家间的差异，国家间存在的某种自然边界要比国家内部更为显著。国际贸易中的经济距离、制度距离、文化距离和空间距离更大，国际贸易有效开展跨越的距离增加，文化差异更大，从而使厂商面临更多的信息不对称。厂商进行跨国交易将面临国内贸易所不具备的汇兑风险、代销风险、政治风险等风险。正是如此，英国重商主义的代表托马斯·孟在 17 世纪就专门讨论了进行国际贸易的商人所必须具备的素质，除了基本的会计、税收、贸易、金融、外语等知识外，一个从事国际贸易的全才商人还“应该知道每个国家哪些商品有富余，哪些商品短缺，还有这些商品的供给情况，即它们在何时以何种方式进入该国……他应该知道什么商品在哪些国家是禁止出口或进口的，否则在工作中就会遇到巨大的风险……对于一切商品和货物，他如果不具备完全的知识，起码也应该具备基本的常识，以使自己看上去像是个各行各业的行家”①。在作者看来，托马斯·孟之所以强调国际贸易的商人应是全才，其与国际贸易中有更大的信息不对称有关。

国际贸易中产业集聚是出于降低信息搜寻成本的需要②，产业扩散同样是出于该目的，两者都是为了降低信息传递成本。按照第四章第二节的分析，如

---

① 托马斯·孟. 英国得自对外贸易的财富［M］. 李琼，译. 北京：华夏出版社，2006：1-5.

② 魏剑锋. 搜寻成本、制度安排与产业集群的形成机制［J］. 产业经济研究，2010（1）：24-30.

果厂商能够以较低的成本有效获取贸易国的相关信息，他们将会在国内进行集中的生产布局，进行商品出口以获取更大的利润。此时将会形成产业集聚。反之，如果厂商在进行国际贸易时，信息的搜寻成本很高，直接到国外投资可以更好地了解当地的市场需求，有助于实现利润最大化，他们将到国外投资。此时厂商在某一个国家或地区集聚的优势将不再明显，产业将出现分散布局的局面。虽然以互联网、大数据、云计算、智能电话、传真等为代表的通信技术和信息传递技术迅速发展，可以部分降低信息搜寻成本，但是随着技术的进步，各种保密技术也在迅速发展，由此也会导致信息搜寻成本的增加。如果再考虑到因为信息技术发展导致信息增多，进而引起信息甄别成本增加的情况，则信息搜寻成本会更多。总之，产业集聚可以彰显实力①，产业扩散可以减少信息传递距离，两者都可以降低信息不对称的程度，减少信息搜寻成本。

信息搜寻成本对产业集聚和产业扩散的作用将与日俱增。传统的区位理论一直强调运输成本对厂商选址的影响，他们的这一论调是基于要素在全球范围内非均匀分布和要素流动性不高的假定做出的。显然，运输成本是距离和重量的函数，随着科技的发展和生产工艺的改进，产品的重量有逐渐降低的趋势，运输成本的作用将逐渐降低。消费者消费商品和厂商购买投入要素时，更关注产品和要素的质量，质量的鉴别需要以充分的信息为基础，信息搜寻成本的重要性也将因此而增强。虽然技术进步降低了距离对信息传递的阻碍，但信息的跨地区流动仍然不是无成本的自由流动，知识的外溢更是如此。② 制度距离和文化距离与自然人的空间流动壁垒有着一定的空间相关性。③ 信息不对称对产业布局的影响不仅仅停留在理论层面，在现实生活中也有具体的例子。如以劳动力份额比重为基础指标的研究表明，随着信息技术的进步，信息交流的成本逐步降低，直接导致美国加利福尼亚州呈现出产业扩散的布局态势，这种趋势也出现在美国其他州。④

沿海地区的产业集聚也是信息传递成本对产业布局的影响与日俱增的表现。就运输成本和信息搜寻成本而言，两者在产业集聚的不同阶段所起的作用

---

① 陈英武等人在研究生产者服务的区位选择时同样认为，高层级的生产者服务到大城市选址的原因正是为了彰显自身的质量与水平高低。详见：陈英武，郑江淮，高彦彦. 信息不对称、城市声誉与生产者服务的区位选择［J］. 经济学家，2010（3）：12-19.

② DAVID B AUDRETSCH，MARYANN P FELDMAN. R&D Spillovers and the Geography of Innovation and Production［J］. The American Economic Review，1996，86（3）：630-640.

③ 钱争鸣，邓明. 文化距离、制度距离与自然人流动政策的溢出［J］. 国际贸易问题，2009（10）：68-78.

④ JED KOLKO. Changes in the Location of Employment and Ownership：Evidence from California［J］. Journal of Regional Science，2008，48（4）：717-743.

不同。在产业集聚的初级阶段，沿海地区凭借海运成本较低的优势，在国际贸易中的优势突出，导致了产业集聚。在产业集聚的高级阶段，运输成本的优势仍然存在，但通过产业集聚而树立的品牌等开始发挥作用，沿海地区以产业集聚的方式向外界发送相关的信息，降低其他经济主体对集聚区相关信息搜寻的难度，信息搜寻成本的优势也开始逐步呈现，运输成本和信息搜寻成本共同起主导作用促进产业集聚。沿海地区之所以能够通过产业集聚向外界发送信息，是因为产业集聚本身就是信息传递的机制之一。与此同时，因为产业集聚的规模较大，区域内竞争过于激烈，产业扩散也开始逐步孕育。

第二节　国际贸易影响产业集聚和产业扩散的模型及案例分析

随着经济的发展，产业集聚的趋势越来越明显，产业扩散也在不断出现，经济活动分散布局的情况在不断增加。产业集聚和产业扩散并没有严格的优劣之分，两者的出现都是厂商的理性选择在产业层面的再现。阿尔弗雷德·马歇尔曾言及："每当交通工具跌价，每当相距甚远的两地之间的思想自由交流有了新的方便条件时，就会使那些决定工业地区化分布的种种因素的作用也随之发生变化。一般来说，我们必然会这样说：货物运费和关税的降低，会使每个地方都从远处购买更多的所需要的东西，因而就会使专门的工业集中在专门的地方。然而，凡是令人们更愿意从一处迁往别处的事情，都会使有特殊技能的工人向购买他们的货物的消费者靠近，以竭力发挥他们的技能。"① 国际贸易既可以促进产业集聚，也可以强化产业扩散。Fabien Candau 的研究已证实，表面看来国际贸易自由化将会导致产业集聚，但是根据贸易自由化的程度不同，产业在两个或者三个地区集聚，也即产业呈现扩散的态势也是均衡的结果。② 事实上，在经济学家对产业集聚津津乐道的同时，20 世纪全球的产业扩散有了实质性的提高。③

---

① 阿尔弗雷德·马歇尔. 经济学原理［M］. 廉运杰，译. 北京：华夏出版社，2005：230-231.

② FABIEN CANDAU. Entrepreneurs' Location Choice and Public Polices：A Survey of the New Economic Geography［J］. Journal of Economic Surveys，2008，22（5）：909-952.

③ DONALD R DAVIS，DAVID E WEINSTEIN. Bones，Bombs，and Break Points：The Geography of Economic Activity［J］. The American Economic Review，2002，92（5）：1 269-1 289.

一、国际贸易影响产业集聚和产业扩散的模型分析

保罗·克鲁格曼运用迪克西特—斯蒂格利茨垄断竞争模型①、保罗·萨缪尔森提出的冰山成本②、动态演化以及计算机数值模拟技术建立了著名的中心—外围模型。这一模型的提出为后续学者研究国际贸易和产业集聚以及产业扩散提供了理论基础。本节将以这一模型为理论基础，着重考虑国际贸易中的信息传递成本和运输成本问题，讨论国际贸易对产业集聚和产业扩散的影响。

（一）基础理论模型

保罗·克鲁格曼的中心—外围模型假定如下：第一，区域分为南方和北方两个区域，用1、2表示；第二，部门分为传统农业部门和现代工业部门两个部门，农业部门代表完全竞争部门，工业部门代表不完全竞争部门，厂商具有规模报酬递增的特征；第三，要素有可流动的生产要素（工业部门的劳动力）和不可流动的生产要素（农业部门的劳动力）两种要素。③

在上述假定下，代表性消费者两类产品的效用函数为柯布—道格拉斯型函数：

$$U = M^{\mu} A^{(1-\mu)} \tag{5.1}$$

其中，M代表工业制成品消费量的综合指数，即M = (m_1，m_2，…，m_i，…，m_n)，n为工业制成品的种类；A代表消费者的农产品消费量；μ为常数，代表总支出中对工业制成品的支出份额。工业制成品的消费量函数为不变替代弹性函数，且该函数为：④

$$M = \left[\int_0^n m(i)^{\rho} di\right]^{1/\rho}, \quad (0 < \rho < 1) \tag{5.2}$$

其中，ρ作为参数代表消费者对于工业制成品多样性的偏好程度。当ρ趋近于

---

① AVINASH K DIXIT, JOSEPH E STIGLITZ. Monopolistic Competition and Optimum Product Diversity [J]. The American Economic Review, 1977, 67 (3): 297-308.

② PAUL A SAMUELSON. The Transfer Problem and Transport Costs: The Terms of Trade When Impediments are Absent [J]. The Economic Journal, 1952, 62 (Jun.): 278-304. PAUL A SAMUELSON. The Transfer Problem and Transport Costs, II: Analysis of Effects of Trade Impediments [J]. The Economic Journal, 1954, 64 (Jun.): 264-289.

③ 藤田昌久，保罗·克鲁格曼，安东尼J维纳布尔斯. 空间经济学——城市、区域与国际贸易 [M]. 梁琦，等，译. 北京：中国人民大学出版社，2005：53-71.

④ 此处只给出了工业制成品之间的差别化是连续型的情况，若工业制成品之间的差别化是离散型的，则工业制成品的消费量函数为 $M = [\sum_{i=1}^{n} m(i)^{\rho}]^{1/\rho}$，$(0 < \rho < 1)$。详见：安虎森. 空间经济学原理 [M]. 北京：经济科学出版社，2005：37.

1 时，消费者的多样化偏好程度很低，工业制成品几乎可以完全替代；当 ρ 趋近于 0 时，消费者的多样化偏好程度很高，工业制成品之间的替代性近乎丧失。此时可令：

$$\sigma \equiv 1/(1-\rho) \tag{5.3}$$

则 σ 代表任意两种工业制成品之间的替代弹性。

如果给定收入 Y 和一组价格，并且用 p^A 代表农产品的价格，$p(i)$ 代表每种工业制成品的价格，则此时消费者所面临的问题可以看作，以 5.4 式作为预算约束条件使得效用函数 5.1 式最大化。

$$p^A A + \int_0^n p(i)m(i)di = Y \tag{5.4}$$

通过两阶段的预算约束处理方法，最终可以得到 8 个方程来描述即时均衡，具体可以分为 4 组。① 若分别用下标 1、2 代表地区 1、2，则第一组为两个地区两个部门收入决定方程：

$$Y_1 = \mu\lambda w_1 + \frac{1-\mu}{2} \tag{5.5}$$

$$Y_2 = \mu(1-\lambda)w_2 + \frac{1-\mu}{2} \tag{5.6}$$

第二组为价格指数的决定方程：

$$G_1 = [\lambda w_1^{(1-\sigma)} + (1-\lambda)(w_2 T)^{(1-\sigma)}]^{1/(1-\sigma)} \tag{5.7}$$

$$G_2 = [\lambda (w_1 T)^{(1-\sigma)} + (1-\lambda)w_2^{(1-\sigma)}]^{1/(1-\sigma)} \tag{5.8}$$

第三组为劳动者名义工资的决定方程：

$$w_1 = [Y_1 G_1^{(\sigma-1)} + Y_2 G_2^{(\sigma-1)} T^{(1-\sigma)}]^{1/\sigma} \tag{5.9}$$

$$w_2 = [Y_1 G_1^{(\sigma-1)} T^{(1-\sigma)} + Y_2 G_2^{(\sigma-1)}]^{1/\sigma} \tag{5.10}$$

第四组为劳动者实际工资的决定方程：

$$\omega_1 = w_1 G_1^{-\mu} \tag{5.11}$$

$$\omega_2 = w_2 G_2^{-\mu} \tag{5.12}$$

其中，Y 代表两个地区的收入，λ 代表地区 1 的制造业份额，$(1-\lambda)$ 代表地区 2 的制造业份额，w 代表名义工资，ω 代表实际工资，T 代表两地区之间的信息传递成本和运输成本，② G 代表制成品的价格指数，且：

$$G \equiv [\int_0^n p(i)^{\rho/(\rho-1)} di]^{(\rho-1)/\rho} = [\int_0^n p(i)^{(1-\sigma)} di]^{1/(1-\sigma)} \tag{5.13}$$

---

① 具体的推导过程详见：藤田昌久，保罗·克鲁格曼，安东尼 J 维纳布尔斯. 空间经济学——城市、区域与国际贸易［M］. 梁琦，等，译. 北京：中国人民大学出版社，2005：53-71.

② 在保罗·克鲁格曼的模型中 T 代表两地之间的运输成本，此处做了一点变更。

运用上述 5.5~5.12 式共 8 个联立的非线性方程即可求出解析解。①

（二）国际贸易中的产业集聚和产业扩散

受国际贸易中信息传递成本和运输成本的影响，产业会出现集聚和扩散。具体而言，当信息传递成本和运输成本比较低时，将会促成产业的集聚；当信息传递成本和运输成本比较高时，将会导致产业扩散。此处继续运用保罗·克鲁格曼等人的相关模型，具体分析国际贸易条件下的产业集聚和产业扩散问题。②

1. 基本的假定

第一，假定只包含两个国家、两个产业和一种生产要素，不存在农业部门；第二，每个国家拥有一单位的劳动力，且劳动力只能跨产业流动，不能跨国流动；第三，两个产业都是垄断竞争性产业，都使用劳动作为投入要素；第四，两个产业具有相同的消费需求参数，两个产业平分消费者支出，且具有相同的需求弹性 σ；第五，两个产业拥有相同的固定成本和均衡的企业规模，均按照柯布—道格拉斯函数的技术要求雇用劳动力、使用本产业或其他产业提供的中间产品，各自的投入产出矩阵如图 5-1 所示。

	产业 1	产业 2
产业 1	α	γ
产业 2	γ	α
劳动力	β	β

图 5-1　两个产业的投入产出矩阵

资料来源：MASAHISA FUJITA, PAUL R KRUGMAN, ANTHONY J VENABLES. The Spatial Economy: Cities, Regions, and International Trade [M]. Cambridge: The MIT Press, 1999: 286.

① 藤田昌久，保罗·克鲁格曼，安东尼 J 维纳布尔斯. 空间经济学——城市、区域与国际贸易 [M]. 梁琦，等，译. 北京：中国人民大学出版社，2005：56-77.

② 因为保罗·克鲁格曼等人的研究主要考虑国际贸易中的冰山成本和运输成本，而本书主要考虑国际贸易中的信息传递成本和运输成本，保罗·克鲁格曼等人的模型同样适用于本书，故此处主要借鉴了其模型。详见：MASAHISA FUJITA, PAUL R KRUGMAN, ANTHONY J VENABLES. The Spatial Economy: Cities, Regions, and International Trade [M]. Cambridge: The MIT Press, 1999: 263-308. 藤田昌久，保罗·克鲁格曼，安东尼 J 维纳布尔斯. 空间经济学——城市、区域与国际贸易 [M]. 梁琦，等，译. 北京：中国人民大学出版社，2005：311-365. 安虎森. 空间经济学原理 [M]. 北京：经济科学出版社，2005：362-390.

在该投入产出矩阵中，两个产业间的系数是对称的。每个产业来自于其他产业的投入在成本中所占的份额为 γ，来自于本产业的投入所占的份额为 α，劳动力所占的份额为 β，显然 $\alpha+\beta+\gamma=1$

2. 模型的构成

若用上标 1、2 表示两个产业，并在必要时在变量上面加"~"表示外国，通过标准化的方式可以得到本国每个产业的价格方程为①：

$$p^{1}=(w^{1})^{\beta}(G^{1})^{\alpha}(G^{2})^{\gamma} \tag{5.14}$$

$$p^{2}=(w^{2})^{\beta}(G^{2})^{\alpha}(G^{1})^{\gamma} \tag{5.15}$$

本国每个产业的价格指数方程为：

$$G^{1}=[\lambda^{1}(w^{1})^{(1-\beta\sigma)}(G^{1})^{-\alpha\sigma}(G^{2})^{-\gamma\sigma}+\tilde{\lambda}^{1}(\tilde{w}^{1})^{(1-\beta\sigma)}(\tilde{G}^{1})^{-\alpha\sigma}(\tilde{G}^{2})^{-\gamma\sigma}T^{(1-\sigma)}]^{1/(1-\sigma)} \tag{5.16}$$

$$G^{2}=[\lambda^{2}(w^{2})^{(1-\beta\sigma)}(G^{2})^{-\alpha\sigma}(G^{1})^{-\gamma\sigma}+\tilde{\lambda}^{2}(\tilde{w}^{2})^{(1-\beta\sigma)}(\tilde{G}^{2})^{-\alpha\sigma}(\tilde{G}^{1})^{-\gamma\sigma}T^{(1-\sigma)}]^{1/(1-\sigma)} \tag{5.17}$$

工资方程为：

$$[(w^{1})^{\beta}(G^{1})^{\alpha}(G^{2})^{\gamma}]^{\sigma}=\beta[E^{1}(G^{1})^{(\sigma-1)}+\tilde{E}^{1}(\tilde{G}^{1})^{(\sigma-1)}T^{(1-\sigma)}] \tag{5.18}$$

$$[(w^{2})^{\beta}(G^{2})^{\alpha}(G^{1})^{\gamma}]^{\sigma}=\beta[E^{2}(G^{2})^{(\sigma-1)}+\tilde{E}^{2}(\tilde{G}^{2})^{(\sigma-1)}T^{(1-\sigma)}] \tag{5.19}$$

支出方程为：

$$E^{1}=\frac{w^{1}\lambda^{1}+w^{2}\lambda^{2}}{2}+\frac{\alpha w^{1}\lambda^{1}+\gamma w^{2}\lambda^{2}}{\beta} \tag{5.20}$$

$$E^{2}=\frac{w^{1}\lambda^{1}+w^{2}\lambda^{2}}{2}+\frac{\alpha w^{2}\lambda^{2}+\gamma w^{1}\lambda^{1}}{\beta} \tag{5.21}$$

其中，λ 代表国内两个产业雇用的劳动力数量，若假定国内劳动力供给总量为 1，则 $\lambda^{1}+\lambda^{2}=1$，E 代表国内两个产业的支出，其余字母所代表的含义与第五章第二节第一部分的字母所代表的含义相同。上述 5. 14 ~ 5. 21 式确定了本国的短期均衡。因为两国之间具有对称性，从而可以以同样的方式确定外国的短期均衡。对于长期来说，劳动力将根据工资的差异在同一个国家的两个产业间流动，但根据假设条件其不能跨国流动。

---

① 具体的推导方法见：藤田昌久，保罗·克鲁格曼，安东尼J维纳布尔斯. 空间经济学——城市、区域与国际贸易［M］. 梁琦，等，译. 北京：中国人民大学出版社，2005. 安虎森. 空间经济学原理［M］. 北京：经济科学出版社，2005.

3. 产业集聚和产业扩散

以上模型可能会支持两种均衡，① 一种是产业集中布局在一个国家即为产业集聚，另一种是产业分散布局在两个国家即为产业扩散，具体是产业集聚还是产业扩散取决于信息搜寻成本和运输成本的高低。若 $\alpha - \gamma < 0$，即产业间的关联性 γ 大于产业内的关联性 α，对于所有的 $T > 1$ 或者 $w^2 > w^1$，产业集聚的状况不能持续存在，将会发生产业扩散。具体来说，产业在扩散时具有在国家之间依次扩散，劳动密集型、消费指向型以及中间投入品较少的产业首先扩散的特征。② 若 $\alpha - \gamma > 0$，即产业间的关联性 γ 小于产业内的关联性 α，此时若信息搜寻成本和运输成本 T 足够小，则产业的集聚将得以维持，γ 与 α 的差值绝对值越大，可以保证产业集聚得以维持的 T 值的取值范围越大。③ 总之，当信息搜寻成本和运输成本 T 值很高时，产业均匀分布在两个国家，呈现分散布局的态势；而当信息搜寻成本和运输成本很低时，产业集中布局在一个国家，此时经济完全实现专业化，每个国家只保有生产一种产品的产业，通过国际贸易的方式来满足居民的各类需求。

二、国际贸易影响产业集聚和产业扩散的案例分析

从历史发展的角度看，国际贸易的确对产业集聚和产业扩散有影响。凯文·奥罗克（Kevin H. O'Rourke）、杰弗里·威廉姆森（Jeffery G. Williamson）对英国、美国的相关统计资料研究后，认为国际贸易的确导致产业分布区域发生了明显的变化。④ 唐纳德·戴维斯（Donald R. Davis）、戴维·韦恩斯坦（David E. Weinstein）所做的有关日本的实证研究提供了更为有力的佐证。⑤ 他们研究了日本的有关数据，通过计算区域经济密度（Variation in Regional Den-

---

① 产业集聚得以维持的条件，以及均衡被打破的条件及其推导过程详见：藤田昌久，保罗·克鲁格曼，安东尼J维纳布尔斯. 空间经济学——城市、区域与国际贸易［M］. 梁琦，等，译. 北京：中国人民大学出版社，2005：340-360. 安虎森. 空间经济学原理［M］. 北京：经济科学出版社，2005：376-380.

② 安虎森. 空间经济学原理［M］. 北京：经济科学出版社，2005：371-372.

③ 此处只分析了两个国家、两个产业、一种要素的情况，对于多个国家、多个产业、多种要素的分析以及此处的推理过程，详见：藤田昌久，保罗·克鲁格曼，安东尼J维纳布尔斯. 空间经济学——城市、区域与国际贸易［M］. 梁琦，等，译. 北京：中国人民大学出版社，2005：311-365.

④ KEVIN H O'ROURKE, JEFFERY G WILLIAMSON. From Malthus to Ohlin：Trade，Industrialisation and Distribution Since 1500［J］. Journal of Economic Growth，2005，10（1）：5-34.

⑤ DONALD R DAVIS, DAVID E WEINSTEIN. Bones，Bombs，and Break Points：The Geography of Economic Activity［J］. The American Economic Review，2002，92（5）：1 269-1 289.

sity）来验证有关经济分布的三种理论，即收益递增理论（Increasing Returns Theories）、随机增长理论（Random Growth Theory）和区域基础理论（Locational Fundamentals Theory）。

1600年日本重新实现了统一，与西方国家的贸易往来也得以加强。17世纪30年代，日本开始了长达两个世纪的闭关自守。特别是在1721年，资本和人口流入东京都受到日本政府的严格限制。19世纪70年代，日本经历了内战并且结束了幕府的统治，从自给自足的封闭经济重新走向对外开放，对进口西方国家的技术进行进口补贴。20世纪20年代，日本成为丝绸和纺织品的主要出口国。然而，大约50%的劳动力仍然是农民。1998年日本成为一个高度工业化的国家，农民仅占该国总人口的5%，东京的人口达到1 200万，成为世界上人口最多的城市之一。

日本产业布局的变化与国际贸易的变化出现了较高的一致性。从公元前6000年到公元300年，也即日本经济发展的早期阶段，区域经济密度相当高。公元700年至1600年，日本人口最多的5个区域的区域人口密度值约相当于现代人口密度值的三分之二至四分之三。气候和自然资源禀赋是导致那时的日本人口高度集聚的重要因素之一。1721—1872年，也就是日本闭关锁国的近两个世纪中，日本人口最多的5个区域的区域人口密度值有了大幅度的下降。封闭经济直接导致了日本出现产业扩散的情势。1872年之后，日本重新实现对外开放并且发展现代经济，人口最多的5个区域的区域人口密度值再度大幅度上升，产业重新集聚。可见，日本经济发展的历史印证了国际贸易对产业集聚和产业扩散有着重要的影响。

国际贸易对产业布局的影响不仅发生在日本，在欧洲国家同样有现成的例子。Rikard Forslid、Jan I. Haaland和Karen Helene Midelfart Knarvik结合欧洲国家进行的研究同样证实了这一点。他们研究发现，冶金、化学制品和运输器械行业的集聚程度与国际贸易的自由化之间呈现非线性关系。① 国际贸易首先促进了上述行业的集聚，随着国际贸易的进一步开展，产业开始出现分散布局的趋势。此外，瑞士的钟表、纺织机械以及医药产业的高度集聚也与该国这些行业的国际竞争力较高，从而可以充分利用国际贸易开拓占领海外市场有密切的关系②。

---

① RIKARD FORSLID, JAN I HAALAND, KAREN HELENE MIDELFART KNARVIK. A U-shaped Europe? A Simulation Study of Industrial Location [J]. Journal of International Economics, 2002, 57 (2): 273-297.

② 张卉. 产业分布、产业集聚和地区经济增长：来自中国制造业的证据 [D]. 上海：复旦大学博士学位论文，2007：48.

第三节　国际贸易对产业集聚的其他相关影响

保罗·克鲁格曼曾指出，产业在某一个地区集聚是由历史的、偶然的因素引起的，但是这并不否认产业集聚对区位仍然有一定的选择。在国际视野下，产业是在一个国家或地区集聚还是在几个国家和地区集聚，就涉及产业集聚的区位选择问题。产业发展需要有物质基础，产业扩散也有一定的区位选择，不论是国内还是国外，产业扩散都需要有相应的产业发展基础作保证。只有产业的承接国具备了产业发展的基础条件，产业才可以向这些国家和地区转移。产业扩散的区位选择相对更容易解释，此处重点分析国际贸易对产业集聚区位选择的影响。这里所涉及的产业集聚区位选择主要是产业在一个地区集聚还是在不同的地区集聚，是把集聚中心选择在国内还是国外。

一、国际贸易对产业集聚规模的影响

供给和需求条件限制产业集聚的规模。集聚经济的获得最根本的原因是供求条件的变化。在产业集聚的情况下，集聚产业的原材料供给和产品需求都因为集聚而处于有利地位，厂商可以依靠集聚而低价获得原材料供给，也可以依靠集聚而降低产品出售的交易成本，从而导致了集聚经济的产生。换言之，集聚经济是在供给和需求条件允许的情况下获取的，也正是如此，供给和需求条件也影响集聚规模。在没有国际贸易的情况下，集聚产业获取集聚经济所需要的原材料供给和市场需求都会并且只受到本国的限制，大规模的集聚更容易进入集聚不经济阶段。此时，厂商再进行集聚不仅不能保障其获取更多的利润，反而有可能因为集聚而受损。厂商也会因此而有意识地限制产业集聚的规模。

国际贸易更有利于产业在一个地区进行大规模的集聚。国际贸易活动的开展，为集聚厂商进行大规模生产提供了更加丰富的原料来源，也为集聚厂商创造了更加广阔的市场需求。首先，厂商可以在市场需求不变的情况下，通过国际贸易以更低的价格获取优质的原材料，降低生产成本，增加产品的市场竞争力，延长集聚经济的获取。其次，厂商可以在原材料供给条件不变的情况下，参与国际贸易以谋得更大的市场，为产品的出售创造条件，同样可以扩大集聚经济的获取。2010 年 OPEC 成员国中，伊朗和委内瑞拉的燃料出口分别占该国出口总额的70.8%和93.4%,[①] 这些国家能够集聚大规模的石油生产得益于国际石油市场的大规模需求。文莱作为东南亚第三大产油国和世界第四大液化天然气生产国，2010年其人口只有39.9万,[②] 国内对石油和天然气的消费十分有限，其燃料出口占到该国出口总额的96.3%,[③] 全球天然气生产大规模集聚在文莱也是因为国际市场为其提供了广阔的市场需求，使该国的天然气生产不再受本国市场容量的严格限制。再次，在供给和需求的规模都因国际贸易而扩大的情况下，厂商就可以扩大生产规模，扩大在某一个地区产业集聚的规模。总之，非均衡的国际区域分工和区位模式，将会导致产业集聚规模的扩大，在国际贸易的推动下，超级的集聚不久也将成为现实[④]。

国际贸易可以强化专门生产单一产品的产业在一个国家和地区集聚的趋势。很显然，产业在一个地区集聚后，将会大量挤占经济活动的空间，如果集聚的产业专门生产一种产品，由集聚所带来的规模经济使得该产品的供给十分充足。在国际贸易缺失的条件下，该产品在该地会严重地供过于求，而消费者对其他产品的需求却不能得到满足。此时，产业集聚不仅不能够增加本地供给者的利润，而且消费者的福利满足也可能因此而受到极大损害，供求双方理性的反应就是消除专门生产一种产品的产业集聚，实现产品供给的多样化。只要供求双方将这一想法付诸实施，产业集聚也将随之消失。国际贸易的开展使得各国和地区可以互通有无，满足消费者的多样化需求，为生产者提供广阔的市场，产业集聚的规模经济优势将会得到更好发挥，产业集聚的趋势也会得到进一步强化。同时，国际贸易意味着专业化和规模生产，催生与大规模生产相适应的生产方法，增强劳动力的素质。这将进一步彰显产业集聚的优势，为产业集聚趋势的强化提供条件。

二、国际贸易对产业集聚中心选择的影响

（一）国际贸易对产业集聚中心在一国内部选择的影响

国际贸易有利于一国内部的产业集聚中心转向贸易条件较为优越的地区。

---

① 中华人民共和国国家统计局. 国际统计年鉴：2013［Z］. 北京：中国统计出版社，2013：322.

② 中华人民共和国国家统计局. 国际统计年鉴：2013［Z］. 北京：中国统计出版社，2013：101.

③ 中华人民共和国国家统计局. 国际统计年鉴：2013［Z］. 北京：中国统计出版社，2013：322.

④ 迈克·斯多波. 全球化、本地化与贸易［A］//GORDON L CLARK, MARYANN P FELDMAN, MERIC S GERTLER. 牛津经济地理学手册. 刘卫东，等，译. 北京：商务印书馆，2005：147-165.

国际贸易可以加速一国或地区的经济发展，在一国内部广泛开展国际贸易的地区经济发展速度更快，经济总体实力更强，厂商进行各项生产活动的条件更加优越。产业往往在经济发展条件较好的地区集聚，就是为了充分利用这些地区的优越条件获取更大的利润。在封闭经济条件下，产业集聚中心可以根据各地的生产经营条件来选择。而考虑到国际贸易时，产业集聚中心的选择将会发生变化，墨西哥在20世纪的经历就是一个典型的例子。

20世纪50年代至80年代中期，墨西哥政府采取保护性的贸易政策，该国有意识地提高关税壁垒并建立进口许可制度，经济处于高度封闭的状态，整个墨西哥的制造业在首都墨西哥城一带高度集聚。从1985年开始，墨西哥政府的国际贸易政策开始发生转变，政府采取大幅度削减关税税率等方式消除贸易障碍，此举导致制造业厂商为了从国际贸易中获取更大的利润而重新选址。墨西哥城一带的制造业就业份额从1980年的44.4%降至1993年的28.7%，而与美国接壤的边境地区的制造业就业份额从1980年的20.95%升至1993年的29.84%。原有的墨西哥制造业中心，除了化学制品业和碱性金属业，其余行业的就业份额从1985年开始均呈现负增长。① 国际贸易直接导致墨西哥制造业集聚中心由该国的中部地区向北部边境地区转移。

中国也有国际贸易导致产业集聚中心变化的例子。唐朝末年，东南地区肥沃的土地和便利的水路运输吸引了经济活动的重心从西向东移动②，东南沿海经济活动的兴旺发达程度远高于内地。到了近代，由于洋务运动、外商直接投资和民族工业的兴起，东部沿海地区集聚了中国近代工业的绝大部分。尽管新中国成立至改革开放这段时间，计划经济的行政命令取代了市场在资源配置中的基础性作用，各个省级单位的产业结构高度趋同。但从20世纪80年代开始，随着国际贸易的扩大，中国部分传统体制下的重要工业基地逐步向沿海地区靠拢。特别是进入20世纪90年代以来，中国的产业布局受到国际贸易的影响，再次大规模向东南沿海地区集聚，产业布局的地区不平衡也得到加强。③

（二）国际贸易对产业集聚中心在国家之间选择的影响

国际贸易为产业集聚中心在国家之间选择提供了现实可能。在没有国际贸易的情况下，如果某一个国家或地区对某种产品有需求，唯一的选择是在国内生产，生产该产品的厂商只能在国内选址。如果要满足国外消费者对该产品的

---

① 梁琦. 产业集聚论［M］. 北京：商务印书馆，2004：3.

② 黄仁宇. 中国大历史［M］. 北京：生活·读书·新知三联书店，1997：126.

③ 黄玖立，李坤望. 对外贸易、地方保护和中国的产业布局［J］. 经济学（季刊），2006（3）：733-760.

需求，厂商只有到国外进行直接的生产经营活动，把产能部分转移到国外。然而，根据比较优势贸易理论和资源禀赋贸易理论，这种做法并不是一个最优的选择。其原因在于，各国的比较优势和资源禀赋并不相同，可能在一国大量生产的产品并不是本国具有比较优势的产品，这就意味着把该产品的生产全部转移到具有比较优势的国家中去，以进口替代的方式满足本国消费者的需求更有利。这一过程也意味着，产业集聚中心将由国内转移到国外，但其能够得以实现的前提是本国消费者的消费需求可以通过国际贸易得到满足。如果没有国际贸易，将某种不具有比较优势的产品完全集聚在国外显然得不到本国消费者的支持。

国际贸易为产业集聚中心在国家之间选择创造了条件。国际贸易开展之后，在贸易成本较低的情况下，厂商在本国集聚可以获得集聚经济。只要厂商从集聚经济中的获益不低于因为国际贸易而导致的成本增加，厂商就会选择集聚在国内进行生产。在国际贸易成本很高的情况下，到国外进行直接的投资生产就显得更加有利，这将刺激厂商到国外进行直接的生产经营活动。如果国外生产销售条件优越于国内，将导致厂商在国外进行大规模的集聚。产业集聚中心也随之因为国际贸易而发生变化。

三、国际贸易对产业集聚国别转移的影响

国际贸易促成了产业集聚中心由创新国转入模仿国。在不参与国际贸易的情况下，技术跨国流动的速度非常慢，甚至完全没有技术的跨国流动。创新国开展技术创新并进行大规模生产之后，制造创新产品的厂商将集聚在创新国，模仿国因为不具备技术创新的能力及相关条件，不能够与创新国开展竞争。创新产品的生产厂商长期集聚在创新国，产业集聚中心的国别转移活动趋于停滞。国际贸易活动的开展将诱发产业集聚中心由创新国转入模仿国。国际商品贸易活动的开展，使创新国的创新产品进入模仿国，消费者开始逐渐对创新产品有了需求，刺激国内厂商为营利而进行创新产品的生产。同时，国际技术贸易活动的开展，为模仿国进行创新产品的生产提供了现实可能，模仿国的厂商可以购买、引进创新国的产品生产技术，通过进口替代的方式降低本国居民对创新国创新产品的依赖。

国际贸易加快了产业集聚中心由创新国转入模仿国。如果国际技术贸易的开展比国际商品贸易的开展更加便捷，模仿国的厂商就会加速对创新产品生产技术的引进，而创新国的厂商也受利益的驱使更愿意进行技术的出口，此时创新国的技术就很容易转入模仿国。在创新产品的生产技术被模仿国的厂商掌握

以后，创新国生产创新产品的优势就不再突出，创新国的厂商将会逐步放弃对创新产品的生产，进入新一轮的产品创新阶段，此时原有创新产品生产的产业集聚中心将快速地由创新国转入模仿国。

Rikard Forslid、Jan I. Haaland 和 Karen Helene Midelfart Knarvik 运用一个全规模的一般均衡模型（Full-scale CGE-Model），以欧洲 10 个地区 14 个行业 1992 年的数据为基础，模拟了经济一体化对制造业区位分布的影响。10 个地区分布于欧洲的 4 个地区，即北欧（芬兰、冰岛、挪威和瑞典）、南欧（希腊、意大利、葡萄牙和西班牙）、西欧（比利时、卢森堡、荷兰经济联盟、爱尔兰、法国和联合王国）、中欧（奥地利、丹麦、德国和瑞士）。在可以自由地进行国际贸易的情况下，纺织和皮革制造向具有劳动力比较优势的南欧集聚，而食品行业则从南欧向北欧和西欧迁移。① 换言之，国际贸易可以促使产业向具有比较优势的国家和地区集聚。

第四节　国际贸易对产业集聚和产业扩散生命周期的影响

1966 年雷蒙德·弗农提出著名的产品生命周期理论，随后经济学中开始讨论生命周期问题，产品、厂商、产业、产业集聚都有了生命周期。国际贸易在影响产业布局的同时，也影响产业集聚和产业扩散的生命周期。产业集聚和产业扩散的生命周期是以产品和厂商的生命周期为微观基础的，但又不同于产品和厂商的生命周期。产业集聚的生命周期进入衰退期就意味着产业扩散生命周期的开始，从产业集聚进入衰退期到下一轮集聚开始的时间长短决定了产业扩散的生命周期。在产业集聚和产业扩散生命周期的交替轮回中，国际贸易始终发挥着重要作用。

一、产业集聚和产业扩散的生命周期

基姆（Sukkoo Kim）通过考察 1860—1947 年美国制造业的空间分布发现，在 1860 年至 20 世纪初这段时间，美国制造业的集聚和专业化水平一直呈稳步上升的态势，在两次世界大战之间的这段时期出现了波动，而在 20 世纪 40 年代之后开始出现了持续稳步的下降。他发现，美国制造业在 20 世纪 90 年代的

---

① RIKARD FORSLID, JAN I HAALAND, KAREN HELENE MIDELFART KNARVIK. A U-shaped Europe? A Simulation Study of Industrial Location [J]. Journal of International Economics, 2002, 57 (2): 273-297.

专业化水平低于1860年的水平。产业集聚和专业化水平密切相关，随着区域专业化水平的提高，产业集聚水平也提高；随着区域专业化水平的降低，产业扩散的趋势更加明显。①

都迈斯（Guy Dumais）、格伦·埃利森（Glenn Ellison）和爱德华·格拉泽（Edward L. Glaser）在考察美国制造业的空间分布时，提出了厂商的生命周期理论。他们把厂商的生命周期也分为4个阶段，即诞生期、扩张期、收缩期和倒闭期。在生命周期的不同阶段，厂商雇用不同数量的工人，而产业集聚是厂商生命周期不断轮回作用的结果。他们利用美国统计调查局所提供的美国制造业的数据研究发现，尽管产业集聚水平有轻微的下降，但是更多地区出现了产业集聚的趋势。②

梁琦利用中国1949—2000年14种各省级单位主要工业产品产量和产值的数据，分析了工业产品生产的集聚和扩散趋势。她发现，大多数产品在20世纪50年代和60年代的集聚水平比较高，在20世纪70年代以前集聚水平多半呈下降态势，而在20世纪80年代和90年代前半期，集聚水平比较低。同时，不同行业的集聚和扩散趋势有所不同。③ 他们的研究描述了产业集聚和产业扩散的动态生命周期，指出产业集聚和产业扩散是交替出现的。

也正是上述实证研究催生了产业集聚和产业扩散的生命周期理论。产业集聚的生命周期可以分为4个阶段，即诞生期、增长期、成熟期和衰退期。产业集聚的诞生期是具有创新精神的企业家首先进入一定区域相互集聚的结果。增长期是产业集聚规模迅速扩张的阶段。当产业集聚区拥有整体优势和较强的国际竞争力时，就进入了成熟期。衰退期是指产业集聚区内的竞争趋于激烈而导致成本不断上升，集聚不经济现象出现的时期。④ 其实，若特定产业仍在存续，在产业集聚处于衰退期时，产业扩散的生命周期就开始了，只不过产业扩散的生命周期阶段划分不如产业集聚明显。产业扩散的生命周期可以分为诞生期和衰退期，其分别对应产业集聚的衰退期和诞生期。

---

① SUKKOO KIM. Expansion of Markets and the Geographic Distribution of Economic Activities：The Trends in U. S. Regional Manufacturing Structure，1860-1987 [J]. The Quarterly Journal of Economics，1995，110 (4)：881-908.

② GUY DUMAIS，GLENN ELLISON，EDWARD L GLAESER. Geographic Concentration as a Dynamic Process [J]. The Review of Economics and Statistics，2002，84 (2)：193-204.

③ 梁琦. 产业集聚论 [M]. 北京：商务印书馆，2004：154-166.

④ 郭利平. 产业群落的空间演化模式研究 [M]. 北京：经济管理出版社，2006：69-78.

二、国际贸易对产业集聚和产业扩散生命周期的影响

微观经济学理论认为，产品生产中存在规模报酬递增现象。在市场规模大的区域开展生产活动，厂商便不用考虑市场容量的限制，可以大规模生产并获得规模经济效益，因而可以牟取更高的利润。厂商都按照这一思路决策，将使得商品的生产倾向于集中在某一个区位。厂商大规模集聚于某一地区后，加剧了该地区的竞争。如果此时有小部分厂商选择到其他地区生产，即使这些地区的市场规模较小，他们出口产品将面临运输成本问题，但是竞争压力的减小同样可以给他们带来利润，甚至由此带来的利润增加会超过新增的运输成本，厂商将因此而选择扩散。国际贸易对产业集聚和产业扩散的生命周期有着双向的影响，既可以加速产业集聚和产业扩散生命周期，也可以延缓产业集聚和产业扩散的生命周期。

（一）国际贸易延缓产业集聚和产业扩散生命周期的机制

1. 国际贸易延缓产业集聚生命周期的机制

国际贸易延缓产业集聚的生命周期主要是通过延长集聚产业的成熟期来实现。产业集聚生产的大量产品需要国际贸易为其提供广阔的市场。一般认为，产业集聚存在着巨大的集聚经济。集聚会降低交易成本、提高效率、改进激励方式、改善创新条件、加速生产率的成长等，从而使得集聚厂商的生产效率更高，产品的供给因此而大规模增加。在产业集聚进入成熟期时，集聚产业具有较强的整体优势和竞争力，此时对原料供给市场和产品需求市场有更高的要求。

国际贸易通过扩大需求的方式延缓产业集聚的生命周期。因为产业集聚而带来的整体优势和竞争力是需要有相关的条件作保证的，从需求方面看就是要有足够大的市场规模，让集聚产业的产品有充足的市场需求，从而获取利润。国际商品贸易的开展扩大了集聚产业的市场规模，当集聚产业的国内市场萎缩，产品供过于求并且利润下降时，国际商品贸易的开展可以促使集聚产业积极开辟国外市场，保障其获取正常的利润，确保整体优势和竞争力的持续存在。国际贸易通过扩大需求的方式延长产业集聚的成熟期，从而延缓产业集聚的生命周期。

国际贸易也可以通过增加供给的方式延缓产业集聚的生命周期。国际贸易为集聚产业提供更加充足的生产要素供给，使集聚产业的要素供给免受国内要素禀赋的限制。产业集聚进入成熟期之后，集聚产业保持整体优势和竞争力不仅仅要求广阔的市场需求，同样要有充足的要素供给，否则其生产经营活动仍

将难以为继。与开放条件下的生产要素供给相比，一个国家或地区在封闭条件下的要素供给存在供给总量规模较小、种类单一、质量相对不高等问题。总之，当产业集聚进入成熟期后，集聚产业生产经营活动的开展需要有更广阔的要素供给来源，国际贸易活动的开展可以有效满足其对劳动力、原材料、技术、资本等要素的需求，进而延缓其从成熟期进入衰退期。

2. 国际贸易延缓产业扩散生命周期的机制

国际贸易延缓产业扩散生命周期主要是由国际贸易条件下信息更加不对称所致。当产业集聚进入衰退期之后，产业扩散就逐步开始，新的产业集聚出现之前的这段时期可以统称为产业扩散时期。第五章第三节第二部分的分析表明，国际贸易条件下，产业重新集聚面临着更多的选择。在封闭条件下，重新选择产业集聚中心只需要在国内选择，而国际贸易条件下产业集聚中心可以到国外选择。此时，促成产业集聚的创新型厂商面临着更多的选择，信息不对称使他们并不能快速且精准地确定最佳选址在何处。选址作为厂商的一项投资，对其后续生产经营有着重要的影响。在选址方面的谨慎将导致新的产业集聚诞生期不断地推迟，产业扩散的生命周期也因此而得到延缓。

（二）国际贸易加速产业集聚和产业扩散生命周期的机制

1. 国际贸易加速产业集聚生命周期的机制

国际贸易加速产业集聚的生命周期是通过缩短集聚产业的增长期来实现的。在集聚产业进入增长期后，国际贸易活动的开展为集聚产业生产的产品提供了相对更加广阔的市场，集聚产业此时可以快速扩大生产规模，进入具有整体优势和竞争力的成熟阶段，从而缩短了集聚的增长期。同时，国际贸易可以在产业集聚进入增长期后，为集聚产业的进一步发展提供更多的技术、原材料、劳动力和资本支持，这也从供给方面加速了集聚产业由诞生期转入成熟期，缩短了集聚的增长期。

国际贸易可以通过缩短产品生命周期的方式缩短产业集聚的生命周期。国际技术贸易活动的开展方便了各国之间的技术交流，为各国进行技术创新与模仿提供了更加优越的条件，技术创新活动将因此而加速开展，产品更新速度加快，生命周期缩短。在产品生命周期缩短之后，以技术落后的产品为主打产品的集聚活动将会加速进入衰退阶段，甚至是从产业集聚的诞生期、增长期直接进入衰退期，从而缩短产业集聚的生命周期。

2. 国际贸易加速产业扩散生命周期的机制

国际贸易不仅可以延缓产业扩散的生命周期，而且可以加速产业扩散的生命周期。具体而言，国际贸易加速产业扩散生命周期的途径主要有两个，即国际贸易完全缺失的情况下，产业必须均匀分布于各个国家和地区，以及国际贸易的开展，导致部分国家和地区的比较优势得到急剧凸显，产业在这些国家和地区迅速集聚，从而扭转了产业扩散的趋势，缩短了产业扩散的生命周期。

在国际贸易不能有效开展时，产业在全球范围内扩散的速度会显著加快，从而加速产业扩散的生命周期。完全的自由贸易只是经济学家在理论研究时所必需的一个假定，现实生活中并不存在。换言之，即使是在最理想的状态下，国际贸易也只是部分的自由贸易。一旦各国政府因为政治因素，社会团体因为经济利益因素，民众因为意识形态因素等抵制国际贸易，则国际贸易将会因为各种抵制行为而减少甚至是终止。然而，居民消费习惯改变的速度远赶不上因为抵制而终止国际贸易的速度。国际贸易的终止并不意味着贸易国的居民会终止对贸易商品的消费，居民的消费习惯和消费需求并不会立即发生大的改变，他们仍然对贸易商品有着巨大的有效需求。在本国对终止贸易的商品的生产能力不足时，为满足居民的消费需求，将会有国外的投资者直接进入国内投资，或者是本国的投资者进入相关的产业，两者都将刺激终止商品贸易的产业在本国发展，产业将会逐步扩散。本章对于所有的贸易国的分析都遵循这样的逻辑，此处不再赘述。在此过程中，居民的消费需求要求本国要加快发展终止贸易的产业，产业扩散的局面需要快速形成，否则仍然无法有效满足本国居民的消费需求，因此，将从需求方面发挥作用以加速产业扩散的生命周期。

与上述影响机制相反的是，国际贸易的开展强化各国的比较优势，导致产业集聚快速形成，缩短产业扩散的生命周期。国际贸易的有效开展也可以迅速提升并强化贸易各国的比较优势，降低具有比较优势国家的产品生产成本，提高这些国家的产品在国际市场上的竞争力，不具有比较优势的国家在国际贸易和产品生产中的劣势将会进一步地凸显。拥有比较劣势的贸易国对贸易产品的供给能力将迅速下降，产业向具有比较优势的国家集聚的速度将快速提高，刺激产业集聚在具有比较优势的国家加速形成。比较优势一旦形成，便会因为路径依赖，循环累积效应而被放大，产生锁定效应。在其他国家不具备发展贸易产业的优势时，部分贸易国快速形成的比较优势可以加速产业集聚，缩短了产业扩散。这一过程表面看来是加速了产业集聚的形成过程，但是因为产业集聚和产业扩散是此消彼长的关系，产业集聚的加速形成意味着产业扩散的快速终止，因此，该过程同样会加速产业扩散的生命周期。

本章小结

本章重点分析以下 4 个问题：第一，国际贸易对产业集聚和产业扩散诱发因素的影响，把信息不对称作为国际贸易条件下产业布局的新增诱发因素，指出从国际贸易的角度看，产业布局是传递信息的方式之一；第二，运用模型分析国际贸易对产业集聚和产业扩散的影响，并结合案例进行分析；第三，从国家和国家内部不同地区两个层面，分析国际贸易对产业集聚区位选择、产业集聚规模的影响；第四，分析国际贸易对产业集聚和产业扩散生命周期的影响，重点阐述了其加速或延缓产业集聚和产业扩散生命周期的机制。

当厂商群体的选址因为国际贸易而发生变化后，国际贸易对产业布局的影响开始在中观的产业层面凸显。在没有国际贸易时，自然因素、经济因素和制度因素导致产业集聚和产业扩散，此时信息搜寻成本和运输成本的作用不一定显著。国际贸易开展之后，运输成本和信息搜寻成本对产业集聚和产业扩散的影响开始逐步加大。具体而言，当运输成本和信息搜寻成本较低时，国际贸易将导致产业的集聚；当运输成本和信息搜寻成本较高时，国际贸易会促成产业的扩散。从产业集聚的角度看，产业集聚可以获取集聚经济，抵偿部分运输成本和信息搜寻成本，保持产业集聚的竞争优势。同时，因为产业集聚区内部经济密度较高，空间竞争更加激烈，位于集聚区内部的厂商可以通过产业集聚的方式彰显其实力，向上下游厂商和消费者传递有关的信息，降低信息不对称程度。产业扩散可以直接缩减各种距离，降低运输成本和信息搜寻成本。

相对于没有国际贸易的情况，国际贸易的开展更有利于产业的大规模集聚和专业化集聚，也更有利于一国内部的产业集聚中心向贸易条件较为优越的地区转移。同时，国际贸易为产业集聚中心在国家之间选择提供了可能和现实条件，促成产业集聚中心由创新国转入模仿国。最后，国际贸易对产业集聚和产业扩散的生命周期有着双向的影响，既可以加速产业集聚和产业扩散的生命周期，也可以延缓产业集聚和产业扩散的生命周期。

第六章　国际贸易对三次产业布局的影响

本书认为，国际贸易对产业布局有着不容忽视的影响，但产业具有异质性，不同产业的发展对要素有不同的要求，不同产业在国际贸易中的地位也不同，直接决定了国际贸易对不同产业的布局有不同的影响。基于此，本章将着重分析国际贸易对不同产业布局的不同影响。在具体分析时，一方面，鉴于三次产业所涵盖的经济领域较为广泛，这一产业分类尽管较为粗略但为各国政府和学术界广为应用，以三次产业作为分析对象更具有普适性；另一方面，各国基本上都有较详实的三次产业的统计数据，易于获得较为充足的数据进行实证分析来验证理论，所以本章将分析国际贸易对三次产业布局的影响。同时，高新技术产业对未来各国提升国际竞争力作用重大，将成为未来各国经济发展中重点发展的产业，而且高新技术产业在区位选择方面完全不同于其他产业。① 因此，在分析国际贸易对第二产业布局的影响时，本章也专门分析了国际贸易对高新技术产业布局的影响。

第一节　国际贸易对产业布局原则的影响

一、封闭经济中的产业布局原则

产业布局原则是在进行产业布局时所应遵守的规则。按照经济学的逻辑，产业布局的目的无非是为了更充分地利用稀缺的空间资源，实现经济效益的最大化。依据这一标准，最理想的产业区位选择需要满足以下条件：最小化原材料和半成品的运输成本，距国内市场和临海临空港口较近，接近居民区以便于

① EDWARD J MALECKI. Industrial Location and Corporate Organization in High Technology Industries［J］. Economic Geography，1985，61（4）：345-369.

雇用关键的工人和储备接受过专业技术培训的劳动力，距大都市中心较近以便于获取包括从专利机构到技术培训基地，再到充足的电力供应等一系列的产业基础设施服务，此外还需要有税收优惠，较低的利率负担等各方面的优势。①然而，稀缺的空间资源直接决定了，并非所有产业的区位选择都可以达到理想的状态，需要结合各地的实际情况对各类产业进行合理的布局。每一个产业的发展对于各种要素有着不同的要求，产业布局既要追求经济效益，符合产业布局的规律，又要考虑现实条件，由此决定了产业布局同样需要遵循一定的原则。一般而言，封闭经济条件下产业布局的原则有三个，即物质约束原则、经济约束原则和技术约束原则。②

（一）物质约束原则

物质约束原则主要是指产业布局时必须充分考虑自然资源、自然环境、自然条件的影响。各类经济活动的有效开展都需要有一定的物质基础，自然资源的分布可以在一定程度上决定生产活动的分布，进而对产业分布产生直接或者间接的影响。

首先，在不同时期，物质基础对产业布局的影响是不同的。比如，原始社会时期，人类以采集、狩猎为生，彼时人口较少，人类都在自然条件、自然环境较好的地区聚居。工业革命之后，人类社会从原始的农业文明时期进入工业文明时期，自然条件对产业布局产生了非常显著的影响。工业区都在自然资源丰富、自然条件较好的地区形成。英国的中部工业区、德国的鲁尔工业区、美国的匹兹堡工业区等世界各国的老工业区都分布在煤炭产地附近。第二次世界大战之后，发达国家进入后工业化社会，物质约束对产业布局的影响主要体现为人类的生产活动向最适宜开展这种活动的地区集中，美国的小麦、玉米等各类农业带，各国深水港口、航运码头的建设等就是如此。在知识经济时代，高新技术产业的发展壮大对自然资源的依赖会有所降低，但是对自然环境的要求将会提高，自然环境对特定产业布局的影响依然存在。

其次，自然资源、自然环境、自然条件对不同产业的布局有不同的影响。这些因素对第一产业、第三产业中的旅游业影响最为直接和显著，而对第二产

① D E C EVERSLEY. Social and Psychological Factors in the Determination of Industrial Location [J]. The Journal of Industrial Economics, 1965, 13 (Supplement): 102-114.

② E M RAWSTRON. Three Principles of Industrial Location [J]. Transactions and Papers, 1958 (25): 135-142.

业和第三产业中除旅游业以外的其他行业的影响就相对较弱。[①] 正是由于自然资源、自然环境、自然条件对产业布局有着显著的影响，要求在进行产业布局时必须充分考虑这些因素，以实现最佳的经济效益。但是，物质约束原则并不是产业区位选择的首位限制条件，这是因为随着经济的发展、科技的进步，产业布局的范围会有所扩大，物质条件并不能最终决定一个国家或者地区的产业布局。

（二）经济约束原则

经济约束原则是三个原则中最重要、最具有一般性的原则。该原则重点强调的是，同等收益条件下产业发展成本对产业布局的约束。产业发展的成本包括劳动成本、原材料成本、市场成本、土地成本、资本成本、运输成本等，各类成本在不同产业布局中的重要性有所不同。劳动密集型、资本密集型、技术密集型等不同类型产业的发展对各种要素的依赖程度是不同的，各种要素成本在产业发展成本中的比例结构将直接决定产业的区位选择，从而使各个区域内部的产业布局和区际产业布局实现均衡。在不同的时期、不同的地方会出现某一个或几个成本主导着产业发展的成本，这些成本将对产业布局产生决定性的作用。若某一地区产业发展成本结构中的一个或多个组成部分明显高于其他地区，则经济条件变化后，产业布局就会在追求经济效益的驱动下发生相应的改变。

经济因素对产业布局的影响不容忽视，特别是第二、第三产业的情况更是如此。世界各国的第二、第三产业并不是完全集中分布在能源、矿产、原材料丰富的地区，也集中布局在交通区位条件较好的地区、城市、港口等，第二、第三产业同样可以获得长足发展，就是产业发展成本结构的差异所致。中国内地的煤炭、石油、矿藏主要分布在中西部地区，东部沿海地区资源显得较为贫乏，但是改革开放后东部沿海地区第二、第三产业的发展水平远远高于中西部内陆地区。按照现在东部沿海地区的经济发展水平，理应重点发展第三产业和高新技术产业，将第二产业转移到中西部内陆地区。然而，目前条件下，中西部内陆地区第二产业发展成本要远远高于东部沿海地区，第二产业并没有大规模地向中西部地区转移。同时，第一产业的发展同样需要优越的经济区位，经济因素对第一产业的布局也会产生影响。如果一个地区拥有丰富的自然资源但是开发成本较高，就会出现守着丰富的资源，产业发展不起来的状况。

---

① 中国人民大学区域经济研究所. 产业布局学原理［M］. 北京：中国人民大学出版社，1997：48-53.

（三）技术约束原则

技术约束原则是指产业的分布会受到技术进步的影响，因而在产业布局时需要对技术进步因素给予应有的重视。在必需的技术条件没有取得重大突破时，产业的布局范围会受到较大的限制，而技术进步将会扩展产业发展的地域范围，降低自然条件、资源禀赋对产业布局的抑制作用，扩大产业布局的区位选择。电力技术、输电技术、海洋大规模运输技术的进步，降低了各类原材料和工业制成品的运输成本，有效地扩大了供工业布局选择的范围。海洋石油开采技术的进步，使得开发利用海底石油成为可能，将有可能对石油生产冶炼行业的布局产生显著影响。

技术进步可以影响产业结构，导致新产业的不断出现和老产业的衰退，在新老产业交替的过程中，夕阳产业不断地衰落将会腾出稀缺的空间资源，为朝阳产业的合理布局和发展创造条件。比如，18 世纪到 19 世纪中叶的第一次科技革命催生了采煤、冶金、造船、纺织等工业部门，19 世纪末到 20 世纪中叶的第二次科技革命孕育了机电、石油、化学、汽车、飞机制造等工业部门，20 世纪 70 年代以来的第三次科技革命导致了核能、电器、宇航等工业部门的出现。[①] 新的工业部门不断出现推动发达国家将老的工业部门向发展中国家转移，优化了发达国家和发展中国家之间的分工，并改变了世界各国的工业经济格局。

二、国际贸易对产业布局原则的扩充

国际贸易条件下产业布局同样需要遵循物质约束原则、经济约束原则和技术约束原则，开放条件下国际竞争的介入、国际交往中的各种利害冲突等因素，直接决定了只遵循上述原则并不能够有效保障一国或地区产业实现又好又快发展。国际贸易条件下产业发展所面临的新情况、新问题，要求必须按照国际经济发展的规律，结合对外开放的形势，依据产业发展的特点对原有的产业布局原则进行补充，才能确保各类产业健康发展。具体而言，国际贸易条件下产业布局需要遵循的两个新的原则是主权和经济安全原则、便于信息发送原则。

（一）主权和经济安全原则

主权和经济安全原则是指在产业进行合理布局，获取较好的经济效益，促

① 中国人民大学区域经济研究所. 产业布局学原理［M］. 北京：中国人民大学出版社，1997：65-66.

进对外开放的同时，需要充分兼顾一国的主权和经济安全。国家的安全包括政治、经济、军事、外交和文化等安全。在国际社会中，一个国家所进行的各类国际交往活动的根本目的是为了本国利益，在对外开放过程中所进行的各项经济往来都是为了提高本国各类经济主体的福利水平。虽然国际贸易对产业布局有影响，并且合理的产业布局也可以有效地促进国际贸易的开展，但在涉及一国的主权和经济安全问题时，产业布局所遵循的最高原则就是维护主权和经济安全。比如，从第一次世界大战开始美国就在世界各地兜售其先进的武器装备，目前，美国的军工产业已相当发达，但是该国的军工产业并没有布局在经济发达地区和沿海地区，而是布局在落后地区甚至是人迹罕至的地方。不仅美国是这样，世界各国的军工产业都是如此，其原因无非是军工产业的发展对保障一国的国防安全具有重要意义，从保障主权和经济安全的角度看必须这样布局。

产业布局也必须充分考虑一国的经济安全。中国在“一五”时期提出建立完整的工业体系和国民经济体系的经济发展目标，当时政府主导下的大项目建设都集中在内陆省份和偏远地区。“文化大革命”初期进行三线建设，工业遵循近山性、分散性和隐蔽性三个原则进行布局，特别是重工业和军工产业为了服从战备需要大规模向内地多山地区转移。① 从纯经济的角度看，这种工业布局方式显然是不合理的，但在当时的国际大背景下，其对保障中国的经济安全却有积极意义。另外，统计数据显示，不论是发达国家还是发展中国家，也不论是高工资国家还是低工资国家，都出现了制衣、鞋袜制造、家具产业等劳动密集型低技术产业的集聚。② 这一现象的出现是由于，这些产业的产品多为生活必需品，居民对这些产品的消费需求弹性较低，如果本国不具有一定的供给能力则有可能在国际经济活动中受制于别国。因此，这同样是为了在全球经济一体化条件下保障一国的产业安全、经济安全。

（二）便于信息发送原则

在国际贸易条件下，产业布局必须兼顾信息的有效传递问题，以尽可能降低信息不对称对整体福利水平的损害。信息不对称在各类经济社会活动中都普遍存在，导致交易费用增加，逆向选择和道德风险，甚至是直接导致交易不能有效进行，降低整体或部分群体的福利水平。与国内进行的各类交易活动相

---

① WEN MEI. Relocation and Agglomeration of Chinese Industry [J]. Journal of Development Economics, 2004, 73 (1): 329-347.

② ALLEN J SCOTT. The Changing Global Geography of Low-Technology, Labor-Intensive Industry: Clothing, Footwear, and Furniture [J]. World Development, 2006, 34 (9): 1 517-1 536.

比，国家之间或者是不同国家的经济主体之间所开展的交易活动不可避免地会面临着更多政策的差异、文化的差异、语言的差异、风俗习惯的差异等，此时信息不对称问题就会更加突出。同时，信息的传递会随着距离增加而出现失真、传递成本大幅度增加等问题，跨国开展交易活动的空间距离一般要远于在国内开展交易活动的空间距离，这一因素也将加剧信息不对称。

各国存在的利益冲突可能导致部分国家为了本国利益，通过各种政策手段和技术手段控制信息发布、阻碍信息传递等，同样会加剧信息不对称的程度。由此一来，在对外经济活动中由于信息不对称所引发的交易成本就会增加。这就要求在进行国际贸易时，必须更加重视信息不对称问题。总之，国际贸易中产业布局需要遵守便于信息发送的原则，把产业布局作为一种信息传递的机制，对产业进行合理布局以便于向外界展示本国优势产业的总体实力，降低信息不对称程度和交易成本，从而在全球一体化经济中获取更多的经济利益。

第二节　国际贸易对不同产业布局的影响

一、国际贸易对第一产业布局的影响

总体来看，国际贸易对第一产业布局有直接的和间接的影响。因为第一产业发展对自然条件依赖性较强，第一产业在国际贸易中的地位和作用不如第二产业，所以国际贸易对第一产业布局的影响不如对第二产业布局的影响显著。同时，各国为了促进第二产业发展，积极开展国际贸易并从中获利，往往挤占第一产业的发展空间，导致第一产业的布局往往呈现出被动适应国际贸易的倾向。

（一）国际贸易对第一产业布局的直接影响

1. 国际贸易通过不同国家产品的替代影响第一产业的布局

尽管完全竞争市场并不存在，但经济学家往往把农产品市场近似看作完全竞争市场，其理由正是农产品的品质等差异不大。差异较小的农产品有更强的替代性。对一个国家或地区来说，如果可以通过国际贸易替代国内某些农产品的生产，从而获取更好的经济效益，则该国或地区就会通过进口替代的方式，调整农业的内部结构和布局。比如，近年来中国的耕地面积因为各种原因而不断缩小，国家在政策制定时充分兼顾粮食生产的基础性地位，通过各种政策措施鼓励粮食的生产以保障粮食供应，大面积减少大豆等农作物的种植面积。为了满足国内对大豆的需求，中国采取措施大量进口大豆，以至于中国进口的大

豆占到国际市场大豆出口总量的一半。这一举措不仅以进口的方式替代国内大豆的生产，保障中国粮食供应的安全，而且部分改变了世界大豆种植的地域分布和中国各类农作物种植的比例。

2. 国际贸易通过提高各国技术水平的方式影响第一产业的布局

首先，新技术的发明和推广应用具有较高的风险，需要支付较高的成本，从而抑制了新技术的发明和推广应用。亚当·斯密曾经明确指出，“农业大改良，也是制造业和国外贸易所产生的结果。”① 在国际技术贸易中，技术发明国和技术引进国都可以从技术贸易中获益，因而双方都愿意进行国际技术贸易。技术引进国以国际贸易的方式提高了本国的技术水平，导致原来不能进行第一产业生产的地区有可能随着技术的进步而适宜于进行第一产业生产，从而扩大了第一产业的布局范围。比如，在技术水平比较低下的情况下，土壤贫瘠、气候恶劣的地方并不适宜于农业生产，但随着国际技术贸易带来的技术水平提升，这些地区进行农业生产将有可能成为现实。

其次，国际技术贸易可以有效提高第一产业的生产技术水平，在同等投入的情况下获取更多的收益，减少第一产业发展所需要的空间资源。在其他条件不变的情况下，随着技术的进步，第一产业产出的提高，保障居民对于第一产业产品的需求所必需的空间范围就会有所缩小，从而减少第一产业布局的空间范围，增加第一产业布局的选择余地。工业化和城市化的推进占用了大量的耕地，挤占了部分农业用地，需要技术进步提高单位面积粮食产量以满足人口对粮食的需求。随着人口数量的增加和生活水平的提高，全球对粮食的需求在大幅度提高，各国为保护环境、减少土地沙化等采取的退耕还林措施之所以能够有效实施，与由于技术进步而导致的农业单产提高有着密切的关系。

再次，国际要素流动也可以起到扩大第一产业布局范围的作用。以国际资本流动为例，FDI 的引入可以提高一国内部的资本丰裕度，如果这些外来资本能够用到第一产业中来，就可以优化第一产业生产中使用的机械装备，提高第一产业生产的机械化水平。这样一来，原来第一产业生产条件较好的地区就可以进一步提高生产效率，增加第一产业的产出，增强第一产业的集中程度。同时，第一产业机械化水平的提高，为在条件恶劣的地区进行第一产业的生产活动提供了可能，从而扩大了第一产业的布局范围，降低了第一产业的集聚程度，使第一产业的布局出现分散的趋势。

---

① 亚当·斯密. 国民财富的性质和原因的研究：上卷 [M]. 郭大力，王亚南，译. 北京：商务印书馆，1972：349.

（二）国际贸易对第一产业布局的间接影响

国际贸易对第一产业布局的间接影响主要通过其他产业的挤占效应来实现。发展不同产业的经济效益是不同的，各国在对产业发展的成本和收益进行对比后，可能调整产业结构和布局，以产业非均衡发展的方式获取更大的经济效益。

第一，与第二产业相比，第一产业产品的单位附加值较低，在进行国际贸易时，各国都更愿意生产并出口第二产业的产品，从而获取更大的利益。发达国家和发展中国家各自的经济发展水平决定了，发达国家生产并出口工业制成品，发展中国家多出口农副产品的贸易格局对双方都有利。虽然第二产业发展对自然条件特别是土地的需求没有第一产业那么大，但是其大规模发展同样需要占用大量的土地。而土地又是进行农业生产最基本的生产要素，基本不可替代，发展工业将土地占用之后，可供农业生产利用的土地就会减少，从而缩小了农业的布局范围。

第二，现阶段，部分发达国家在国民环保意识逐渐提高后，为保护国内的生态环境，他们不惜将一些污染严重的行业转移到发展中国家去，而后以进口的方式购买这些产品以满足国内需求。这一做法使得发展中国家部分地区的环境污染和生态破坏极其严重，甚至是不再适宜于进行农业生产，从而减少了适应农业生产的土地，改变了发展中国家农业的生产布局。

第三，国际贸易促进了各国的经济发展，提高了各国的城市化水平，推动了大的国际都市和贸易中心出现，占据了部分肥沃的耕地，直接改变了农业的布局。同时，为了保障城市居民的消费需求，城市周边的农民多种植蔬菜等，也改变了农业内部不同行业的生产布局。在目前以及今后很长一段时期，发展中国家面临的工业化和城市化任务依然繁重，国际贸易对第一产业布局的这种影响方式也将因此而持续存在。

第四，为支持重点产业发展以扩大其产品出口，国际贸易也会间接影响第一产业的布局。以中国的湖南省为例，该省在全球享有“有色金属之乡”的称号，钢材和有色金属出口充当了湖南省出口贸易的主力军。2010 年、2011 年和 2012 年，湖南省出口的钢材和有色金属①占其出口总额的比重分别为 16.81%、17.06%和 11.14%。② 然而，由于对重金属的污染治理不够，长江的第二大支流——湘江遭受了严重的污染，直接危及沿江居民的饮水安全和身体

---

① 此处仅包含《湖南统计年鉴：2013》公布的钢材、氧化锌及过氧化锌、未锻造的锑、未锻造的锰 4 种主要出口商品，尚不包括出口额较大的铝、铅及其制品。

② 湖南省统计局. 湖南统计年鉴：2013［Z］. 北京：中国统计出版社，2013：305-307.

健康，治理重金属污染的难度很大且需要一定的时间，为此不得不采取的解决措施之一就是沿江污染严重的土地放弃种植农作物，转为非农建设用地，以避免损害沿江居民的健康。

第五，外商直接投资也可以间接地影响第一产业的布局。外商直接投资于以传统农业为代表的第一产业，其获利能力远远低于第二产业，这决定了外商在进行投资时更偏爱非农产业，表6-1中显示的中国2000年以来的情况足以证实这一点。尽管此时外商并没有直接投资于第一产业，但是他们如果选择投资于第二产业同样可以间接地影响第一产业的布局。外商直接投资于第二产业可能的结果是，导致第一产业的生产资料价格降低，与没有外商直接投资相比，进行第一产业的生产活动将会变得更加有利可图。国内居民对进入第一产业从事生产经营活动的积极性将会提高，从而导致第一产业生产规模的扩大。由于第一产业的发展对土地等资源的依赖性较强，生产规模扩大的直接结果就是第一产业布局的范围扩大。再者，与农业发展有关的各类因素会导致农业利用外资存在空间分布差异，导致农业利用外资呈现集聚的特征。① FDI会在第一产业中的某些行业或者是在部分地区的第一产业集聚②，通过FDI与集聚经济的循环作用逐渐改变第一产业的布局。

表6-1　2000—2012年中国实际利用FDI在三次产业中的分布　单位：%

产业＼年份	2000	2001	2002	2003	2004	2005	2006	2007	2008	2009	2010	2011	2012
第一产业	1.66	1.92	1.95	1.87	1.84	1.19	0.95	1.24	1.29	1.59	1.81	1.73	1.85
第二产业	72.64	74.23	74.83	73.23	74.98	74.09	67.45	57.33	57.64	55.62	50.94	48.05	46.96
第三产业	25.7	23.85	23.23	24.9	23.18	24.72	31.6	41.44	41.07	42.79	47.25	50.21	51.20

数据来源：根据《中国统计年鉴》相关年份资料整理计算。

（三）国际贸易对第一产业布局影响较弱的原因分析

与第二、第三产业的布局相比，国际贸易对第一产业布局的影响相对较弱。其理由是，国际贸易并不能够有效影响第一产业发展所依赖的各类条件。第一产业发展对土地、土质、气候、光照、降水等自然环境有着较强的依赖性，农、林、牧、副、渔业的发展都是如此。在进行国际贸易时，这些自然环境的全部或部分并不会因为国际贸易而发生明显的变化，从而第一产业的布局

① 臧新，李菡．农业外资区位分布影响因素的实证研究［J］．国际贸易问题，2009（10）：42-48.

② 臧新，王红燕，潘刚．农业外商直接投资地区集聚状况的实证研究［J］．国际贸易问题，2008（5）：109-113.

也不会随国际贸易的变化而发生显著的改变。如埃塞俄比亚咖啡豆产量占世界总产量的70%，该国大量出口咖啡豆及相关制品，其他国家虽然大量进口该国的咖啡豆及制成品，但受自然条件等因素的影响并没有在本国大规模种植。

要素国际流动对第一产业布局的影响也不会特别显著。这同样是由于第一产业的生产活动对自然条件的依赖性较强，外商如果选择投资于第一产业，则获取较高的利润就会受到自然条件的限制。改造自然条件既昂贵又不大现实，他们在进行国际投资时，逐利的根本动机决定了不会在第一产业进行大规模的投资，从而第一产业吸引的FDI的比例相对较低，这一点同样可以在表6-1中得到充分体现。因此，FDI对第一产业布局的影响同样不是特别的显著。

由于第一产业的基础地位，特别是农业在国民经济中的基础地位，各国政府都会对第一产业的生产活动进行适当的干预，不到万不得已各国都不会以牺牲第一产业的方式为其他产业腾出空间资源，这也会导致第一产业的布局不会因为国际贸易而发生大的变化。另外，从国际贸易对第一产业布局的间接影响可以看出，第一产业的布局在一定程度上是被动地适应国际贸易的发展，而非主动迎合国际贸易。比如，因国际贸易导致经济发展水平提高，促进城市化水平提高，城市增加和规模扩大后，肥沃的土地被城市建设占据，第一产业不得不向其他地区转移。在这个过程中，第一产业的布局是被动地适应国际贸易所带来的经济区位的改变。

二、国际贸易对第二产业布局的影响

与第一产业相比，第二产业布局的自由度相对较大，因此，国际贸易会对第二产业的布局产生较为显著的影响。同时，就全球贸易发展的现状而言，制造业产品贸易总额较大，且在贸易总额中所占的比例较大，这也决定了国际贸易会对第二产业的布局产生显著影响。表6-2表明，不同经济发展水平的国家进行国际贸易时，制造业产品在商品出口总量中所占的比例都比较大。按照第三章第一节第二部分的分析，这将对其产业布局产生较大的影响。与第一产业、第三产业相比，国际贸易对第二产业布局的影响以直接影响为主。本节充分考虑一般制造业和高新技术产业布局的各种差异，分别分析国际贸易对一般制造业和高新技术产业布局的影响。

表 6-2　不同发展水平国家制成品出口占商品出口总量的比例　单位:%

国家＼年份	1990	1998	1999	2002	2003	2004	2005	2006	2008	2009
低收入国家	48	52	53	47	60	51	50	–	44	56
中等收入国家	54	71	59	60	64	64	64	60	61	59
下中等收入国家	59	66	61	60	68	68	73	69	71	48
上中等收入国家	51	74	57	60	61	61	57	52	52	61
中低收入国家	54	69	58	60	64	64	64	60	60	59
高收入国家	77	82	83	82	80	81	78	77	75	73

数据来源：世界银行. 2000/2001 年世界发展报告［M］. 本报告翻译组，译. 北京：中国财政经济出版社，2001：317. 世界银行. 2003 年世界发展报告［M］. 本报告翻译组，译. 北京：中国财政经济出版社，2003：247. 世界银行. 2005 年世界发展报告［M］. 中国科学院，清华大学国情研究中心，译. 北京：清华大学出版社，2005：263. 世界银行. 2006 年世界发展报告［M］. 中国科学院，清华大学国情研究中心，译. 北京：清华大学出版社，2006：299. 世界银行. 2007 年世界发展报告［M］. 中国科学院，清华大学国情研究中心，译. 北京：清华大学出版社，2007：299. 世界银行. 2008 年世界发展报告［M］. 胡光宇，等，译. 北京：清华大学出版社，2008：345. 世界银行. 2009 年世界发展报告［M］. 胡光宇，等，译. 北京：清华大学出版社，2009：359. 世界银行. 2010 年世界发展报告［M］. 胡光宇，等，译. 北京：清华大学出版社，2010：377. 世界银行. 2012 年世界发展报告［M］. 胡光宇，等，译. 北京：清华大学出版社，2012：409.

（一）国际贸易对一般制造业布局的影响

1. 国际贸易通过专业化生产的方式影响制造业的布局

大卫·李嘉图曾提及，“在社会初期状态中，制造业没有什么发展，各国产品也几乎相同，都是体积大和最有用途的商品……随着社会改良和技艺的日益进展，各国又都有了专长的工业制造业。”① 专业化生产导致国际贸易产生，国际贸易又强化了专业化生产的水平。对一个国家或地区来说，国际商品贸易相当于扩大了该国或地区的产品需求市场，市场需求总量将会增加。同时，国际商品贸易增加了替代商品市场的竞争，增强了互补商品市场的互补，国内对某些产品的需求可以用进口替代的方式来满足，该国或地区可以通过专业化的方式集中精力大规模生产某些产品。这样国际间不断细化分工，某些产品集中

① 大卫·李嘉图. 政治经济学及赋税原理［M］. 郭大力，王亚南，译. 北京：商务印书馆，1962：113.

在某些国家或地区生产，商品在世界各地的生产布局发生改变自在情理之中。

国际贸易既在总体上促使制造业活动变得更加分散，同时又促使某些产业产生集聚。① 国际贸易不仅改变第二产业中不同产业的布局，同样改变第二产业中某一产业或行业不同种类产品的布局。比如，美国所生产的轿车大都是大排量汽车，而日本则多生产小排量汽车，耗能低且经济实惠。由于两国汽车性能的差异，尽管美国有通用、福特、克莱斯勒三大汽车集团，生产有凯迪拉克、别克、福特、林肯等名牌汽车，但是日本的丰田、本田等汽车仍在美国很畅销。通过国际贸易的方式两个国家实现了优势互补，各自生产特色鲜明的汽车，满足消费者的多样化需求。再如，美国生产波音客机的零配件，需要从世界很多国家进口，通过国际的分工协作才完成了整架飞机的生产。上述情况都会逐步引起产业布局的变化。

2. 国际贸易通过规模经济效应影响制造业的布局

规模经济就是随着生产规模的扩大，厂商的长期总成本会降低。规模经济的大小与市场需求规模之间有着密切的联系，市场需求规模越大，大规模生产越能够获取规模经济效益；而市场需求规模越小，则往往会引起大规模生产是规模不经济的。厂商的长期总成本不仅包括生产成本，还包括存储成本、销售成本等。在市场需求规模较大时，厂商大规模生产的产品能够及时销售，存储成本和销售成本较低；而市场规模较小时，厂商大规模生产的产品将会面临积压的局面，存储成本和销售成本很高从而导致总成本的增加和规模不经济。

一个产业的发展壮大需要有市场需求作基础，如果各国都在封闭条件下开展各类经活动，市场规模就有可能对产业发展产生抑制作用，部分产业的规模受到市场需求的限制将比开放条件下的规模小。换言之，与整个国际市场相比，任何一个国家的国内市场都是较小的，厂商通过国际贸易可以进一步扩大原有的生产规模，从而获取规模经济效益。如果每一个国家都按照这种思路来开展各项经济活动，那么将会出现各种不同的生产活动在全球范围内合理分工的局面，从而改变各国现有的产业布局。

胡大鹏（Hu Dapeng）构建了一个空间集聚模型，以解释中国日益增加的地区差距。他认为，中国沿海地区凭借在国际贸易中的优势地位而成为中国制

① 许德友，梁琦. 贸易成本与国内产业地理［J］. 经济学（季刊），2012（3）：1 113－1 136.

造业最初集聚的地区，并且因为规模报酬递增的正反馈机制而使得集聚进一步加强。① 全球范围内的劳动密集型产业，如制衣、制鞋和家具制造等行业持续地向低工资国家集聚②，中国广东省东莞市的电子产品市场，浙江省温州市的打火机、领带等产销全球知名，都是国际贸易实现规模经济进而改变产业布局的结果。

3. 国际贸易通过技术转移的方式影响制造业的布局

第二章在对理论基础进行回顾时，曾提到雷蒙德·弗农提出的产品生命周期理论。该理论认为，在新产品阶段，新产品是一种科技知识密集型产品，只有少数的创新国才拥有新产品生产的比较优势，产品集中在创新国生产，并通过国际贸易销售到其他工业国家和发展中国家。在成熟阶段，新产品从知识密集型转变为资本密集型，其他工业国以其所拥有的充裕的资本和熟练工人逐渐取代创新国而成为主要的生产和出口国。在标准化阶段，新产品的生产技术已经被镶嵌至机器或生产装配线中，任何国家只要购买了机器设备就可以大规模的生产，发展中国家丰富的廉价劳动力优势决定了其将成为新产品的主要出口国。由于生产技术被镶嵌到机器设备或生产装配线中，发展中国家购买了这些设备就等于是购买了发达国家的技术，因此，雷蒙德·弗农的产品生命周期学说充分证明了国际贸易中的技术转移改变了产品生产的国际布局。新产品通过技术贸易的方式从创新国转移到其他工业化国家，再从其他工业化国家转移到发展中国家，最终的结果是，每一次产品或技术创新中，新产品总在创新国生产，而标准化产品总在发展中国家生产。

4. 国际贸易通过强化区位经济优势的方式影响制造业的布局

这一点在国际资本流动上的体现最为明显。国际资本流动可以直接提高第二产业的集聚水平。外商到一个国家投资的最终目的是利用东道国的优势生产条件获取更高的经济利润，这决定了外商在投资时会进行适度的区位选择和产业选择。与第一产业相比，外商对附加值较高的第二产业有着较大的偏好，他们的投资会以第二产业为主，表6-1所显示的中国的情况就是如此。同时，外商偏爱选择区位较好的地区投资，要求投资的地区有较好的交通基础设施，良好的政策优惠措施，较低的劳动力雇用成本，丰富的原材料，广阔的市场等。

---

① HU DAPENG. Trade, Rural-Urban Migration, and Regional Income Disparity in Developing Countries: A Spatial General Equilibrium Model Inspired by the Case of China [J]. Regional Science and Urban Economics, 2002, 32 (3): 311-338.

② ALLEN J SCOTT. The Changing Global Geography of Low-Technology, Labor-Intensive Industry: Clothing, Footwear, and Furniture [J]. World Development, 2006, 34 (9): 1 517-1 536.

广大发展中国家正处于资本短缺阶段，在对外开放过程中纷纷提供各种优惠措施来吸引 FDI。为了节省成本，发展中国家开辟部分地区专门用来吸引 FDI，提供优惠条件集中招商引资，导致外商在部分地区集中投资，从而导致了该地区第二产业的集聚。

中国从改革开放开始，为吸引 FDI 专门开辟了经济特区和沿海开放城市，对税收政策等相关政策也进行了相应的调整。中国近年来兴建的 57 个国家级经济技术开发区、各省级政府批准兴建的省级开发区也在积极吸引 FDI，FDI 对第二产业布局的影响正在凸显。

在信息不对称的条件下，招商引资规模是向外界展示一个地区引资条件良好与否的重要途径，从而可以影响产业集聚和产业扩散。较大的引资规模表明一个地区具有良好的引资条件，可以进一步吸引更多的 FDI。换言之，现有外商进行的直接投资对潜在投资者的区位选择决策具有重要的影响，[①] 通过现有投资者吸引其他外商到特定地区投资将进一步促进第二产业在该地区的集聚。数据表明，FDI 大多数流向了发达的工业化国家。1995—1998 年，发达国家接受的 FDI 占全球总额的比例分别为 63.4%、58.8%、58.9%、71.5%，而发展中国家同一时期的比例分别为 32.3%、37.7%、37.2%、25.8%，中欧和西欧的比例分别为 4.3%、3.5%、4%、2.7%。[②]

外商直接投资可以获得所有权优势、区位优势和内部化优势[③]，且其投资行为具有一定的区位偏好[④]，也可以提高制造业的集聚水平。世界各国都已经清楚地认识到 FDI 对一国经济发展的重要性，也纷纷推出各种优惠措施来吸引 FDI。这无疑会增加外商在投资谈判时的筹码，他们可以要求引资的国家或地区提供必需的基础设施条件以便于其顺利营利。换言之，如果某一地区的公共基础设施相对较差，则为了引进 FDI 将需要首先加强该地区的公共基础设施条件，做好各方面的准备工作才能吸引外商投资。公共基础设施对生产率的提高

---

① KEITH HEAD, JOHN RIES. Inter-City Competition for Foreign Investment Static and Dynamic Effects of China's Incentives Areas [J]. Journal of Urban Economics, 1996, 40 (1): 38-60. BRUCE KOGUT, SEA JIN CHANG. Platform Investments and Volatile Exchange Rates: Direct Investment in the U. S. by Japanese Electronic Companies [J]. The Review of Economics and Statistics, 1996, 78 (2): 221-231.

② UNCTAD. World Investment Report 1999: Foreign Direct Investment and the Challenge of Development [R]. United Nations, New York and Geneva, 1999: 20.

③ JOHN H DUNNING. Reappraising the Eclectic Paradigm in an Age of Alliance Captitalism [J]. Journal of International Business Studies, 1995, 26 (3): 461-491.

④ JOHN H DUNNING. Location and the Multinational Enterprise: A Neglected Factor? [J]. Journal of International Business Studies, 1998, 29 (1): 45-66.

有着积极的促进作用并导致经济集聚，对美国、德国、瑞典、日本和巴西等国的实证研究已经充分证明了这一点。[①] 虽然国内厂商不能享受专门针对外商的各种政策优惠，但是公共基础设施作为公共产品，具有非排他性和非竞争性，它提高之后所带来的便利并不能完全为外商所拥有，国内的厂商同样可以向该地区投资，利用良好的公共基础设施谋取利润。FDI 对产业的集聚存在循环累计因果效应[②]，整个循环的链条是：外商在投资时要求公共基础设施较差的地区提高基础设施水平，基础设施水平提高之后国内外的厂商也会选择到该地区集中投资，从而提高了该地区的产业集聚水平。

（二）国际贸易对高新技术产业布局的影响

国际贸易对高新技术产业布局的影响有别于国际贸易对制造业布局的影响，其理由在于高新技术产业在区位选择方面有别于其他产业。[③] 国际贸易对高新技术产业布局的影响中信息不对称的作用更大，这是因为高新技术产业的研发行为本身就在创造信息不对称，产业内部存在的风险较大、信息流动较为复杂。因此，有必要专门对其进行分析。国际贸易对高新技术产业在世界范围内的布局具有双重的影响，既可以促进高新技术产业在发达国家集聚，也可以促进高新技术产业在发展中国家获得适度的发展。基于中国 1997—2007 年 31 个省市区高技术产业的面板数据进行的实证研究表明，不断增长的高技术产品贸易将促进产业集聚。[④]

1. 国际贸易通过促进高新技术产业在发达国家集中的方式强化高新技术产业在全球范围内的集聚

首先，与其他产业相比，高新技术产业的发展壮大对自然资源的依赖性相对较低，而对于研发费用、高素质的人才、优良的自然环境依赖性较高。发达国家的资本充裕，教育机构和研究机构密集，国民素质较高且高级人才众多，处于工业化的后期环境污染较少，所以高新技术产业产生后，在发达国家获得了较大的发展。而发展中国家由于技术等各方面条件的限制，高新技术产业发展水平相对较低。另外，与其他产业的产品相比，同等价值的高新技术产业的

---

① RANDALL W EBERTS, DANIEL P MOMILIEN. Agglomeration Economics and Urban Public Infrastructure [A] //PAUL CHESHIRE, EDWIN S MILLS. Handbook of Regional and Urban Economics. Vol. 3: 1 455-1 495.

② 魏后凯. 外商直接投资对中国区域经济增长的影响 [J]. 经济研究，2002 (4): 19-27.

③ EDWARD J MALECKI. Industrial Location and Corporate Organization in High Technology Industries [J]. Economic Geography, 1985, 61 (4): 345-369.

④ 仇怡，吴建军. 国际贸易、产业集聚与技术进步——基于中国高技术产业的实证研究 [J]. 科学学研究，2010 (9): 1 347-1 353.

产品质量相对较轻，在国际贸易时并不需要支付过高的运输费用。由此一来，发达国家高新技术产业的大规模发展降低了其生产成本，发展中国家在购买发达国家高新技术产业的产品时，纵使有贸易成本但其价格并不会比国内生产高出多少，甚至会比本国生产的费用更低。如果发展中国家对高新技术产业的产品需求完全靠进口来满足，则有可能刺激发达国家扩大高新技术产品的生产规模。此时，发展中国家进口高新技术产业的产品而不自己生产就会更加有利，最终导致高新技术产业在发达国家进一步集聚。

其次，发达国家间开展的 FDI 将会加剧高新技术产业在部分国家集中的趋势。发达国家相互之间进行 FDI 活动更多的是为了占领东道国的市场，利用东道国的一些优越条件，其投资的结果是高新技术产业在发达国家之间的分工协作关系更加明确，高新技术产业的国际空间布局更加优化，高新技术产业中的部分行业向部分国家集中的趋势更加明显。中国国内的情况也证实了这一点，高新技术产业的国际贸易通过技术外溢效应提高了东部沿海地区的技术水平，从而促进高新技术产业在这些地区的集聚。①

再次，就国际资本流动而言，发展中国家的外商不能也不愿到发达国家的高新技术产业领域投资。发达国家的资本充裕、技术先进、人才济济，具备发展高新技术产业的优势。发展中国家资本短缺、技术落后、劳动力素质提升的空间较大，发展高新技术产业的优势尚未得到充分发掘。这决定了发展中国家到发达国家投资，进入高新技术产业的门槛很高，因此，发展中国家的外商到发达国家投资几乎不可能进入高新技术产业。未来各国大力发展高新技术产业是一个历史的大趋势，发展中国家高新技术产业进一步发展的空间较发达国家更大，投资者直接投资于本国的高新技术产业将会获得更大的利润，这决定了发展中国家的投资者不愿意到发达国家进行高新技术产业的投资。因此，发展中国家的 FDI 难以对发达国家高新技术产业的布局产生显著的影响。

2. 国际贸易通过推动高新技术产业在发展中国家发展的方式促进高新技术产业在全球范围内的分散

首先，国际贸易通过技术转移的方式促进发展中国家高新技术产业的发展，改变发达国家独揽高新技术产业发展的局面，促进高新技术产业在全球范围内比较均匀地分布。高新技术产业的发展需要较高的研发投入，这对广大的发展中国家来说是一项十分巨大的开支，其直接的结果是这些国家的高新技术

---

① 仇怡，吴建军．国际贸易、产业集聚与技术进步——基于中国高技术产业的实证研究[J]．科学学研究，2010（9）：1 347-1 353.

产业发展相对滞后甚至是完全得不到发展。国际贸易的开展特别是国际技术贸易的开展，为发展中国家发展高新技术产业提供了条件。尽管发展中国家从发达国家进口先进的技术费用仍然很高，但这一价格毫无疑问将大大低于研发费用。在中心—外围模型中，很多区域性的政策，如鼓励建设区域性的大学、资助高技术产业园区到不具备优势的地区发展等，其目的都是为了争取中心地区学习的外部性。① 从这一点看国际贸易的开展为发展中国家发展高新技术产业提供了一条捷径。

国际贸易推动了发展中国家技术的快速进步，减少了发展中国家发展高新技术产业所面临的技术障碍。技术进步更多的是连续不断的而很少具有跳跃性。国际贸易让发展中国家有机会购买在发达国家相对落后的技术，而在发展中国家仍然相对先进的技术，以此来提升发展中国家整体的技术水平。这样发展中国家整体技术水平得以提升之后，为进一步的技术进步提供了良好的基础，从而为发展中国家发展高新技术产业提供了技术支持。发展中国家高新技术产业的逐步发展终究会改变发达国家独揽高新技术产业的局面，促进高新技术产业在全球范围内均匀分布。表6-3表明，尽管高收入国家的高技术产品出口占商品出口总量的比例高于其他国家，但中等收入国家、中低收入国家与高收入国家的差距在逐渐缩小。

表6-3　不同发展水平国家高技术产品出口占商品出口总量的比例　单位:%

年份 国家	1999	2002	2003	2004	2005	2006	2007	2008	2009
低收入国家	7	4	4	4	4	–	4	3	3
中等收入国家	13	18	20	20	21	20	19	17	20
下中等收入国家	13	17	22	23	27	25	23	22	13
上中等收入国家	13	21	19	16	16	16	13	9	21
中低收入国家	13	17	19	19	21	20	19	16	20
高收入国家	23	23	18	20	22	21	18	18	19

数据来源：世界银行. 2003年世界发展报告［M］. 本报告翻译组，译. 北京：中国财政经济出版社，2003：247. 世界银行. 2005年世界发展报告［M］. 中国科学院，清华大学国情研究中心，译. 北京：清华大学出版社，2005：263. 世界银行. 2006年世界发展报告［M］. 中国科学院，清华大学国情研究中心，译. 北京：清华大学出版社，2006：299. 世界银行. 2007年世界发展报

① RICHARD E BALDWIN, RIKARD FORSLID. The Core－Periphery Model and Endogenous Growth：Stabilizing and Destabilizing Integration［J］. Economica，2000，67（Aug.）：307-324.

告［M］. 中国科学院，清华大学国情研究中心，译. 北京：清华大学出版社，2007：299. 世界银行. 2008年世界发展报告［M］. 胡光宇，等，译. 北京：清华大学出版社，2008：345. 世界银行. 2009年世界发展报告［M］. 胡光宇，等，译. 北京：清华大学出版社，2009：359. 世界银行. 2011年世界发展报告［M］. 胡光宇，等，译. 北京：清华大学出版社，2012：409.

其次，FDI将导致发展中国家的高新技术产业产出占世界总产出的比重有所增加，从而使得高新技术产业的布局逐步向发展中国家倾斜。发达国家的外商到发展中国家投资高新技术产业可能出现下述三种情况：一是原来发展中国家完全没有发展高新技术产业，发达国家的外商将发展较为成熟的高新技术产业直接引入发展中国家，利用发展中国家廉价的劳动力、自然资源和相关条件发展高新技术产业，带动发展中国家高新技术产业的发展。二是发达国家的FDI对发展中国家的国内资本具有替代效应，发达国家外商的投资活动带来资本，丰富了发展中国家的资本存量，可以提高发展中国家投资高新技术产业的能力，刺激发展中国家发展高新技术产业。例如，1965—1995年，5个经合组织（OECD）国家以FDI的方式到东道国进行R&D投资，占东道国公司R&D投资总额的比重由6.2%提升至26%。[①] 三是发展中国家的高新技术产业原本取得了一定的发展，FDI的引入带来了新技术和新知识，增强了其发展能力，提高了发展中国家高新技术产业产出占世界总产出的份额，这源于发展中国家引入的FDI可以通过技术外溢的方式产生正外部性。[②] 以中国产业层面的数据进行的实证分析表明，外商直接投资对中国企业的技术创新发挥着积极作用[③]，FDI的引入对中国总体专利申请产生了显著的正面溢出效应[④]，有效提高了中国的自主创新能力。

由表6-4可知，2000—2010年，发达国家高新技术产业出口额占制造业出口额的比重呈现基本稳定并略有下降的态势。对此，本书认为这是由于发展中国家的高新技术产业获得了一定的发展，对发达国家的依赖程度有所降低所导致的必然结果。同一时期，中国高新技术产业增加值和出口额占制造业的比重都处于稳步快速增加的态势，这进一步佐证了本书的判断。如图6-1所示，中国自20世纪90年代中期以来，相对于整个制造业，高新技术产业的出口比

① WALTER KUEMMERLE. Foreign Direct Investment in Industrial Research in the Pharmaceutical and Electronic Industries：Results from a Survey of Multinational Firms［J］. Research Policy，1999，28（2/3）：179-193.

② LIU ZHIQIANG. Foreign Direct Investment and Technology Spillover：Evidence from China［J］. Journal of Comparative Economics，2002，30（3）：579-602.

③ 冼国明，薄文广. 外国直接投资对中国企业技术创新作用的影响［J］. 南开经济研究，2005（6）：16-23.

④ 刘星，赵红. FDI对我国自主创新能力影响的实证研究［J］. 国际贸易问题，2009（10）：94-99.

重不仅较高而且增长较快，这从一个侧面反映了中国高新技术产业在这段时间发展较快。

表 6-4　　部分国家高新技术产业增加值及出口占制造业的比重　　单位:%

国别	年份	2000	2001	2002	2003	2004	2005	2006	2007	2008	2009	2010
产出比重	中国	9.3	9.5	9.9	10.5	10.9	11.5	11.5	12.7	–	–	–
	美国	18.8	17	17	17.2	17.5	18.1	19.2	19.1	19.7	21.2	–
	日本	18.7	15.9	15.3	16.5	16.9	15.7	16.1	16.2	15.4	–	–
	德国	11.2	10.5	10.8	11.4	11.8	12.4	12.2	12.8	–	–	–
	英国	17.0	17	16.2	15.7	15.5	16.2	17.2	17.1	–	–	–
	法国	15.0	15.1	14.9	14.7	13.5	14.2	14.9	14	13.9	–	–
出口比重	中国	23.9	20.6	23.3	27.1	29.8	30.6	30.3	29.7	28.7	31	27.5
	美国	35.3	32.6	31.8	30.8	30.3	29.9	30.1	27.2	25.9	21.5	19.9
	日本	28.3	26.6	24.8	24.4	24.1	23	22.1	18.4	17.3	18.8	18
	德国	18.0	18.3	17.5	16.9	17.8	17.4	17.1	14	13.3	15.3	15.3
	英国	30.0	34.1	31.7	26.3	24.5	28.3	33.9	18.9	18.5	21.8	20.9
	法国	23.8	23.5	21.5	19.7	19.8	20.3	21.5	18.5	20	22.6	24.9

数据来源：国家统计局，国家发展和改革委员会，科学技术部. 中国高技术产业统计年鉴：2008 [Z]. 北京：中国统计出版社，2008：458. 国家统计局，国家发展和改革委员会，科学技术部. 中国高技术产业统计年鉴：2013 [Z]. 北京：中国统计出版社，2013：3.

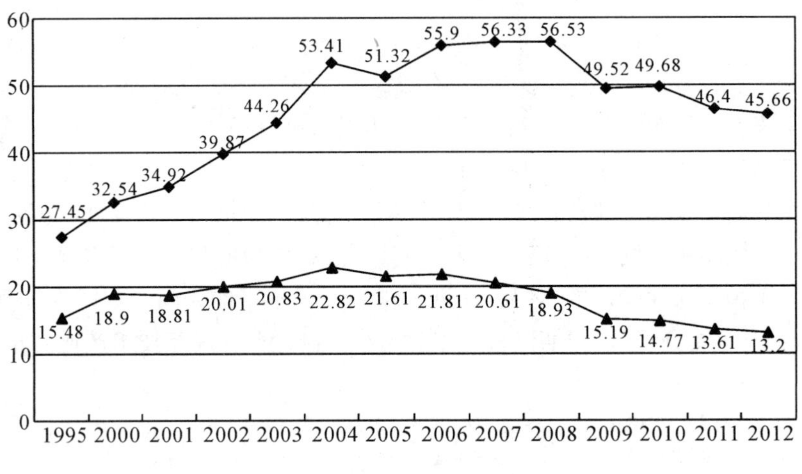

图 6-1　1995—2012 年中国高新技术产业与制造业出口比重

数据来源：国家统计局，国家发展和改革委员会，科学技术部. 中国高技术产业统计年鉴：2013 [Z]. 北京：中国统计出版社，2013：3.

高新技术产业在未来各国经济社会发展、综合国力提升中将发挥重要作用，这决定了每一个国家的外商都不会在东道国大规模地投资于高新技术产业。即使是外商有大规模投资的意愿，母国政府也有可能出于政治方面的考虑采取各种措施加以阻挠。近年来，美国对中国的各种经贸往来中，严格限制高新技术和高新技术产品出口到中国就是如此。和其他产业相比，高新技术产业是资本技术密集型产业，发展需要大量的资本投入，单纯依靠 FDI 并不足以主导一国高新技术产业的发展，因此，FDI 对于高新技术产业的布局影响也将不如一般制造业显著。

三、国际贸易对第三产业布局的影响

总的来看，国际贸易对第三产业的布局同样有直接和间接的影响。国际贸易对第三产业布局的影响较为复杂，且第三产业的布局往往是根据国际贸易有条件地发生变化。这是因为第三产业行业众多，服务色彩浓重，其发展对其他产业的依赖性较高，并且很多产品具有不可贸易性，只有在国际贸易显著改变了第一、第二产业的布局之后，改变第三产业的布局才符合理性原则。否则，进行第三产业布局时，更多地关注本国或本地区的现实情况，充分发挥其在本国或本地区服务功能是一个更好的选择。

（一）国际贸易对第三产业布局的直接影响

国际贸易的发展可以直接改变第三产业部分行业的布局。第三产业包括交通运输、邮电通信、金融保险等众多的行业门类。以交通运输业为例，它的布局中国际贸易起着重要的作用。国际贸易会直接改变交通运输业的布局。古今中外，国际贸易改变一国交通运输业布局的例子不胜枚举。中国在西汉汉武帝时期，为了便于开展国际贸易，开辟了世界著名的丝绸之路。经过唐朝时期的进一步完善，丝绸之路成为经过中亚、西亚直达欧洲的重要陆路通道。15 世纪、16 世纪，当时的世界强国葡萄牙、西班牙为了开展国际贸易，同时也为了占取更多的殖民地，纷纷开辟通往印度和美洲的新航线，这些情况的出现对改变世界的交通运输格局起到了非常重要的作用。当今国际贸易中大宗商品仍以水上运输为主，港口较多的国家和地区以及具有良好地理位置的国家，通过发展运输服务业而获利，直接导致这些国家和地区第三产业尤其是交通运输业和相关的配套服务行业的布局发生改变。

国际贸易活动本身作为一种经济社会活动，它的顺利开展和交易量的增加都需要相关的服务配套设施，这也可以影响第三产业的布局。国际贸易中大宗商品运输需要港口、码头等提供相应的配套设施，港口城市相关服务业的发展水平就会因此而远远高于非港口城市。同样，国际贸易中涉及贸易谈判、产品检验、异地结算、报关通关、法律服务等将带动这些行业在贸易频繁发生的国家和地区发展。以中国为例，中国内地的沿海地区福建、广东、广西、河北、江苏、辽宁、山东、上海、天津、浙江 10 个省份具有良好的港口和码头城市，香港、澳门两个特别行政区也拥有贸易港口，而其他内陆省份则一般没有这些设施，结果是中国的港口建设因为国际贸易而集中在沿海地区。虽然这一现象与地理位置有很大的关系，但是如果没有国际贸易活动的大规模开展，建设港口的必要性就要重新考虑，这些地区恐怕也不会大力建设港口。

（二）国际贸易对第三产业布局的间接影响

首先，第三产业的发展对其他产业具有较强的依赖性，国际贸易通过改变其他产业的布局来间接地影响第三产业的布局。通常意义上的第三产业就是所谓的服务业，服务的对象就是第一、第二产业和部分的第三产业。第六章第二节的分析表明，国际贸易可以有效地影响第一、第二产业的布局，它们的布局发生变化后，就需要第三产业中相关的配套服务设施随之加速发展。第三产业为充分发挥其服务作用，为第一、第二产业的发展提供支持，就会逐步地改变其布局。

以中国的上海市为例，上海市作为中国改革开放的先头兵，加上临海沿江的良好地理位置，为中国国际贸易的开展提供了良好的条件。在国际贸易的逐步开展中，上海市为了适应经济全球化的新格局和对外开放的新形势，便审时度势适时提出了到 2020 年基本建设成为国际金融中心、国际航运中心和现代国际大都市的发展目标①，随后又提出要在 2020 年建设成为与中国国际贸易地位相符合的国际贸易中心。上海市提出这一发展目标的原因之一在于，改革开放让上海市获益匪浅，逐步提升了其国际地位，第一、第二产业所提供的坚实基础使其有能力建设成为国际金融贸易中心，同时国际贸易的逐步开展也迫切需要上海市向着国际金融、航运、贸易中心的方向发展。

其次，国际贸易可以通过刺激经济增长和经济发展的方式，间接地影响第三产业的布局。现有的理论研究一再证实，国际贸易可能推动一国经济更好地发展。经济发展的重要表现形式之一是结构的转换，从产业结构的演进来看，产业结构的变化是经济发展的应有之义和必然结果。澳大利亚经济学家科林·格兰特·克拉克在英国古典经济学家威廉·配第研究的基础上，提出了著名的

---

① 国务院. 国务院关于推进上海加快发展现代服务业和先进制造业建设国际金融中心和国际航运中心的意见 [EB/OL]. [2009-04-14]. http://www.gov.cn/xxgk/pub/govpublic/mrlm/200904/t20090429_33313.html.

“配第—克拉克定理”，该定理揭示了三次产业结构的演进规律，并认为第三产业在经济发展的高级阶段将占据主导地位。① 这样一来，国际贸易在促进经济发展、产业结构优化的过程中，逐步强化对第三产业相关服务的需求，不仅会刺激第三产业的发展，而且会在第三产业发展壮大的过程中影响其布局。

再次，国际资本流动对第三产业布局的影响也是以间接影响为主的。外商直接在东道国第三产业中的某些行业投资，从而对第三产业的布局产生影响。其主要原因在于，外商到东道国投资的目的是为了赚取更大的利润，因此，他们会选择东道国发展潜力较大的行业进行投资活动。外商在某些行业进行大规模投资，同时带动东道国国内投资流向这些行业，以这种方式对东道国第三产业中部分行业的布局产生影响。另外，外商直接投资对于经济发展的溢出作用不仅产生在地区内，也产生在地区间。换言之，外商直接投资不仅会刺激本地区的经济发展，同样会带动周边地区的经济发展。② 这也会迂回地影响第三产业布局。

近些年外资银行到中国投资发展村镇银行，将可能影响中国金融业特别是银行业的城乡格局。在外资银行投资发展村镇银行之前，中国的银行业主要在城市地区发展，无论是国有商业银行还是股份制银行都是如此。外资银行看到了中国城市化水平低，农村人口众多，农村地区银行业发展的市场前景广阔，本国在发展农村地区银行业中存有较大的盲区，因此，愿意到中国投资发展农村银行业。外资银行的行为不仅直接促进了农村地区银行业的发展，而且使中国国内的商业银行看到了农村地区银行业发展的大好前景，中国国内银行业也会到农村地区设立分支机构和营业网点以占领农村市场。外资银行和中国国内商业银行竞争的结果是，中国国内银行业在农村地区的发展开始起步，并且未来会获得长足发展，中国银行业的城乡格局将会发生变化。原来城市地区垄断了银行业，而将来农村地区银行业逐步发展壮大将会逐渐改变银行业在城乡间的布局。

本章小结

本章首先分析国际贸易对产业布局原则的影响，重点分析了封闭经济中的

---

① 约翰·伊特韦尔，默里·米尔盖特，彼得·纽曼. 新帕尔格雷夫经济学大辞典：第一卷 A-D［M］. 陈岱孙，等，译. 北京：经济科学出版社，1992：467.

② 钟昌标. 外商直接投资地区间溢出效应研究［J］. 经济研究，2010（1）：80-89.

产业布局原则和国际贸易对产业布局原则的扩充，指出开展国际贸易后，产业布局需要遵守主权和经济安全原则、便于信息传递的原则。其次，本章分析了国际贸易对三次产业布局的影响。行文过程中，三次产业各自独立成节，分别分析国际贸易对其布局的影响。本章在分析国际贸易对第二产业布局的影响时，分别分析了国际贸易对一般制造业和高新技术产业布局的影响。

首先，国际贸易通过第一产业产品的替代性、第一产业技术水平的变化、其他产业对第一产业的空间挤占效应来影响第一产业的布局，但国际贸易对第一产业布局的影响不如对第二产业的影响显著，且第一产业的布局往往呈现出被动适应国际贸易的倾向。其次，三次产业中，国际贸易对第二产业布局的影响最为显著和直接。国际贸易对第二产业中一般制造业布局的影响主要通过专业生产、规模经济效应、技术转移以及强化区位优势等方式来实现。国际贸易既可以促进高新技术产业在发达国家集聚，强化高新技术产业在全球范围内布局的集聚趋势，也可以推动高新技术产业在发展中国家的发展，促进高新技术产业在全球范围内的分散布局。最后，国际贸易对第三产业布局的影响较为复杂，且第三产业的布局往往是根据国际贸易有条件地发生变化。国际贸易既可以直接影响第三产业中交通运输业的布局，也可以对其他行业的布局施加影响。因为第三产业的发展对其他产业的依赖性较高，且国际贸易可以促进经济发展，进一步影响一国的产业结构，所以国际贸易对第三产业的布局也有间接影响。

第七章　中国国际贸易对产业布局影响的实证研究

1978年改革开放以来，中国的经济发展取得了可喜成绩，社会主义市场经济体制初步建立，市场机制在经济发展中的作用逐步增强，经济对外开放程度大幅提高，产业布局由均衡向非均衡发展。一方面，中国的国情决定了现有的经济学理论对其特有的经济现象难以给出中肯的解释；另一方面，逐步的市场化改革为运用一般经济学理论解释中国经济问题提供了现实可能。本章将利用中国改革开放以来，国际贸易和产业布局的相关统计数据进行实证分析。本章首先对中国改革开放以来的国际贸易与产业布局进行描述分析，其次运用全国的时间序列数据进行VAR模型分析，最后运用省际面板数据进行计量回归。

第一节　描述性的分析

一、改革开放以来中国国际贸易的变化

（一）改革开放以来中国国际贸易政策的变化

改革开放以来，中国不断加快对外开放的步伐，对外开放政策逐步完善。1978年召开的党的十一届三中全会决定，努力采用世界先进技术和先进设备，把对外开放作为中国的基本国策。1979年8月13日，国务院颁布了《关于大力发展对外贸易增加外汇收入若干问题的规定》（国发〔1979〕202号），提出要扩大地方、企业外贸权限。1983年9月3日，中共中央、国务院印发《关于加强利用外资工作的指示》，提出要通过放宽税收政策、提供一部分市场、调整物价等方式进一步加强对于外资的利用。1986年10月11日，国务院发布《关于鼓励外商投资的规定》，指出要改善投资环境、保障企业自主权、按国家产业政策给予税收优惠等。1987年六届全国人大五次会议《政府工作

报告》明确提出扩大对外开放，同年召开的党的十三大确立了社会主义初级阶段的基本路线，再次提出要坚持改革开放。1994 年 1 月 11 日，国务院《关于进一步深化对外贸易体制改革的决定》（国发〔1994〕4 号），提出了外贸体制改革的目标。1996 年 1 月 3 日，国务院印发了《关于边境贸易有关问题的通知》，明确界定了小额边境贸易。2001 年 12 月 11 日，中国经过 15 年的谈判重返世界贸易组织，为进一步扩大国际贸易提供了更加优越的条件。2002 年 2 月 11 日，国务院发布《指导外商投资方向规定》（国务院令第 346 号），把外商投资项目分为鼓励、允许、限制和禁止 4 类。2003 年 11 月 23 日，国务院发布修改后的《中华人民共和国进出口关税条例》（国令〔2003〕392 号）。2004 年 1 月 1 日，国务院颁布《中华人民共和国进出口税则》，将关税总水平由 11%下调至 10.4%。同年 4 月 6 日，十届全国人大常委会八次会议通过了修订后的《中华人民共和国对外贸易法》，该法结合入世后的新情况做出了相应的修改，为中国从贸易大国转变为贸易强国提供了法律保障。2008 年 8 月 5 日，国务院发布再次修订后的《中华人民共和国外汇管理条例》（国务院令第 532 号）。为应对 2008 年发生的全球金融经济危机，中央政府通过采取调整关税等措施促进国内企业出口。2013 年国家提出“一带一路”发展战略，即丝绸之路经济带和 21 世纪海上丝绸之路。2013 年 9 月 18 日，《国务院关于印发中国（上海）自由贸易试验区总体方案的通知》（国发〔2013〕38 号），批准同意建立中国（上海）自由贸易试验区。经过一年多的试验，2014 年 12 月 12 日，国务院常务会议同意在广东、天津、福建特定区域再设三个自由贸易园区。2014 年 12 月 21 日，《国务院关于推广中国（上海）自由贸易试验区可复制改革试点经验的通知》（国发〔2014〕65 号），决定将上海自贸试验区的可复制改革试点经验在全国推广。之后的 2014 年 12 月 28 日，十二届全国人大常委会第十二次会议决定，授权国务院在中国（广东）、中国（天津）、中国（福建）自由贸易试验区和中国（上海）自由贸易试验区扩展区域暂时调整有关法律规定的行政审批。

与此同时，全方位对外开放格局迅速形成。1979 年 7 月 15 日，中共中央、国务院批转广东省委、福建省委《关于对外经济活动实行特殊政策和灵活措施》（中发〔1979〕50 号）的报告。决定在广东省的深圳、珠海、汕头三市和福建省的厦门市试办出口特区，并明确指出“关于出口特区，可在深圳、珠海两市试办，待取得经验后，再考虑在汕头、厦门设置的问题”。1980 年 5 月 16 日，国务院批转了《国务院关于〈广东、福建两省会议纪要〉的批示》，决定出口特区改称为经济特区。1984 年 5 月 4 日，中共中央、国务院发出

《沿海部分城市座谈会纪要》，进一步开放大连、秦皇岛、天津、烟台、青岛、连云港、南通、上海、宁波、温州、福州、广州、湛江、北海 14 个沿海城市。1985 年 2 月 18 日，中共中央、国务院批转《长江、珠江三角洲和闽南厦漳泉三角地区座谈会纪要》（中发〔1985〕3 号），决定在长江三角洲、珠江三角洲和厦漳泉三角地区开辟沿海经济开放区。1988 年 4 月 13 日，七届全国人大一次会议表决通过《关于建立海南经济特区的决议》，海南经济特区得以设立。1990 年 4 月 18 日，中共中央、国务院决定开发开放上海浦东新区。1992 年中共中央、国务院决定进一步开放沿江城市和内陆省会城市。至此，经济特区—沿海开放城市—沿海经济开放区—沿江城市和内地省会，全方位的对外开放格局初步形成。

（二）改革开放以来中国国际贸易数量和结构的变动

对外开放政策的逐步完善和全方位对外开放格局的形成，有力地推动了中国国际贸易的增加。中国的国际贸易规模急剧扩大，增长速度快于 GDP 增长速度。由表 7-1 可知，进出口总额由 1978 年的 355 亿元增加至 2013 年的 258 212.3亿元，后者比前者高出 72 635.86%，年均增长率为 16.39%。其中，出口总额由 1978 年的 167.6 亿元增加至 2013 年的 137 154.1 亿元，后者比前者高出 81 734.19%，年均增长率为 16.44%，进口总额由 1978 年的 187.4 亿元增加至 2013 年的 121 058.2 亿元，后者比前者高出 64 498.83%，年均增长率为 15.36%。同一时期，中国的 GDP 总额由 1978 年的 3 645.2 亿元增加至 2013 年的 568 845.2 亿元，后者比前者高出 15 505.32%，年均增长率为 14.39%。各个省市的进出口贸易也都呈现快速增长的态势，出口贸易总额的增长速度相对更快，与全国的总体情况基本保持一致。

表 7-1　　1978—2013 年中国的 GDP、进出口总额　　单位：亿元人民币

年份	GDP	进出口	出口	进口	年份	GDP	进出口	出口	进口
1978	3 645.2	355	167.6	187.4	1996	71 176.6	24 133.8	12 576.4	11 557.4
1979	4 062.6	454.6	211.7	242.9	1997	78 973	26 967.2	15 160.7	11 806.5
1980	4 545.6	570	271.2	298.8	1998	84 402.3	26 849.7	15 223.6	11 626.1
1981	4 891.6	735.3	367.6	367.7	1999	89 677.1	29 896.2	16 159.8	13 736.4
1982	5 323.4	771.3	413.8	357.5	2000	99 214.6	39 273.2	20 634.4	18 638.8
1983	5 962.7	860.1	438.3	421.8	2001	109 655.2	42 183.6	22 024.4	20 159.2
1984	7 208.1	1 201	580.5	620.5	2002	120 332.7	51 378.2	26 947.9	24 430.3
1985	9 016	2 066.7	808.9	1 257.8	2003	135 822.8	70 483.5	36 287.9	34 195.6
1986	10 275.2	2 580.4	1 082.1	1 498.3	2004	159 878.3	95 539.1	49 103.3	46 435.8
1987	12 058.6	3 084.2	1 470	1 614.2	2005	183 217.5	116 921.8	62 648.1	54 273.7

表7-1(续)

年份	GDP	进出口	出口	进口	年份	GDP	进出口	出口	进口
1988	15 042.8	3 821.8	1 766.7	2 055.1	2006	211 923.5	140 971.4	77 594.6	63 376.9
1989	16 992.3	4 156	1 956.1	2 199.9	2007	257 306	166 740.2	93 455.6	73 284.6
1990	18 667.8	5 560.1	2 985.8	2 574.3	2008	300 670	179 921.5	100 394.9	79 526.5
1991	21 781.5	7 225.8	3 827.1	3 398.7	2009	340 902.8	150 648.1	82 029.7	68 618.4
1992	26 923.5	9 119.6	4 676.3	4 443.3	2010	401 512.8	201 722.2	107 022.8	94 699.3
1993	35 333.9	11 271	5 284.8	5 986.2	2011	473 104.1	236 402	123 240.6	113 161.4
1994	48 197.9	20 381.9	10 421.8	9 960.1	2012	519 470.1	244 160.2	129 359.3	114 801.0
1995	60 793.7	23 499.9	12 451.8	11 048.1	2013	568 845.2	258 212.3	137 154.1	121 058.2

数据来源：《中国统计年鉴》相关年份。

外贸依存度呈现稳步上升的态势，这在图7-1中有直观的体现。中国的外贸依存度由1978年的9.74%上升至2013年的45.39%，2006年外贸依存度一度高达66.52%，为历年之最。出口贸易依存度由1978年的4.6%上升至2013年的24.11%，进口贸易依存度由1978年的5.14%上升至2013年的21.28%。出口贸易依存度与外贸依存度的变动趋势呈现出较高的一致性，加入WTO之后中国的贸易依存度提升速度更快。各个省市也在全国对外开放的大趋势下积极推进国际贸易，制定各种政策吸引外资，外贸依存度也都有较大提高。

图7-1　1978—2013年中国的贸易依存度

数据来源：《中国统计年鉴》相关年份。

中国国际贸易的变化不仅表现在数量方面，结构方面同样发生了很大的变化，突出表现为进出口产品结构的优化。出口产品结构方面，20世纪70年代末期到90年代初期，实现了初级产品为主向工业制成品为主的转变；20世纪90年代初期到21世纪初期，实现了以轻纺产品为主向机电产品为主的转变；

进入21世纪后，出现了以高新技术产品出口为导向的新变化。[①] 进口方面，利用国外技术、购买外国设备等在进口商品中的比重有了很大提高。

二、改革开放以来中国产业布局的变化

（一）改革开放以来中国产业布局政策的调整

改革开放以来，中国的产业布局政策有了很大调整。改革开放之初，国家充分发挥沿海地区的优势，加大对沿海地区的建设，产业布局重心不断向东部地区倾斜。1981—1990年，全国基本建设投资的50.1%投放到东部地区，而中部和西部地区仅分别占26.6%和16.3%。[②] 继东部沿海开放以促进东部地区发展之后，国家通过区域经济发展政策来改变中西部地区产业布局不合理的局面，其中采取的最重要的三大战略是西部大开发、振兴东北等老工业基地和中部崛起。

2000年12月26日，国务院印发《关于实施西部大开发若干政策措施的通知》（国发〔2000〕33号），对2001—2010年西部大开发的政策措施进行了详细规定，包括西部大开发的重点任务；增加资金投入的政策；改善投资环境的政策，如改善投资软环境等；扩大对内对外开放政策，如进一步扩大外商投资领域、进一步拓宽利用外资渠道、大力发展对外经济贸易等；以及吸引人才和发展科技教育的政策等。2001年8月28日，国务院办公厅转发了《关于西部大开发若干政策措施的实施意见》（国办发〔2001〕73号），进一步提出要通过加大财政转移支付力度、加大金融信贷支持等方式，促进西部地区产业结构调整。2004年3月11日，国务院又发布了《国务院关于进一步推进西部大开发的若干意见》（国发〔2004〕6号）。2007年1月23日，国务院批复了国家发展改革委、国务院西部开发办的《西部大开发"十一五"规划》。

2003年9月29日，中共中央政治局召开会议，研究东北老工业基地振兴战略问题。同年10月5日，中共中央、国务院下发《中共中央、国务院关于实施东北地区等老工业基地振兴战略的若干意见》（中发〔2003〕11号），提出以下战略举措：深化国有企业改革，营造非公有制经济发展的良好环境；全面推进工业结构优化升级；大力发展现代农业；积极发展第三产业；进一步扩大对外对内开放。2004年4月26日，国务院办公厅印发《2004年振兴东北地区等老工业基地工作要点》（国办发〔2004〕39号），同年9月20日，财政

---

① 裴长洪. 中国对外贸易60年演进轨迹与前瞻［J］. 改革，2009（7）：5-12.

② 刘家顺，杨洁，孙玉娟. 产业经济学［M］. 北京：中国社会科学出版社，2006：271.

部、国家税务总局印发《关于落实振兴东北老工业基地企业所得税优惠政策的通知》（财税〔2004〕153 号）。2005 年 6 月 30 日，国务院办公厅又印发了《关于促进东北老工业基地进一步扩大对外开放的实施意见》（国办发〔2005〕36 号），提出加强基础设施建设，鼓励引进海外人才与智力等政策。2007 年 8 月 2 日，国务院批复国家发展改革委、国务院振兴东北老工业基地领导小组办公室编制的《东北地区振兴规划》（国函〔2007〕76 号）。

2004 年 3 月，十届全国人大二次会议《政府工作报告》首次明确提出促进中部地区崛起。2006 年 4 月 15 日，中共中央、国务院印发《关于促进中部地区崛起的若干意见》（中发〔2006〕10 号），明确了以下措施：建设全国重要粮食生产基地，扎实稳步推进新农村建设；加强能源原材料基地和现代装备制造及高技术产业基地建设，推进工业结构优化升级；增强中心城市辐射功能，促进城市群和县域经济发展；扩大对外开放。同年 5 月 19 日，国务院办公厅印发了《关于落实中共中央、国务院〈关于促进中部地区崛起的若干意见〉有关政策措施的通知》（国办函〔2006〕38 号），进一步申明了中发〔2006〕10 号文件精神。2009 年 9 月 23 日，国务院召开常务会议，讨论并原则通过了国家发展改革委等部门在 2008 年编制的《促进中部地区崛起规划》，提出了要加强粮食生产基地建设，建设现代装备制造业和高技术产业基地，优化交通资源配置和推进城市群建设等。上述战略的实施为中国地区产业布局的变化提供了强有力的政策支持。

（二）改革开放以来中国三次产业布局的变化

1978 年以来，中国的三次产业呈现出以下变化态势，就全国层面而言，产业结构由“二一三”结构逐步转变为“三二一”结构；就省级层面而言，三次产业布局的非均衡状况进一步加剧。由图 7-2 可以发现，中国的三次产业结构变化态势为，第一产业所占比重稳步下降，第二产业所占比重在三次产业中长期位居第一，但在 2013 年被第三产业超越，第三产业所占比重稳步上升。从 1985 年开始，第三产业所占比重开始超过第一产业，产业结构由之前的“二一三”结构转变为“二三一”结构，2013 年产业结构进一步转变为“三二一”结构。从中可以看出，中国改革开放以来三次产业结构演变态势符合世界经济发展的一般规律，也与相关的产业结构理论相吻合。

产业布局的衡量指标包括多种，诸如基尼系数、集中系数、地理联系系

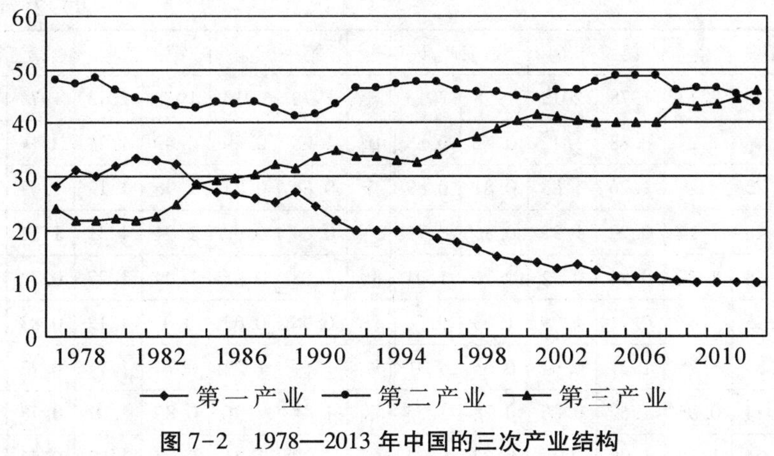

图 7-2　1978—2013 年中国的三次产业结构

数据来源：《中国统计年鉴》相关年份。

数、集中指数、联系指数、成本收益指标、偏离份额指标、区位熵等，[①] 此处用三次产业区位熵来解析中国产业布局的省际变化。区位熵的计算公式为：

$$Q_{ij}=\frac{\frac{q_{ij}}{q_i}}{\frac{q_j}{q}} \tag{7.1}$$

其中，i 代表省份，j 代表第一、第二、第三产业，Q_{ij} 代表第 i 省第 j 产业的区位熵，q_{ij} 代表第 i 省第 j 产业的产值，q_i 代表第 i 省的区域生产总值，q_j 代表全国第 j 产业的产值，q 代表全国的 GDP。若 $Q_{ij}>1$ 则表明 i 地区 j 产业专业化水平较高；反之，若 $Q_{ij}<1$ 则表明 i 地区 j 产业专业化水平较低。据 7.1 式整理计算的中国内地 29 个省份[②]三次产业的区位熵见表 7-2。

表 7-2　　1978 年、2013 年中国分省三次产业区位熵

	第一产业		第二产业		第三产业			第一产业		第二产业		第三产业	
年	1978	2013	1978	2013	1978	2013	年	1978	2013	1978	2013	1978	2013
川	1.58	1.3	0.74	1.18	0.83	0.76	蒙	1.16	0.95	0.95	1.23	0.91	0.79

① 中国人民大学区域经济研究所. 产业布局学原理 [M]. 北京：中国人民大学出版社，1997：40-43.

② 此表只包括中国内地的 29 个省、自治区、直辖市，不包括海南省、西藏自治区，也不包括港澳台地区，以与本章后面的分析保持一致。

表7-2(续)

	第一产业		第二产业		第三产业			第一产业		第二产业		第三产业	
年	1978	2013	1978	2013	1978	2013	年	1978	2013	1978	2013	1978	2013
鄂	1.44	1.25	0.88	1.12	0.72	0.83	闽	1.28	0.89	0.89	1.18	0.9	0.85
甘	0.72	1.4	1.26	1.03	0.81	0.89	宁	0.84	0.87	1.06	1.12	1.07	0.91
赣	1.48	1.14	0.79	1.22	0.85	0.76	青	0.84	0.99	1.04	1.31	1.12	0.71
贵	1.48	1.28	0.84	0.92	0.76	1.01	陕	1.08	0.95	1.09	1.27	0.73	0.76
桂	1.45	1.63	0.71	1.09	1.05	0.78	苏	0.98	0.62	1.1	1.12	0.83	0.97
黑	0.83	1.75	1.27	0.94	0.65	0.9	皖	1.67	1.23	0.74	1.24	0.72	0.72
沪	0.14	0.06	1.62	0.85	0.78	1.35	湘	1.44	1.26	0.85	1.07	0.78	0.88
吉	1.04	1.16	1.09	1.2	0.77	0.77	新	1.27	1.75	0.98	1.03	0.72	0.81
冀	1.01	1.24	1.05	1.19	0.88	0.77	渝	1.31	0.8	0.96	1.15	0.73	0.9
津	0.22	0.13	1.45	1.15	1.02	1.04	豫	1.41	1.26	0.89	1.26	0.73	0.69
晋	0.73	0.61	1.22	1.23	0.87	0.87	粤	1.06	0.49	0.97	1.08	0.99	1.04
京	0.18	0.08	1.49	0.51	0.99	1.67	云	1.51	1.62	0.83	0.96	0.73	0.91
辽	0.5	0.86	1.48	1.2	0.62	0.84	浙	1.35	0.47	0.9	1.12	0.78	1
鲁	1.18	0.87	1.11	1.14	0.58	0.89							

数据来源：《中国统计年鉴》相关年份资料整理计算。

说明：内蒙古的简称用蒙代表。

从表7-2可以看出，就第一产业的布局而言，1978年安徽、重庆、福建、广东、广西、贵州、河北、河南、湖北、湖南、吉林、江西、内蒙古、山东、陕西、四川、新疆、云南、浙江19个省份第一产业区位熵高于1，当时第一产业集中布局在中西部地区。2013年安徽、甘肃、广西、贵州、河北、河南、黑龙江、湖北、湖南、吉林、江西、四川、新疆、云南14个省份第一产业区位熵高于1，第一产业仍然集中布局在中西部地区。改革开放35年中，甘肃、广西、河北、黑龙江、吉林、辽宁、宁夏、青海、新疆、云南10个省份第一产业区位熵有所提高，同样集中在中西部地区。由此可知，改革开放以来，中国的第一产业集中布局在中西部地区，且有进一步向中西部地区集中的趋势。

就第二产业的布局而言，1978年北京、甘肃、河北、黑龙江、吉林、江苏、辽宁、宁夏、青海、山东、山西、陕西、上海、天津14个省份的第二产业区位熵高于1，主要集中在东部地区。2013年除北京、贵州、黑龙江、上海、云南5个省份外，其余24个省份的第二产业区位熵高于1，在这其中，中西部地区省份所占的比例较1978年有所提高。35年中仅有北京、甘肃、黑龙江、辽宁、上海、天津6个省份的第二产业区位熵有所降低，其余省份都呈提高的态势。可见，改革开放之初中国第二产业布局集中在东部地区，随着时间的推移第二产业开始向中西部地区转移。

就第三产业的布局而言，1978年广西、宁夏、青海、天津4个省份的第三产业区位熵高于1，区域集中布局态势不太明显。2013年北京、广东、贵州、上海、天津、浙江6个省份的第三产业区位熵高于1，第三产业向东部地区集中的势头开始出现。与1978年相比，2013年福建、广西、河北、河南、江西、内蒙古、宁夏、青海、四川9个省份的第三产业区位熵有所下降。由此可见，中国第三产业发展不仅与经济发展水平的步调不一致，而且布局的集中程度不高。

三、国际贸易与三次产业的相关性及格兰杰（Granger）因果检验

（一）中国国际贸易与三次产业的相关性

改革开放以来，中国的国际贸易和三次产业之间存在着密切的关系，这可以通过相关系数来说明。由表7-3可知，以1978—2013年的国际贸易额与三次产业产值计算的相关系数绝对值都在0.95以上，国际贸易额与三次产业产值间存在着显著的相关关系。

表7-3　　中国国际贸易与三次产业产值的相关系数

	第一产业	第二产业	第三产业
进出口	0.977	0.990	0.982
出口	0.974	0.987	0.979
进口	0.979	0.992	0.985

数据来源：中经网统计数据库（http://db.cei.gov.cn）、《中国统计年鉴》相关年份资料整理计算。

（二）中国国际贸易与三次产业的Granger因果检验

此处运用Granger因果检验的方法讨论国际贸易与三次产业的因果关系，据此判断国际贸易是否是三次产业产值发生变化的原因。由表7-4可知，就中国改革开放以来的情况来看，国际贸易与三次产业产值之间存在Granger因果关系。

表 7-4　中国国际贸易与三次产业产值的 Granger 因果检验结果①

原假设	F 统计量	P 值	原假设	F 统计量	P 值
EX 不能 Granger 引起 PRI	2.688	0.068	IM 不能 Granger 引起 SEC	6.314	0.003
PRI 不能 Granger 引起 EX	2.327	0.099	SEC 不能 Granger 引起 IM	2.996	0.050
IM 不能 Granger 引起 PRI	3.046	0.047	EX 不能 Granger 引起 TER	12.478	3.5E-05
PRI 不能 Granger 引起 IM	2.874	0.056	TER 不能 Granger 引起 EX	26.313	6.7E-08
EX 不能 Granger 引起 SEC	4.769	0.009	IM 不能 Granger 引起 TER	18.377	1.6E-06
SEC 不能 Granger 引起 EX	1.314	0.292	TER 不能 Granger 引起 IM	19.122	1.2E-06

第二节　全国时间序列数据的 VAR 模型

一、数据来源及处理

（一）数据的来源及描述

此处利用中国 1978—2013 年三次产业产值、出口总额、进口总额进行全国的时间序列分析。除 1990—2008 年的出口总额、进口总额数据来自《中国统计年鉴》相关年份外，其余数据均来自中经网统计数据库（http：//db. cei. gov. cn）。数据的单位为亿元人民币。具体各个变量的字母代码与数据统计描述见表 7-5。

表 7-5　变量表示与数据统计描述

指标	变量代码	观测值数	最小值（亿元人民币）	最大值（亿元人民币）	均值（亿元人民币）	标准差（亿元人民币）	标准差系数
第一产业	PRI	36	1 027.5	56 957	15 511.92	15 401.34	0.99
第二产业	SEC	36	1 745.2	249 684.42	58 138.07	72 820.46	1.25
第三产业	TER	36	872.5	262 203.79	52 594.39	71 296.38	1.36
出口值	EX	36	167.6	137 154.1	32 675.30	43 376.75	1.33
进口值	IM	36	187.4	121 058.2	28 442.61	37 583.11	1.32

数据来源：中经网统计数据库（http：//db. cei. gov. cn）、《中国统计年鉴》相关年份资料整理计算。

① 此处运用的数据为 1978—2013 年中国三次产业产值与进出口总额的数据。因为 Granger 因果检验要求数据具有平稳性，因此首先对数据进行了相应的处理，其处理方式及变量代表的含义见第七章第二节第一部分，在对数据进行相应的处理之后观测值个数由 36 个减至 32 个（Granger 因果检验滞后阶数为 2）。处理方法详见：潘红宇．时间序列分析［M］．北京：对外经济贸易大学出版社，2006：197-203.

（二）数据的标准化处理

在进行计量分析之前，先对数据进行标准化处理，具体的数据处理公式为：

$$Y_i = \frac{X_i - Min_i}{SD_i} \tag{7.2}$$

其中，Y_i 代表标准化处理后的数据，X_i 代表原始数据，Min_i 代表变量时间序列的最小值，SD_i 代表变量序列的标准差，下标 $i = PRI$，SEC，TER，EX，IM 代表变量名称。选择 7.2 式进行标准化处理的理由在于，第七章第二节第二部分在对数据进行平稳性检验时发现，对数化处理之后的数据再进行一阶差分方才平稳。对数函数的自变量必须为正值，因此，减去均值的标准化处理方式便不再适用。

二、数据平稳性检验

VAR 模型要求数据必须是平稳的，因此有必要先检验数据的平稳性。对数据平稳性进行检验一般采用单位根检验方法，具体包括 *ADF* 检验、*DF* 检验、*ERS* 检验、*KPSS* 检验、*NP* 检验、*PP* 检验等。[①] 鉴于此处所选用的是时间序列数据，可能存在序列自相关问题，因此，此处选择了 ADF 检验来检验数据的平稳性。在 ADF 检验中，最优滞后阶数的选择通常所采用的标准是，在确保残差不相关的前提下，选用施瓦茨信息准则（SC）作为确定最佳滞后阶数的标准，在 SC 为最小时的滞后阶数即为最佳，此时可以确保残差值的非自相关性。此处选用 SC 准则来确定最佳的滞后阶数。ADF 检验包括三种情况，即同时包含常数项和时间趋势项、只含常数项、不包含常数项和时间趋势项。[②] 确定检验形式的方法是，首先选择同时包含常数项和时间趋势项的检验形式，根据检验结果中常数项和时间趋势项的显著性水平，定夺是否包含常数项和时间趋势项。运用 EViews5.0 进行的 ADF 检验结果见表 7-6。

表 7-6　　　变量数据平稳性的 ADF 检验结果

变量	检验形式（c，t，k）	ADF 对应的 t 值	P 值	结论
PRI	（c，0，5）	1.994	1.000	非平稳

① 高铁梅. 计量经济分析方法与建模：EViews 应用及实例［M］. 北京：清华大学出版社，2006：145-159.

② 高铁梅. 计量经济分析方法与建模：EViews 应用及实例［M］. 北京：清华大学出版社，2006：146.

表7-6(续)

变量	检验形式（c，t，k）	ADF 对应的 t 值	P 值	结论
lnPRI	(0，0，1)	-1. 575	0. 107	非平稳
dlnPRI	(0，0，0)	-1. 973*	0. 048	平稳
SEC	(0，0，5)	3. 825	0. 999	非平稳
lnSEC	(c，t，4)	-2. 286	0. 429	非平稳
dlnSEC	(0，0，0)	-4. 352*	0. 000	平稳
TER	(0，0，4)	2. 183	0. 991	非平稳
lnTER	(0，0，4)	0. 222	0. 744	非平稳
dlnTER	(0，0，2)	-2. 271*	0. 025	平稳
EX	(c，t，0)	-0. 351	0. 986	非平稳
lnEX	(c，t，0)	-2. 872	0. 184	非平稳
dlnEX	(c，t，0)	-5. 628*	0. 000	平稳
IM	(c，t，5)	3. 553	1. 000	非平稳
lnIM	(c，t，0)	-2. 360	0. 393	非平稳
dlnIM	(c，t，0)	-4. 781*	0. 003	平稳

说明：①c、t、k 分别表示截距项、时间趋势项和滞后阶数，ln 表示取对数，d 表示一阶差分；② * 表示在 5%的显著性水平上显著。

由表 7-6 可知，三次产业产值、出口总额、进口总额的时间序列的原始数据都是非平稳的，进行对数化处理之后仍然不平稳，而对数化之后的一阶差分却呈现平稳的态势，这说明此处所选择的各个变量对数化后是一阶单整的。

三、VAR 模型及相关检验

（一）VAR 模型及其稳定性检验

向量自回归（Vector Autoregression，简称 VAR）是根据数据的统计性质建立模型，把系统中每一个内生变量作为系统中所有内生变量的滞后值的函数来构造模型，将单变量自回归模型推广到多元时间序列变量组成的向量自回归模型。① 1980 年克里斯托弗·西姆斯（Christopher A. Sims）将 VAR 模型引入经

① 高铁梅. 计量经济分析方法与建模：EViews 应用及实例［M］. 北京：清华大学出版社，2006：249.

济学中。[①] 作为一种用非结构性方法来建立各个变量之间关系的建模方法，VAR 模型多采用联立方程的形式，每一个内生变量均对模型的全部内生变量滞后期进行回归，从而估计全部内生变量的动态关系。VAR 模型方法和估计较为简单且优于联立方程，[②] 避免预先对模型添加一些不必要的假定，能更好地描绘变量之间相互作用的动态轨迹。

鉴于三次产业的发展之间存在密切的关系，且各个产业的发展都受其他产业发展的影响，而本书旨在探讨国际贸易对产业布局的影响，所以此处建立 VAR 模型时把三次产业产值、出口总额、进口总额纳入一个 VAR 模型中进行分析，因此，建立的 VAR 模型是 5 元结构的。假定 5 元结构的 VAR（p）模型为：

$$Y_t = \alpha + A_1 Y_{t-1} + A_2 Y_{t-2} + \cdots + A_p Y_{t-p} + \varepsilon_t \tag{7.3}$$

其中，$Y_t = (PRI_t, SEC_t, TER_t, EX_t, IM_t)^T$，t 代表年份，并且 $t = 1983$，1984，…，2013，α，A_1，A_2，…，A_p 代表待估参数向量，p 代表滞后阶数，$\varepsilon_t = (\varepsilon_{1t}, \varepsilon_{2t}, \cdots, \varepsilon_{5t})$ 代表随机扰动项，并且 $\varepsilon_{1t}, \varepsilon_{2t}, \cdots, \varepsilon_{5t} \sim IID(0, \delta^2)$，$Cov(\varepsilon_{1t}, \varepsilon_{2t}, \cdots, \varepsilon_{5t}) = 0$。

在对模型进行估计时，根据 *LR* 值、*AIC* 准则和 *SC* 准则来判断变量的滞后阶数。首先选择尽可能大的滞后阶数，然后综合考虑 *LR* 值、*AIC* 和 *SC* 确定合理的滞后阶数。此处依据上述方法进行的判定认为，滞后期为 2 较为合理，也即建立 2 阶滞后的 VAR 模型能消除随机误差中的自相关。有关滞后阶数的检验结果见表 7-7。综合考虑两者的检验结果，此处选择的滞后阶数为 2。

表 7-7　　VAR 模型滞后阶数的检验结果

滞后阶数	LogL	LR	FPE	AIC	SC	HQ
0	153.540	NA	6.39e-11	-9.284	-9.055*	-9.208
1	191.336	61.418	2.94e-11	-10.084	-8.709	-9.628
2	225.873	45.330*	1.83e-11*	-10.680*	-8.160	-9.845*

说明：* 表示相应准则所确定的滞后阶数。LR：sequential modified LR test statistic（each test at 5% level）；FPE：Final prediction error；AIC：Akaike information criterion；SC：Schwarz information criterion；HQ：Hannan-Quinn information criterion.

---

① CHRISTOPHER A SIMS. Macroeconomics and Reality［J］. Econometrica，1980，48（1）：1-48.

② 达摩达尔 N 古扎拉蒂. 计量经济学：下册［M］. 林少宫，译. 北京：中国人民大学出版社，2000：741-746.

对模型进行稳定性检验表明，特征方程全部根的倒数值都位于单位圆内，具体见图 7-3，由此可知 5 元结构的 VAR（2）模型是稳定的。同时，对残差进行的正态性检验表明残差服从正态分布。

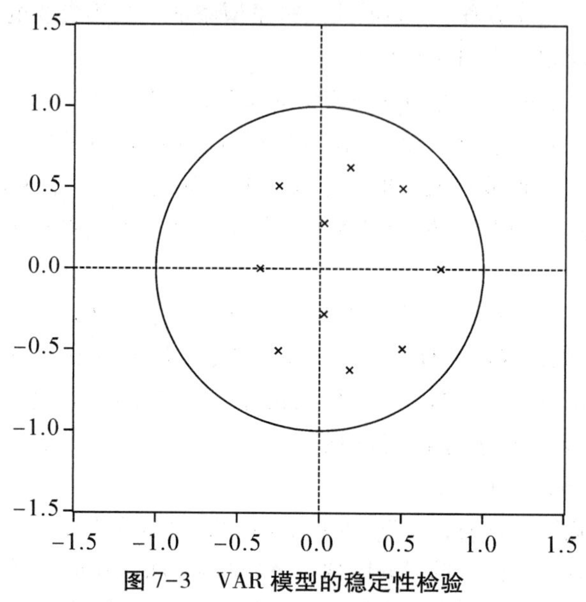

图 7-3 VAR 模型的稳定性检验

（二）乔根森协整检验

ADF 单位根检验表明，5 个时间序列对数化后都是一阶单整，若存在某种线性组合能够使时间序列的单整阶数降低，则可以称 5 个时间序列存在显著的协整关系。通过对协整关系进行估计检验，也可以度量 5 个变量间长期的稳定关系。乔根森（Johansen）检验是以 VAR 为基础的协整检验方法，检验过程中涉及内生变量、外生变量的选择，以及滞后阶数、趋势项、截距的确定，不同的选择将会对结果产生相当大的影响。为保证检验结果的客观性，本书采用 AIC 准则和 SC 准则确定滞后阶数，并同时确定是否包截距项和趋势项。本书采用的 Johansen 协整检验结果表明，特征根迹检验和最大特征值检验都印证了三次产业产值、进口总额、出口总额之间存在 4 个独立的协整向量。由此可见，三次产业产值、进口总额、出口总额之间存在稳定的长期均衡关系。

四、脉冲响应和方差分解

为进一步研究中国的国际贸易对产业布局的影响，需要在 VAR 模型的基础上，利用脉冲响应函数和方差分解来分析中国三次产业产值在出口总额、进口总额冲击后的反应形态及其程度。由于模型的统计性质较好，并且模型具备较好的稳定性，因此，可以做脉冲响应和方差分解分析。鉴于本书的主要目的是分析国际贸易对产业布局的影响，因此，此处只报告出口总额、进口总额对三次产业产值的影响。

（一）脉冲响应

在 VAR 模型中，对某一个内生变量的冲击不仅直接影响其自身，而且可以通过模型的滞后结构传递到其他内生变量。因此，可以在向量自回归的基础上，通过脉冲响应函数随机扰动的一个标准差来考察它对内生变量及其未来取值的影响。脉冲响应函数描述的是在随机误差项上施加一个标准差大小的冲击后，对内生变量的当期值和未来值所带来的影响，显示任何一个变量的扰动如何通过模型影响其他变量，并最终反馈到自身的过程。① 三次产业产值的脉冲响应函数（Cholesky 分解方法）分别见图 7-4、图 7-5 和图 7-6。

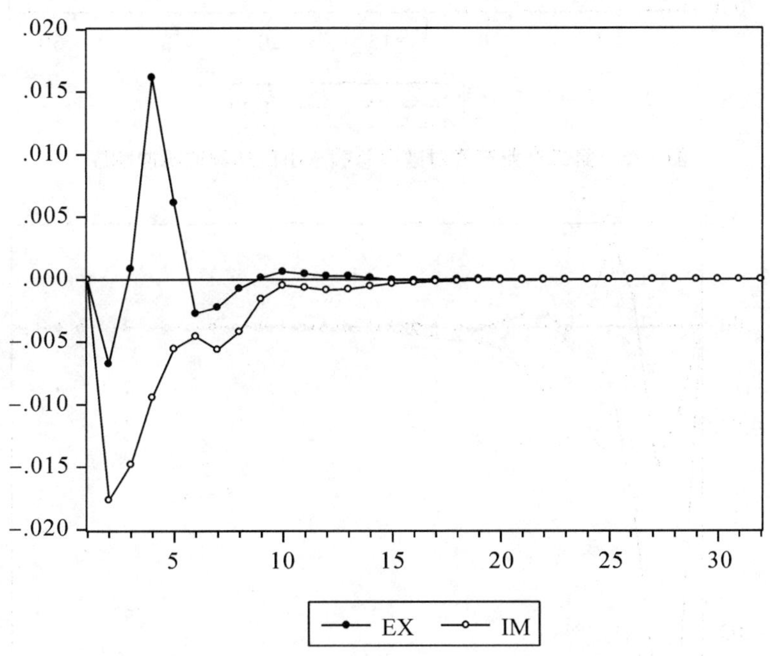

图 7-4　第一产业产值对进口总额与出口总额的脉冲响应

① 刘宏杰. 中国税收收入与国内生产总值之间的经验测度［J］. 上海财经大学学报：哲学社会科学版，2009（1）：72-78.

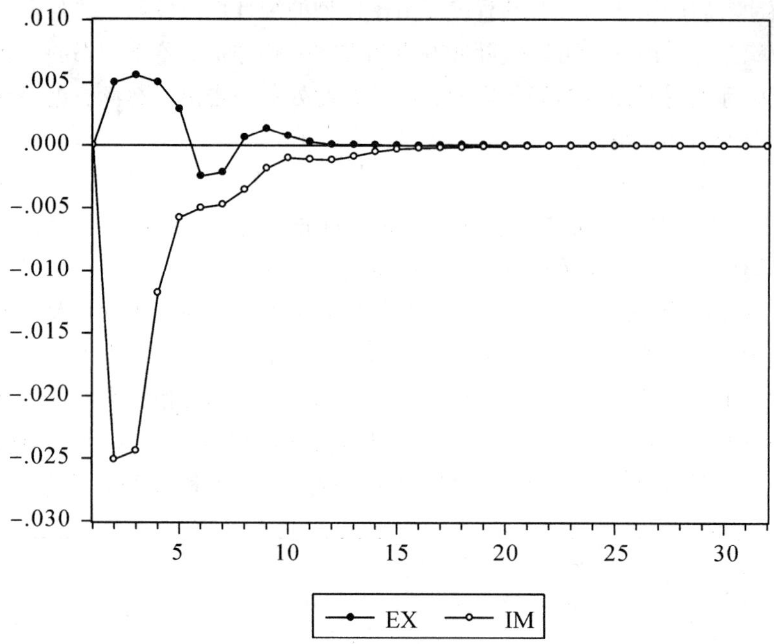

图 7-5 第二产业产值对进口总额与出口总额的脉冲响应

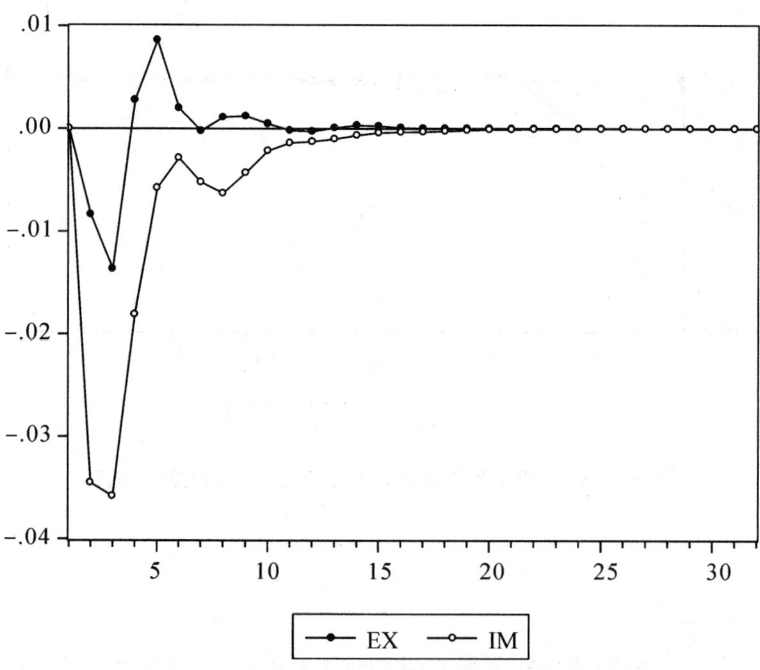

图 7-6 第三产业产值对进口总额与出口总额的脉冲响应

由图 7-4、图 7-5、图 7-6 可以发现，就国际贸易与三次产业产值的关系而言，可以发现如下特征：①出口总额一个单位正向标准差冲击对第一、第二产业产值存在较大的正向影响，而对第三产业产值存在较大的负向影响。对于当年的出口总额冲击，三次产业产值并未发生相应的变化。到了第 4 年出口总额对第一产业产值的正向影响达到最大值，为 0.016；从第 5 年开始，出口总额对第一产业产值开始产生负向影响，且负向影响在第 6 年达到最大，为-0.003；第 10 年之后影响再度转变为正并逐渐减弱。第 3 年出口总额对第二产业产值的正向影响最大，为 0.006；此后呈现正负交替的态势并迅速趋于稳定。到了第 3 年出口总额对第三产业产值造成的负向影响最大，为-0.014；此后转为正向影响，并在第 5 年达到正向影响的最大值，为 0.009；之后对第三产业产值开始产生正负交替的影响，进入第 8 年后趋于稳定。②进口总额一个单位正向标准差冲击对三次产业产值产生的影响以负向为主。对于当年的进口总额冲击，三次产业产值并未发生相应的变化。到了第 2 年进口总额对第一、第二产业产值的负向影响达到最大，分别为-0.018 和-0.025，此后出现短暂的正向影响并逐渐减弱趋于稳定。第 3 年进口总额对第三产业产值的负向影响达到最大，为-0.036，此后基本上沿着负向影响的路径趋于稳定。

综上脉冲响应分析结果，可以认为进口总额对三次产业产值存在负面影响，而出口总额对三次产业产值存在较大的正面影响。造成这一格局的原因主要是中国还是一个发展中国家，产品出口以低附加值的工业制成品为主，在当今的世界经济格局中处于较为不利的地位。在技术较为落后的情况下，为了供应国际市场，扩大产品出口不惜以破坏生态环境为代价，对生态环境造成了较大的破坏，从而不利于三次产业的发展。而就产品进口而言，中国以高精尖的设备进口为主，这些设备多数由发达国家研制，出口国是资本充裕而劳动力短缺的国家，他们研制的设备是劳动节约型的，这又与中国劳动力成本较低的优势相冲突，不利于劳动力成本低廉这一比较优势的发挥，从而对三次产业的发展不利。

（二）方差分解

方差分解法是将系统中某一个变量的波动（预测均方差）分解成系统中各个变量冲击所带来的影响部分，记录系统中每一个变量冲击影响的比例，从而了解各新息对该变量预测均方差的相对重要程度。① 也就是说，通过方差分解可以发现某一变量发生变化的原因。三次产业产值的方差分解结果分别见图

① 刘宏杰. 中国税收收入与国内生产总值之间的经验测度［J］. 上海财经大学学报：哲学社会科学版，2009（1）：72-78.

7-7、图 7-8 和图 7-9。

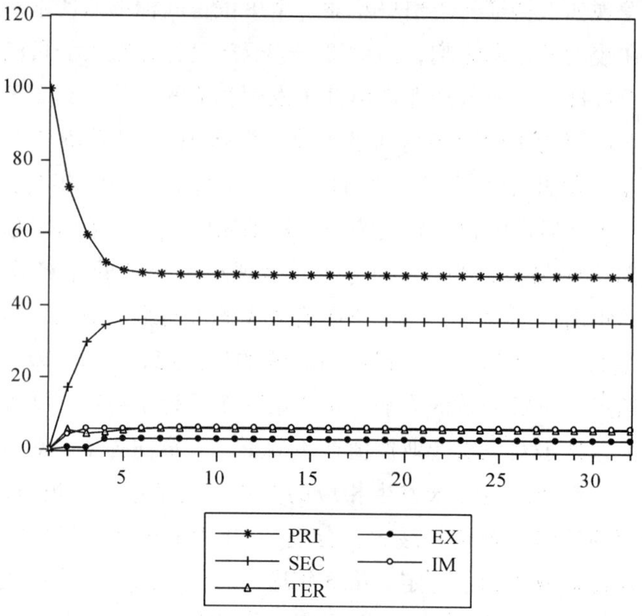

图 7-7　第一产业的方差分解

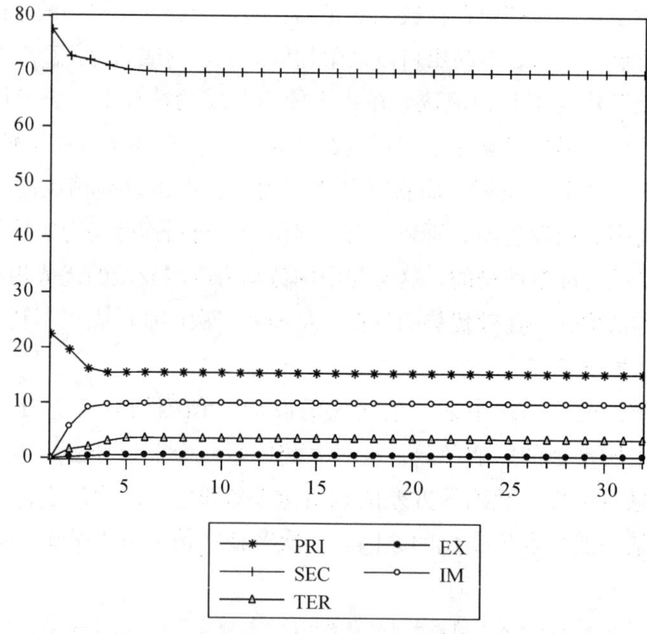

图 7-8　第二产业的方差分解

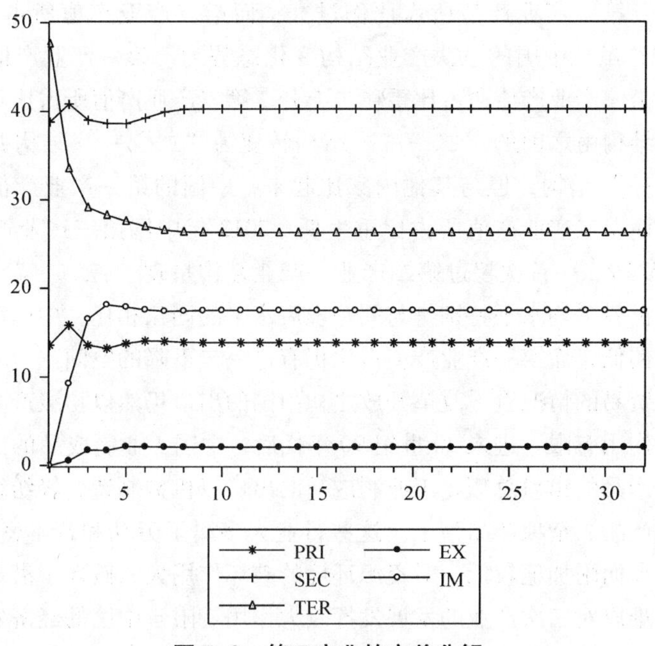

图 7-9 第三产业的方差分解

从图 7-7、图 7-8 和图 7-9 的方差分解结果中可以看出，三次产业产值的预测方差主要来自于三次产业自身的波动，尤其是第二产业产值的波动。就国际贸易而言，进口总额的波动对三次产业产值预测方差影响较大，而出口总额的波动对三次产业产值预测方差的影响较小，且以出口的影响为最小。具体而言：①就三次产业自身对三次产业产值预测方差的影响来看，三次产业都表现出自身产值对自身的预测方差影响较大的特征。第二产业产值对所有三次产业产值预测方差的影响都较大，第三产业产值对三次产业产值预测方差的影响都较小。如第一产业产值对第一、第二、第三产业产值波动的贡献率分别稳定在 48%、15%、13%；第二产业产值对第一、第二、第三产业产值波动的贡献率分别稳定在 35%、70%、40%；而第三产业产值对第一、第二产业产值波动的贡献率分别稳定在 6%、4%，虽然对第三产业产值波动的贡献率较高，但也只有 26%。②就国际贸易对三次产业产值预测方差的影响来看，进口总额对三次产业产值预测方差的影响较大。如出口总额对第一、第二、第三产业产值波动的贡献率分别稳定在 3%、0.7%、2%，进口总额对第一、第二、第三产业产值波动的贡献率分别稳定在 6%、10%、17%。由此可以看出，进口总额对第三产业产值波动的贡献率较大。

造成上述结果的原因在于，就三次产业的结构比例看，中国的三次产业结构不尽合理，第一产业产值所占比例过大，而第三产业产值所占比例过小。1978年以来，虽然中国的三次产业结构变化态势为，第一产业产值所占比重稳步下降，第三产业产值所占比重稳步上升，第二产业产值所占比重长期位居第一，产业结构由之前的“二一三”结构转变为“二三一”结构并进一步转变为“三二一”结构，但与其他国家比起来，中国的第一产业产值所占比重仍然太高，而第三产业产值所占比重太低。2013年中国第三产业产值占GDP的比重为46.1%，[①]首次超过第二产业，产业结构呈现“三二一”结构类型。但与同期的世界平均水平特别是与同等发展水平的国家相比，中国第三产业产值占比仍然偏低，而第一产业产值占比仍有进一步下降的空间。

就国际贸易的情况看，改革开放之初中国的出口仍然以初级产品为主，对经济发展的作用有限。进入20世纪90年代后，中国工业制成品的出口总额开始超过初级产品的出口总额，工业制成品的出口以机械制造、轻纺织品、橡胶制品、矿业产品、杂项产品为主。这些行业大多属于劳动和资本密集型行业，资源消耗较高而附加值较低，对资源环境的破坏作用大，破坏了潜在的生产能力，因此，难以对三次产业的发展发挥较大作用。限于中国的经济发展水平及其在国际分工格局中的地位，中国的进口贸易一直以工业制成品为主，技术密集型产品的引进较多，对于提升总体经济实力作用较大。这一贸易格局是造成进口总额对三次产业产值波动率的贡献比出口总额大的原因。

第三节 省际和区域面板分析

中国作为一个发展中的大国，国土面积位居世界第4位，南北跨越近50个纬度及5个气候带，高原、山岭、平原、丘陵、盆地等陆地上的5种基本土地类型在中国均有分布。既有沿海省份，又有内陆省份，广袤的国土、多样的自然条件以及巨大的地域差异等，为本书利用中国的省际面板数据进行实证研究提供了可能。改革开放以来，中国逐步推进的对外开放政策对各省的国际贸易造成了不同程度的影响，也影响到了各省的产业布局。正是基于这种考虑，此处运用各省的省际面板数据分析国际贸易对产业布局的影响。

① 中华人民共和国国家统计局. 2013年国民经济和社会发展统计公报［EB/OL］.［2014-02-24］. http://www.stats.gov.cn/tjsj/zxfb/201402/t20140224_514970.html.

一、省际和区域面板计量模型

（一）省际和区域面板计量模型的变量选择和数据来源

在省际和区域层面，本书同样着重分析国际贸易对区域产业布局的影响。在变量的选择方面，把区位熵作为各省产业布局的衡量指标，其计算方法如7.1式所示，国际贸易同样选择改革开放以来各省历年的出口总额、进口总额作为相应的衡量指标，同时引进外贸依存度这一指标以丰富模型的内容。考虑到海南省、西藏自治区两个省级单位的实际情况，并且西藏自治区从1993年起才能查到7个指标的完整连续数据，因此，本书在进行省际和区域分析时暂时不考虑这两个省级单位。同时，香港、澳门两个特别行政区和台湾省也因为数据的可得性问题而没有纳入此处的分析中来。

省级数据主要来源于《中国统计年鉴》相关年份、《中国统计资料五十五年汇编》《全国各省、自治区、直辖市历史统计资料汇编1949—1989》、各省相关年份的统计年鉴、中经网统计数据库（http：//db. cei. gov. cn），以及《中国区域经济统计年鉴：2008》等。① 数据采集时的进出口总额均是用万美元表示，而三次产业产值是用亿元人民币表示，为了保持计量单位的统一，把进出口总额乘以当年的汇率换算为人民币表示。其中，人民币对美元的汇率来源于《中国统计年鉴》相关各年。数据的起始年份是1985年，终止年份是2013年，样本总量为841个，也即每一个指标的观测值个数均为841个。

（二）省际和区域面板计量模型的建立

鉴于本书旨在探讨国际贸易对产业布局的影响，所以在建立省际和区域面板计量模型时，以三次产业区位熵作为被解释变量，而以出口总额、进口总额、出口依存度、进口依存度作为解释变量。同时，为充分兼顾国际贸易对三次产业布

---

① 具体各省不同年度的统计数据来源如下：①三次产业产值，1985—2007年重庆市、广东省、广西壮族自治区、河南省、黑龙江省、辽宁省、内蒙古自治区、宁夏回族自治区、山东省、上海市、天津市、新疆维吾尔自治区12个省份的三次产业产值数据来自该省2008年的统计年鉴，其余省份三次产业产值数据来自中经网统计数据库；2008—2013年29个省份的三次产业产值数据均来自国家统计局官方网站（http：//data. stats. gov. cn/）。②进出口总额，2004—2007年29个省份的进出口总额来自相关年份的《中国统计年鉴》；1985—2003年河南省、吉林省、内蒙古自治区、宁夏回族自治区、山东省，1990—2003年广东省、广西壮族自治区、山西省、新疆维吾尔自治区，以及1987—2003年重庆市的进出口总额数据来自该地区2008年的统计年鉴；除广东省1985—1989年的进出口总额数据来自《全国各省、自治区、直辖市历史统计资料汇编1949—1989》之外，其余省份其余年度的进出口总额数据均来自《中国统计资料五十五年汇编》以及国家统计局官方网站（http：//data. stats. gov. cn/）。需要特别说明的是，重庆市1985年、1986年的进出口数据是采用灰关联的方法预测得到的。

局影响的非线性关系，特别是关注国际贸易对三次产业集聚和产业扩散的影响，模型的解释变量包含二次项。可以预期，如果在进行计量回归时二次项显著，则表明国际贸易对三次产业集聚和扩散的影响显著。换言之，国际贸易与产业布局之间是非线性关系，国际贸易既可以促进产业集聚也可以促进产业扩散。

虽然此处的重点在于将 29 省作为一个整体进行分析，但各个省级单位之间还是存在一定的差异的。为了能够体现各个省级单位之间的差异性，此处在面板计量模型的构建时，采用变截距模型。变截距模型主要有两种方法：一种是使用固定效应模型（Fixed Effects Model），另一种是使用随机效应模型（Random Effects Model）。判断使用哪种模型的方法是 F 检验或豪斯曼（Hausman）检验。① 由于此处研究的 29 个省级单位基本涵盖了中国内地的所有省级单位，并且仅就 29 个省级单位的情况进行研究，不涉及预测推断问题，故此处没有进行检验而直接采用固定效应模型。② 具体的固定效应变截距面板模型为：

$$Q_{jit} = \alpha_{jt} + \alpha_{jit} + \beta X^{T} + \varepsilon_{jit} \tag{7.4}$$

其中，j 代表第一、第二、第三产业，i 代表省份，t 代表年份，且 $t=1985$，1986，…，2013。Q 代表所涉及的 29 个省份三次产业的区位熵。$\beta=(\beta_{j1}, \beta_{j2}, \cdots, \beta_{j8})$ 代表待估参数向量，α_{jt}，α_{jit}，β_{j1}，β_{j2}，…，β_{j8} 代表待估参数，α_{jit} 代表各省三次产业区位熵对平均水平的偏离程度。$X=(EX_{it}, IM_{it}, EDI_{it}, IDI_{it}, EX_{it}^2, IM_{it}^2, EDI_{it}^2, IDI_{it}^2)$ 代表解释变量向量，EX 代表各省级单位的出口总额，IM 代表各省级单位的进口总额，EDI 代表各省级单位的出口依存度，IDI 代表各省级单位的进口依存度，EX^2 代表各省级单位出口总额的平方，IM^2 代表各省级单位进口总额的平方，EDI^2 代表各省级单位出口依存度的平方，IDI^2 代表各省级单位进口依存度的平方。ε_{jit} 代表随机误差项，且 ε_{jit} 满足经典计量经济学模型的假设。

二、省际和区域面板计量回归结果及其解释

（一）省际面板计量回归

1. 省际面板数据的单位根检验

与时间序列类似，面板数据同样存在单位根检验以判定数据是否平稳。面板数据的单位根检验方法分为两大类：一类为相同根情形下的单位根检验，这类检验方法假设面板数据中的各个截面具有相同的单位根过程；另一类为不同

① 汪同三，王成璋. 21 世纪数量经济学：第五卷［M］. 成都：西南交通大学出版社，2005：87-88.

② 为了与此处的分析保持一致，本书在第七章第三节第二部分进行计量回归时，同时报告了固定效应和随机效应的估计结果。

根情况下的单位根检验，这类检验方法允许面板数据中的各截面序列具有不同的单位根过程。① 此处运用第一类检验方法中的布赖通（Breitung）检验进行单位根检验，其结果见表7-8。因为在对全国各省级单位的数据进行综合分析时，分别以1992年、2001年、2008年为界限，考虑了1985—1992年、1993—2001年、2002—2008年以及2009—2013年4个时间段的情况，并且对4个时间段的原始数据分别用7.2式进行标准化处理，所以表7-8除报告1985—2013年的平稳性检验结果外，还分别报告4个时间段数据的平稳性检验结果。

表7-8　　　　　　省际面板数据单位根检验结果

		PRI	SEC	TER	EX	IM	EDI	IDI
Ⅰ	形式（c，t，k）	（c，0，0）	（0，0，0）	（c，t，0）	（c，0，0）	（c，0，1）	（c，t，5）	（c，t，1）
	t统计量	-14.013*	-5.710*	-10.874*	-4.224*	0.579	-1.538	-2.150*
	P值	0.000	0.000	0.000	0.000	0.281	0.062	0.016
	结论	平稳	平稳	平稳	平稳	平稳	平稳	平稳
Ⅱ	形式（c，t，k）	（0，0，1）	（c，0，1）	（c，t，1）	（0，0，1）	（0，0，1）	（c，t，1）	（0，0，1）
	t统计量	-2.468*	-2.211*	-3.830*	-3.843*	-5.796*	-2.457*	-5.316*
	P值	0.007	0.014	0.000	0.000	0.000	0.007	0.000
	结论	平稳	平稳	平稳	平稳	平稳	平稳	平稳
Ⅲ	形式（c，t，k）	（0，0，3）	（0，0，1）	（c，t，2）	（c，0，1）	（0，0，1）	（0，0，1）	（0，0，1）
	t统计量	-2.332*	-7.019*	-4.331*	-2.787*	-3.557*	-3.398*	-5.700*
	P值	0.010	0.000	0.000	0.003	0.000	0.000	0.000
	结论	平稳	平稳	平稳	平稳	平稳	平稳	平稳
Ⅳ	形式（c，t，k）	（0，0，1）	（c，0，1）	（c，t，1）	（c，t，1）	（c，0，1）	（0，0，1）	（c，0，1）
	t统计量	-2.294*	-2.918*	-1.930*	-2.098*	-0.863	-4.493*	-1.524
	P值	0.011	0.002	0.027	0.018	0.194	0.000	0.064
	结论	平稳	平稳	平稳	平稳	平稳	平稳	平稳
Ⅴ	形式（c，t，k）	（0，0，0）	（0，0，0）	（0，0，0）	（0，0，0）	（0，0，0）	（0，0，0）	（0，0，0）
	t统计量	-3.700*	-2.101*	-1.960*	-2.228*	-2.589*	-2.632*	-2.844*
	P值	0.000	0.018	0.025	0.013	0.005	0.004	0.002
	结论	平稳	平稳	平稳	平稳	平稳	平稳	平稳

说明：①Ⅰ、Ⅱ、Ⅲ、Ⅳ、Ⅴ分别代表1985—2013年、1985—1992年、1993—2001年、2002—2008年、2009—2013年；②c、t、k分别表示截距项、时间趋势项和滞后阶数；③*表示在5%的显著性水平上显著。

表7-8中各变量的滞后阶数都是依据施瓦茨（Schwarz）准则自动选择的。

---

① 高铁梅. 计量经济分析方法与建模：EViews应用及实例［M］. 北京：清华大学出版社，2006：327-331.

因为 Breitung 检验的原假设为各截面序列都有一个单位根，所以 t 统计量所对应的 P 值越小拒绝原假设的概率就越高。由表 7-8 可知，各个变量都不存在单位根，也即数据是平稳的。

2. 省际面板计量回归结果

省际面板的计量回归包括以下过程：首先，对全部 29 个省级单位 1985—2013 年的所有数据进行回归，并报告了固定效应和随机效应回归结果。其次，分别对 1985—1992 年、1993—2001 年、2002—2008 年、2009—2013 年 4 个时间段的数据进行了固定效应和随机效应的估计，并同时报告了回归结果。此处之所以分 4 个时间段分别进行回归主要是考虑到中国经济发展的现实，中国的经济体制改革和对外开放是一个渐进的过程。在对外开放过程中，国际贸易等方面都发生了相应的变化，分时间段进行回归能够更好地体现这一变化，而且能够更好地体现本书的研究主旨。同时，可以更好地分析随着经济发展水平、对外开放程度的变化，国际贸易对于产业布局的影响的变化。

选择分界年度的理由是：首先，1992 年 10 月召开的党的十四大明确指出经济体制改革的目标是建立社会主义市场经济体制，这是计划与市场关系演变的一个里程碑，标志着中国经济体制改革正式进入初步建立和完善社会主义市场经济体制阶段；其次，2001 年中国经过多年的艰苦谈判重返世界贸易组织，为进一步扩大对外开放，开展对外经济交流与合作创造了更好的条件，也为中国的国际贸易进一步走向规范化创造了条件；再次，随着 2001 年重返世界贸易组织利好作用的减弱，以及 2008 年全球经济金融危机等不利因素共同作用，中国进出口出现明显的下降。因此，此处分析时选择了这三个年份作为分界点。

为了减少截面数据造成的异方差影响，本书采用广义最小二乘法（GLS）对模型进行计量回归。所选用的估计软件是 EViews 5.0，具体的回归结果及显著性水平见表 7-9。

表 7-9 省际面板计量回归结果

形式	产业	年份	C	EX	IM	EDI	IDI	EX^2	IM^2	EDI^2	IDI^2
固定效应	第一产业	1985—2013	2.842 *** (13.170)	1.435 *** (4.185)	-3.372 *** (-7.917)	-0.529 *** (-4.667)	0.270 * (1.957)	-0.305 *** (-4.289)	0.483 *** (5.760)	0.046 (1.633)	0.093 *** (2.938)
		1985—1992	1.921 *** (11.532)	-1.331 *** (-2.984)	0.127 (0.263)	0.217 (0.731)	0.253 (0.790)	0.225 * (1.686)	0.110 (0.865)	0.041 (0.466)	-0.158 * (-1.639)
		1993—2001	1.432 *** (7.509)	1.185 *** (4.101)	-1.433 *** (-4.945)	-0.646 *** (-3.024)	0.872 *** (3.994)	-0.116 * (-1.647)	0.100 (1.365)	0.017 (0.289)	-0.082 (-1.288)
		2002—2008	1.954 *** (13.792)	-1.715 *** (-3.314)	1.063 ** (2.225)	0.492 * (1.670)	-0.288 (-1.158)	0.180 (1.399)	-0.192 * (-1.719)	0.004 (0.047)	-0.040 (-0.534)
		2009—2013	2.273 *** (11.986)	-1.487 *** (-2.851)	0.849 (1.636)	-0.124 (-0.426)	-0.029 (-0.117)	0.211 (1.578)	-0.215 * (-1.683)	0.068 (0.700)	-0.018 (-0.218)
	第二产业	1985—2013	1.940 *** (9.849)	-1.765 *** (-5.639)	1.862 *** (4.788)	-0.144 (-1.387)	-0.471 *** (-3.739)	0.399 *** (6.144)	-0.305 *** (-3.981)	0.062 ** (2.421)	0.048 * (1.659)
		1985—1992	2.240 *** (15.000)	-1.076 ** (-2.487)	0.410 (0.901)	-0.094 (-0.343)	-0.727 ** (-2.441)	0.200 (1.602)	-0.184 (-1.600)	0.075 (0.964)	0.285 *** (3.167)
		1993—2001	2.886 *** (17.190)	-1.697 *** (-7.216)	0.245 (1.001)	-0.476 ** (-2.468)	-0.532 *** (-2.728)	0.310 *** (5.250)	0.116 * (1.843)	0.264 *** (4.973)	0.033 (0.594)
		2002—2008	0.552 *** (7.171)	0.953 *** (4.036)	0.260 * (1.752)	0.090 (0.352)	-0.530 *** (-4.011)	-0.094 (-1.173)	-0.034 (-0.665)	-0.132 * (-1.655)	0.199 *** (4.087)
		2009—2013	1.681 ** (2.429)	-0.972 (-1.164)	-0.100 (-0.162)	0.756 ** (2.383)	-0.314 (-1.200)	0.262 (1.305)	0.086 (0.576)	-0.175 (-1.617)	0.035 (0.393)
	第三产业	1985—2013	2.028 *** (10.646)	-0.844 *** (-2.787)	-0.210 (-0.560)	0.522 *** (5.218)	0.336 *** (2.760)	0.074 (1.182)	0.049 (0.658)	-0.087 *** (-3.475)	-0.075 *** (-2.667)
		1985—1992	0.360 *** (3.067)	2.279 *** (6.814)	-0.436 (-1.050)	-0.234 (-1.182)	0.182 (0.747)	-0.465 *** (-4.903)	0.083 (0.842)	0.003 (0.059)	-0.030 (-0.424)
		1993—2001	0.493 *** (2.658)	1.109 *** (3.930)	0.499 * (1.736)	0.376 * (1.797)	0.229 (1.030)	-0.280 *** (-4.068)	-0.152 ** (-2.060)	-0.174 *** (-3.032)	-0.065 (-1.034)
		2002—2008	2.085 *** (43.030)	-0.193 (-0.589)	-1.028 *** (-4.962)	-0.064 (-0.199)	0.602 *** (3.830)	-0.026 (-0.272)	0.170 *** (2.915)	0.088 (0.827)	-0.171 *** (-3.111)
		2009—2013	0.274 (0.364)	1.571 * (1.731)	0.174 (0.260)	-0.190 (-0.552)	0.295 (1.040)	-0.408 (-1.872)	-0.105 (-0.648)	0.030 (0.254)	-0.030 (-0.306)

表 7-9（续）

形式	产业	年份	C	EX	IM	EDI	IDI	EX^2	IM^2	EDI^2	IDI^2
随机效应	第一产业	1985—2013	2.023*** (16.726)	1.806*** (6.636)	-2.197*** (-7.462)	-0.508*** (-4.814)	0.237** (2.039)	-0.335*** (-5.971)	0.330*** (5.234)	0.042 (1.571)	0.062** (2.133)
		1985—1992	1.793*** (10.794)	-0.839* (-1.907)	0.105 (0.258)	0.067 (0.215)	0.241 (0.785)	0.141 (1.005)	0.079 (0.648)	0.036 (0.391)	-0.127 (-1.283)
		1993—2001	1.520*** (7.385)	0.500* (1.920)	-0.587** (-2.262)	-0.345* (-1.641)	0.468** (2.132)	-0.039 (-0.564)	0.012 (0.165)	0.008 (0.133)	-0.055 (-0.824)
		2002—2008	1.635*** (9.962)	-1.156** (-2.136)	0.901* (1.805)	0.387 (1.110)	-0.198 (-0.717)	0.123 (0.780)	-0.183 (-1.286)	-0.008 (-0.073)	-0.039 (-0.463)
		2009—2013	2.207*** (11.806)	-1.390*** (-2.871)	0.647 (1.378)	-0.038 (-0.133)	-0.018 (-0.075)	0.209 (1.597)	-0.169 (-1.382)	0.043 (0.446)	-0.011 (-0.128)
	第二产业	1985—2013	1.736*** (15.531)	-1.499*** (-5.977)	2.305*** (8.388)	-0.185* (-1.880)	-0.563*** (-5.078)	0.334*** (6.378)	-0.397*** (-6.680)	0.074*** (2.981)	0.063** (2.309)
		1985—1992	1.931*** (11.825)	-1.043** (-2.426)	0.732* (1.828)	0.091 (0.301)	-0.725** (-2.423)	0.209 (1.539)	-0.222* (-1.861)	0.012 (0.131)	0.253*** (2.637)
		1993—2001	2.459*** (13.105)	-0.963*** (-4.054)	-0.292 (-1.241)	-0.648*** (-3.364)	-0.133 (-0.662)	0.222*** (3.490)	0.135** (1.995)	0.228*** (3.883)	0.017 (0.277)
		2002—2008	0.912*** (6.999)	0.925*** (3.010)	0.361* (1.715)	-0.110 (-0.568)	-0.621*** (-4.171)	-0.120 (-1.068)	-0.115* (-1.679)	-0.094 (-1.554)	0.240*** (5.518)
		2009—2013	0.661*** (3.355)	-0.357 (-0.699)	0.753 (1.524)	0.511* (1.693)	-0.317 (-1.232)	0.147 (1.070)	-0.095 (-0.733)	-0.108 (-1.059)	-0.001 (0.004)
	第三产业	1985—2013	1.638*** (12.911)	-0.398 (-1.548)	-0.312 (-1.093)	0.550*** (5.524)	0.563*** (4.855)	-0.006 (-0.104)	0.075 (1.202)	-0.101*** (-4.034)	-0.121*** (-4.369)
		1985—1992	0.634*** (4.366)	1.624*** (4.283)	-0.015 (-0.043)	-0.088 (-0.331)	-0.079 (-0.298)	-0.354*** (-2.965)	-0.001 (-0.014)	-0.024 (-0.310)	0.040 (0.476)
		1993—2001	0.824*** (4.162)	0.819*** (3.268)	0.440* (1.772)	0.303 (1.490)	0.159 (0.748)	-0.211*** (-3.146)	-0.133* (-1.865)	-0.149** (-2.396)	-0.049 (-0.745)
		2002—2008	1.757*** (17.430)	-0.077 (-0.228)	-0.961*** (-2.990)	0.034 (0.117)	0.610*** (5.231)	-0.026 (-0.212)	0.204** (2.154)	0.071 (0.699)	-0.200*** (-4.753)
		2009—2013	1.947*** (8.916)	0.098 (0.173)	-0.747 (-1.364)	-0.092 (-0.276)	0.246 (0.862)	-0.056 (0.364)	0.116 (0.810)	0.005 (0.046)	-0.004 (-0.039)

说明：①括号中是参数估计值所对应的 t 值；② ***、**、* 分别表示在 1%、5%、10%的显著性水平上显著。

由表 7-9 可以发现，1985—2013 年，国际贸易的绝对数额与外贸依存度对三次产业集聚的影响方向总体呈现相反的态势。出口总额对第一产业区位熵存在正向的影响，对第二、第三产业区位熵存在负向的影响，即出口总额的扩大有利于第一产业的集聚，不利于第二、第三产业的集聚。进口总额对第一、第三产业区位熵存在负向的影响，对第二产业区位熵存在正向的影响，即进口总额的扩大不利于第一、第三产业的集聚，有利于第二产业的集聚。出口依存度对第一、第二产业区位熵存在负向的影响，对第三产业区位熵存在正向的影响，即出口依存度的提高不利于第一、第二产业的集聚，有利于第三产业的集聚。进口依存度对第一、第三产业区位熵存在正向的影响，对第二产业区位熵存在负向的影响，即进口依存度的提高有利于第一、第三产业的集聚，不利于第二产业的集聚。

需要特别指出的是，由表 7-9 可知，进口总额、出口总额、出口依存度、进口依存度的二次项系数总体显著性水平较高，这说明国际贸易对三次产业区位熵的影响不是单向的，而是二次曲线关系。这意味着，随着时间的推移，国际贸易对三次产业布局的影响方向将会发生变化。国际贸易目前有利于产业集聚，将来有可能促进产业扩散；反之，目前有利于产业扩散，将来有可能利于产业集聚。

分时期来看，1985—1992 年，出口总额对第一、第二产业区位熵存在负向的影响，对第三产业区位熵存在正向的影响，即出口的扩大不利于第一、第二产业的集聚，有利于第三产业的集聚。进口总额对三次产业区位熵的影响方向与出口总额刚好相反。出口依存度和进口依存度对第一产业区位熵存在正向的影响，对第二、第三产业区位熵存在负向的影响。1993—2001 年，出口总额对第一、第三产业区位熵存在正向的影响，对第二产业区位熵存在负向的影响，即出口的扩大有利于第一、第三产业的集聚，不利于第二产业的集聚。进口总额对三次产业区位熵的影响方向仍然与出口总额刚好相反。出口依存度对第一、第二产业区位熵存在负向的影响，对第三产业区位熵存在正向的影响。进口依存度对第一、第三产业区位熵存在正向的影响，对第二产业区位熵存在负向的影响。2002—2008 年，出口总额对第一、第三产业区位熵存在负向的影响，对第二产业区位熵存在正向的影响，即出口总额的扩大不利于第一、第三产业的集聚，有利于第二产业的集聚。进口总额对第一、第二产业区位熵存在正向的影响，对第三产业区位熵存在负向的影响，即进口总额的扩大有利于第一、第二产业的集聚，不利于第三产业的集聚。出口依存度对第一、第二产业区位熵存在正向的影响，对第三产业区位熵存在负向的影响。进口依存度对三次产业区位熵的影响方向与出口依存度的影响方向刚好相反。2009—2013年，出口总额对第一、第二产业区位熵存在负向的影响，对第三产业区位熵存在正向的影响，即出口总额的扩大不利于第一、第二产业的集聚，有利于第三产业的集聚。进口总额对第一、第三产业区位熵存在正向的影响，对第二产业区位熵存在负向的影响，即进口总额的扩大有利于第一、第三产业的集聚，不利于第二产业的集聚。出口依存度对第二产业区位熵存在正向的影响，对第一、第三产业区位熵存在负向的影响。进口依存度对第一、第二产业区位熵存在负向的影响，对第三产业区位熵存在正向的影响。由表 7-9 可知，与1985—2013 年的分析比起来，三个阶段的进口总额、出口总额、出口依存度、进口依存度二次项系数的显著性水平有了很大的降低。这说明，分时期来看，中国国际贸易对三次产业区位熵的影响更多地呈现出单向的关系。

总体来看，国际贸易对三次产业的布局存在较为显著的影响。分产业来看，第一产业的情况是，在经济发展水平较低或较高时，出口总额的扩大不利于第一产业的集聚，进口总额的影响方向刚好相反；出口依存度的提高有利于第一产业的集聚，进口依存度只有在经济发展水平较低时才有利于第一产业的集聚。第二产业的情况是，出口总额、出口依存度只有在经济发展水平较高时才有利于第二产业的集聚，经济发展水平较低时扩大出口、提高出口依存度并不利于第二产业的集聚；无论经济发展水平如何，扩大进口总额或者降低进口依存度都会有利于第二产业的集聚。第三产业的情况是，出口总额在经济发展水平较低时利于第三产业的集聚，在经济发展水平较高时不利于第三产业的集聚，进口总额只有在经济发展水平适中时才有利于第三产业的集聚；在经济发展水平适中时，提高出口依存度和进口依存度都有利于第三产业的集聚，在经济发展水平较低或较高时降低出口依存度，提高进口依存度有利于第三产业的集聚。在经济发展水平较低时，第三产业难以长足发展，此时产业集聚更加难以实现。在经济发展水平适中时，第三产业也获得了较好的发展，此时集聚可以很好地获取集聚经济效益。

第二产业上述情况的出现与中国特定的经济发展背景有关。改革开放前，中国为了建立完整的工业体系，采用计划的手段将工业布局在内陆偏远地区，这一做法违背了经济发展的规律，对工业发展的不良影响将会在一定时期持续存在。改革开放后，受国际贸易和区位优势的影响，中国的工业迅速向东南沿海集聚，导致这些地区的集聚水平过高，产业面临的升级换代压力较大，通过产业转移促进中西部地区第二产业发展的问题日益突出。中国第二产业的布局是在改革开后才逐步走上正常轨道的。

（二）区域面板计量回归

1. 区域分类方式及其理由

第七章第三节第二部分把中国内地29个省份作为一个整体进行计量分析，而没有对其进行分类。本部分将对中国内地的29个省份进行分类，分别讨论国际贸易对不同类型省份产业布局的影响，以便于更全面地实证分析国际贸易对产业布局的影响。具体的分类思路有两个，即把29个省份按照其地理位置划分和按照贸易依存度的高低划分。前一种思路把29个省份分为沿海地区和内陆地区，后一种思路则把29个省份分为高贸易依存度地区和低贸易依存度地区。具体如下：

第一，将29个省份分为沿海省份和内陆省份。这种分类方式只考虑各省的地理位置，而不涉及该省的经济状况和贸易状况。从地理位置是否毗邻海洋来看，世界上的国家可以分为沿海国家和内陆国家。与内陆国家相比，沿海国家开展国际贸易的优势得天独厚，这些国家的开放程度要远远高于内陆国家。也正是如此，沿海国家经济发展水平普遍高于内陆国家，一国内部沿海地区的产业集聚趋势也更明显。中国沿海地区的经济较为发达、产业集聚水平较高就是一例。最终的分类结果是，沿海地区包括福建、广东、广西、河北、江苏、辽宁、山东、上海、天津、浙江10个省份，内陆地区包括安徽、北京、重庆、甘肃、贵州、河南、黑龙江、湖北、湖南、吉林、江西、内蒙古、宁夏、青海、山西、陕西、四川、新疆、云南19个省份。

第二，将29个省份分为贸易依存度较高的省份和贸易依存度较低的省份。这种分类方式只考虑各省1985—2013年平均的外贸依存度，不涉及其地理位置和经济发展水平。在具体分类时，首先计算29个省份1985—2013年平均的外贸依存度，其次以10%为界限将29个省份分成两类，即平均的贸易依存度高于10%的高贸易依存度地区，平均的贸易依存度低于10%的低贸易依存度地区。低贸易依存度地区包括安徽、甘肃、贵州、河南、湖北、湖南、江西、内蒙古、宁夏、青海、山西、陕西、四川、云南14个省份，高贸易依存度地区包括北京、重庆、福建、广东、广西、河北、黑龙江、吉林、江苏、辽宁、山东、上海、天津、新疆、浙江15个省份。

2. 区域面板数据的单位根检验

此处仍然选择相同情形下的Breitung单位根检验方法对沿海地区、内陆地区、高贸易依存度地区、低贸易依存度地区4个地区的7个面板变量数据进行单位根检验，其结果见表7-10。因为Breitung检验的原假设为各截面序列都有一个单位根，所以t统计量所对应的P值越小拒绝原假设的概率就越高。由表

7-10 可知，各个变量都不存在单位根，也即数据是平稳的。

表 7-10　　　　　　　　四个区域面板数据单位根检验结果

		PRI	SEC	TER	EX	IM	EDI	IDI
Ⅰ	形式（c，t，k）	（0，0，1）	（0，0，1）	（c，t，1）	（c，0，4）	（c，0，0）	（0，0，0）	（c，t，0）
	t 统计量	-1.967 *	-2.701 *	-1.249	-5.731 *	-1.648 *	-12.495 *	-6.899 *
	P 值	0.025	0.004	0.106	0.000	0.050	0.000	0.000
	结论	平稳	平稳	平稳	平稳	平稳	平稳	平稳
Ⅱ	形式（c，t，k）	（c，0，4）	（0，0，1）	（c，t，1）	（c，0，6）	（0，0，1）	（0，0，1）	（c，t，1）
	t 统计量	-1.393	-4.358 *	-9.890 *	-2.365 *	-5.010 *	-1.990 *	-3.341 *
	P 值	0.082	0.000	0.000	0.009	0.000	0.023	0.000
	结论	平稳	平稳	平稳	平稳	平稳	平稳	平稳
Ⅲ	形式（c，t，k）	（0，0，1）	（0，0，1）	（0，0，1）	（0，0，1）	（0，0，0）	（c，t，2）	（c，t，1）
	t 统计量	-1.688 *	-3.129 *	-7.317 *	-7.204 *	-1.345	-1.583	-1.457
	P 值	0.046	0.001	0.000	0.000	0.089	0.057	0.073
	结论	平稳	平稳	平稳	平稳	平稳	平稳	平稳
Ⅳ	形式（c，t，k）	（c，0，6）	（0，0，1）	（c，0，3）	（c，0，6）	（0，0，6）	（0，0，0）	（c，t，5）
	t 统计量	-1.706 *	-3.903 *	-7.311 *	-2.925 *	-1.879 *	-2.085 *	-3.458 *
	P 值	0.044	0.000	0.000	0.002	0.030	0.019	0.000
	结论	平稳	平稳	平稳	平稳	平稳	平稳	平稳

说明：①Ⅰ、Ⅱ、Ⅲ、Ⅳ分别代表沿海地区、内陆地区、高贸易依存度地区、低贸易依存度地区；②c、t、k 分别表示截距项、时间趋势项和滞后阶数；③＊表示在 5%的显著性水平上显著。

3. 区域面板计量回归结果

本节在对数据进行计量回归时，仍然采用 7.4 式的模型。由于估计结果不涉及预测问题，所以采用的估计形式是固定效应变截距模型。在报告估计结果时，只报告了固定效应变截距模型的估计结果，而没有报告随机效应变截距的估计结果。具体的估计结果见表 7-11、表 7-12。

表 7-11　　　　　　　　沿海地区和内陆地区计量回归结果

	沿海地区			内陆地区		
	第一产业	第二产业	第三产业	第一产业	第二产业	第三产业
C	2.389 *** (6.212)	1.761 *** (11.100)	1.872 *** (4.574)	2.023 *** (8.473)	1.457 *** (6.801)	2.236 *** (9.564)
EX	3.318 *** (3.988)	-2.042 *** (-2.631)	2.472 *** (2.948)	0.854 *** (2.858)	-1.083 *** (-3.543)	0.996 *** (2.985)
IM	-3.701 *** (-4.655)	2.275 *** (2.809)	3.469 *** (4.633)	-1.397 *** (-3.084)	2.220 *** (5.396)	-0.236 (-0.526)

表7-11(续)

	沿海地区			内陆地区		
	第一产业	第二产业	第三产业	第一产业	第二产业	第三产业
EDI	−0.980*** (−6.091)	−0.120 (−0.521)	0.796*** (3.883)	0.078 (0.506)	−0.270** (−2.323)	0.404*** (3.178)
IDI	0.207 (1.149)	−0.632*** (−2.762)	0.223 (1.030)	0.061 (0.337)	−0.283** (−2.073)	0.196 (1.317)
EX^2	−0.342** (−1.968)	0.470** (2.439)	0.054 (0.280)	−0.263*** (−3.551)	0.266*** (4.133)	0.131* (1.870)
IM^2	0.353** (2.012)	−0.435** (−2.271)	−0.649*** (−3.447)	0.210** (2.250)	−0.336*** (−4.370)	0.064 (0.765)
EDI^2	0.001 (0.024)	0.103 (1.584)	−0.177*** (−2.955)	−0.032 (−0.823)	0.077** (2.794)	−0.055* (−1.835)
IDI^2	0.137*** (3.306)	0.129** (2.239)	−0.139*** (−2.662)	0.049 (1.116)	−0.030 51 (−0.953)	−0.039 (−1.106)

说明：①括号中是参数估计值所对应的 t 值；② ***、**、* 分别表示在 1%、5%、10%的显著性水平上显著。

表 7-12　高贸易依存度地区和低贸易依存度地区计量回归结果

	高贸易依存度地区			低贸易依存度地区		
	第一产业	第二产业	第三产业	第一产业	第二产业	第三产业
C	2.331*** (22.119)	2.005*** (16.754)	1.115*** (9.837)	3.231*** (8.775)	1.473*** (13.946)	2.510*** (7.634)
EX	3.570*** (8.888)	−2.633*** (−5.773)	0.514 (1.189)	−1.274*** (−2.640)	−0.445 (−1.591)	−2.203*** (−5.113)
IM	−3.431*** (−8.210)	3.186*** (6.715)	−1.675*** (−3.725)	−2.919*** (−4.270)	1.450*** (4.800)	1.369** (2.242)
EDI	−0.755*** (−5.315)	−0.045 (−0.282)	0.710*** (4.650)	0.374** (2.212)	−0.355*** (−3.282)	0.461*** (3.053)
IDI	−0.282* (−1.911)	−0.877*** (−5.230)	1.224*** (7.705)	0.397** (2.012)	−0.217* (−1.804)	−0.267 (−1.513)
EX^2	−0.597*** (−6.331)	0.568*** (5.312)	−0.208** (−2.046)	0.129 (1.306)	0.144*** (2.696)	0.313*** (3.556)
IM^2	0.479*** (5.244)	−0.611*** (−5.891)	0.402*** (4.091)	0.420*** (3.348)	−0.199*** (−3.135)	−0.182 (−1.622)

表7-12(续)

	高贸易依存度地区			低贸易依存度地区		
	第一产业	第二产业	第三产业	第一产业	第二产业	第三产业
EDI^2	-0.010 (-0.262)	0.093** (2.067)	-0.180*** (-4.215)	-0.063* (-1.624)	0.067*** (2.706)	-0.033 (-0.961)
IDI^2	0.214*** (5.704)	0.122*** (2.860)	-0.223*** (-5.537)	0.035 (0.747)	-0.002 (-0.070)	-0.011 (-0.267)

说明：①括号中是参数估计值所对应的 t 值；② ***、**、* 分别表示在 1%、5%、10%的显著性水平上显著。

从表 7-11 可以发现，无论是沿海地区还是内陆地区，国际贸易对三次产业布局的影响都是比较显著的，其有力佐证就是各个参数的估计值都是很显著的。分类来看，国际贸易对沿海地区三次产业布局的影响要高于内陆地区，其根据是沿海地区各个参数一次项估计值的绝对值中，除出口依存度对第二产业的影响系数外，其余均大于内陆地区相应的值，并且沿海地区各个参数一次项估计值的显著性水平总体高于内陆地区。总之，出口总额、进口总额、出口依存度、进口依存度的一次项对三次产业区位熵的回归结果显著，表明国际贸易对三次产业布局有着显著的影响，其二次项对三次产业区位熵的回归结果显著，则表明这种影响方向并不是一成不变的，当达到某一临界值之后影响方向将有可能发生逆转。造成国际贸易对沿海地区产业布局影响更显著的原因在于，较之于内陆地区，不仅沿海地区的低运输成本强化了其在经济发展中的优势，沿海地区同样在信息搜寻方面具有内陆地区所不及的优势，因而国际贸易对沿海地区的产业布局影响更显著。

另外，我们可发现国际贸易对沿海地区和内陆地区三次产业布局的影响方向基本一致，但在个别地方存在差异。一致的基本表现是，出口总额的扩大同时有利于第一、第三产业在沿海地区和内陆地区集中布局，不利于第二产业在两个地区集中布局。这一现象的出现是由于，第一产业的发展对自然条件的依赖较大，国际贸易的开展并不能有效改变自然条件，其结果只能是使得原来生产条件较好的地区的集中度进一步提高。第二产业的发展更多地依赖于技术水平，国际贸易的开展使得进口国家对贸易商品产生较大的需求，从而不得不自行研制产品，以防止受制于他国。进口总额的扩大不利于第一产业在两个地区集中布局，却有利于第二产业集中布局。出口依存度的提高不利于第二产业在两个地区集中布局，却有利于第三产业集中布局。进口依存度的提高不利于第二产业在两个地区集中布局，却有利于第一、第三产业在两个地区集中布局。

差异的基本表现是，进口总额的扩大不利于第三产业在内陆地区集中布局，却有利于其在沿海地区集中布局。这种情况出现的原因在于，沿海省份在国际贸易中处于优势地位，其在进口额扩大中的占比更高，进口总额的扩大对其影响更加明显，从而导致更多的生产性服务和消费性服务需求，吸引第三产业在该地区集中布局。出口依存度的提高不利于第一产业在沿海地区集中布局，却有利于其在内陆地区集中布局。其出现的原因在于，内陆省份在经济发展水平和技术水平方面均逊于沿海地区，中国在国际贸易中大量进口高端产品，贸易的50%以上均为产业内贸易,① 这进一步拉大了业已存在的差距。同时，进口总额的扩大更有利于沿海地区技术水平的提高，从而增强其对第二、第三产业这类技术依赖性较强行业的吸引力，在空间资源有限的情况下，沿海省份对第一产业产生挤出效应，从而将第一产业转移到内陆地区。

从表7-12我们可以发现，无论是高贸易依存度地区还是低贸易依存度地区，国际贸易对三次产业布局的影响都是比较显著的，其有力佐证就是各个参数的估计值总体显著性水平较高。分类来看，国际贸易对高贸易依存度地区第二、第三产业布局的影响要高于内陆地区，其根据是高贸易依存度地区各个参数估计值的绝对值一般要大于低贸易依存度地区相应的值。同时，国际贸易对两个地区产业布局的影响方向不是单向而是双向的，既可以促进产业集聚也可以促进产业扩散。

另外，我们可发现国际贸易对高贸易依存度地区和低贸易依存度地区三次产业布局的影响方向基本一致，但在个别地方存在差异。一致的基本表现是，出口总额的扩大不利于第二产业在两个地区集中布局。进口总额的扩大不利于第一产业在两个地区集中布局，有利于第二产业集中布局。出口依存度的提高有利于第三产业在两个地区集中布局，不利于第一产业在高贸易依存度地区集中布局，却有利于第一产业在低贸易依存度地区集中布局。同时，进口依存度的提高不利于第二产业在两个地区集中布局。

差异的基本表现是，出口总额的扩大有利于第三产业在高贸易依存度地区集中布局，却不利于其在低贸易依存度地区集中布局。进口总额的扩大对第三产业在两个地区布局的影响方向与出口总额刚好相反。进口依存度的提高不利于第一产业在高贸易依存度地区集中布局，却有利于其在低贸易依存度地区集中布局。出口依存度的提高有利于第三产业在高贸易依存度地区集中布局，却

① 施炳展，李坤望. 中国制造业国际分工地位研究：基于产业内贸易形态的跨国比较［J］. 世界经济研究，2008（10）：3-9.

不利于其在低贸易依存度地区集中布局。

本章小结

本章首先结合统计数据描述改革开放以来中国国际贸易和产业布局的变化。其次，本章运用全国的时间序列数据，构建 VAR 模型分析国际贸易与三次产业的长期关系，并进行脉冲响应和方差分解。再次，本章运用中国内地除海南省、西藏自治区以外的 29 个省级单位 1985—2013 年的省际面板数据进行实证分析。此处先把 29 个省级单位作为一个整体进行实证分析，接下来分别把 29 个省级单位分为沿海地区和内陆地区、高贸易依存度地区和低贸易依存度地区进行实证分析。

本章的分析表明，就时间序列数据分析来看，中国的国际贸易与三次产业结构之间存在着稳定的长期关系。就面板数据分析来看，国际贸易对沿海地区和内陆地区、高贸易依存度地区和低贸易依存度地区的产业布局有着不同的影响。相比而言，国际贸易对沿海地区和高贸易依存度地区的影响更为显著。较之于内陆地区，不仅沿海地区的低运输成本强化了其在经济发展中的优势，沿海地区同样在信息搜寻方面具有内陆地区所不及的优势，因而国际贸易对沿海地区的产业布局影响更显著。较之于低贸易依存度地区，高贸易依存度地区的国际贸易在经济总量中权重较大，其对产业布局的影响自然更加明显。

第八章　结论、政策含义及研究展望

第一节　主要结论

国际贸易对产业布局有显著的影响，这既是本书的研究主题，也是本书的主要研究结论。回顾本书的研究，可以得出以下几点具体结论：

第一，国际贸易对产业布局的影响是全方位、多层次的。国际贸易的总量、结构、方式、内容以及国际贸易政策等对产业布局会产生不同的影响。国际贸易总量的绝对量和相对量，国际贸易结构的产业结构和地区结构，国际贸易方式的产业内贸易和产业间贸易，国际贸易内容的国际商品贸易、国际服务贸易、国际技术贸易、国际资本流动，国际贸易政策的自由贸易政策和保护贸易政策等对产业布局的影响不同。

第二，国际贸易对厂商个体和群体选址有影响。除了运输成本等因素，信息不对称是国际贸易影响厂商选址的重要原因。文化距离、制度距离、经济距离和空间距离的增加，是国际贸易中信息不对称加剧的主要成因，这与运输成本等因素共同作用于厂商选址。厂商遵循利润最大化的指导原则，为了规避信息不对称和远距离运输，降低信息搜寻成本和运输成本，经过成本收益的对比分析后做出选址决策。若改变选址的预期净收益大于不改变选址的净收益，厂商将会重新选址；反之，厂商将继续在原地生产经营。

第三，国际贸易对产业集聚和产业扩散两种产业布局方式有着重要的影响。当运输成本和信息搜寻成本较低时，国际贸易有利于产业的集聚；当运输成本和信息搜寻成本较高时，国际贸易有利于产业的扩散。从产业集聚的角度看，产业集聚可以获取集聚经济，抵偿部分运输成本和信息搜寻成本，保持产业集聚的竞争优势。同时，因为产业集聚区内部经济密度较高，空间竞争更加激烈，位于集聚区内部的厂商可以通过产业集聚的方式彰显其实力，向上下游厂商和消费者传递有关的信息，降低信息不对称程度。产业扩散可以降低各种距离，弱化信息不对称，减少运输成本支出。另外，国际贸易对产业集聚区位的选择、产业集聚的规模、产业集聚和产业扩散的生命周期等都会产生显著的影响。

第四，国际贸易对不同产业的布局具有不同的影响。就三次产业而言，第一产业的布局往往呈现出被动适应国际贸易的倾向；第二产业在国际贸易总量中的比例较大，且可以结合国际贸易进行较灵活的布局，故国际贸易对第二产业布局的影响最为显著和直接；第三产业则充分发挥其服务功能，受国际贸易的影响有条件地发生布局的变化。之所以造成这一局面，从产业本身来看是不同的产业自身特征不同，从国际贸易来看是不同产业在国际贸易中的地位和作用不同。

第五，国际贸易对不同地区产业布局的影响不同。结合中国改革开放以来的数据进行的实证研究表明，国际贸易与三次产业发展之间存在长期的稳定关系。就区域层面而言，国际贸易对沿海地区和内陆地区、高贸易依存度地区和低贸易依存度地区的产业布局有着不同的影响。相比而言，国际贸易对沿海地区和高贸易依存度地区的影响更为显著。

第二节　政策含义

稀缺的空间资源对经济发展的制约作用日益突出，清醒地认识自身的优势和不足，更好地发挥比较优势，优化产业布局以充分利用空间资源，提高空间资源的利用效率，提升空间资源利用中竞争的整体质量和水平，对于全球和地区经济的和谐发展意义重大。本书作为一项基础理论研究，其目的除了试图补充完善相关的理论之外，也是为经济发展战略的制定提供理论基础。具体而言，本书的政策含义主要体现在以下几个方面：

第一，牢固树立全球视野，充分考虑全球经济发展态势，出台合理有效的政策措施。全球经济一体化是不可逆转的历史大趋势，其不断深入发展将会对各国经济发展产生日益显著的影响。这要求各国政府既要充分考虑本国利益，又要具有全球视野，既要适当保护本国弱小产业，又要积极促进对外开放，制定能够充分发挥本国比较优势的产业政策。牢固树立全球经济一盘棋意识，在政策制定时要充分考虑国际因素，确保政策的制定、实施与国际惯例、国际通行规则有效对接，从而确保政策措施在开放经济条件下有效地发挥作用，促进经济社会良性发展。各国要建立更加有效的协商对话机制，明确国家间的产业分工，形成良好的产业国际竞争秩序，优化各类产业在全球范围内的布局，使各国的产业发展能够更好地适应本国和全球经济发展的需要。

第二，增进互信合作，推动国际贸易开展，争取在促进全球经济发展中发挥积极作用。政府要对国际贸易在促进经济发展中的重要性有清醒的认识，为促进区域经济发展，优化各国的产业布局，提升经济发展的总体质量和水平，各国政府需要在全球经济一体化的大背景下以更加积极的姿态，实施自由贸易政策，打破国界壁垒，减少地区间的分割封锁，增进国家之间的互信合作。发达国家要积极承担起帮助发展中国家发展经济、优化产业布局的任务，减少污染型产业向发展中国家的转移。发展中国家要充分利用后发优势，积极推动产业升级换代，采取得力措施以更加积极的姿态承接发达国家的产业转移。各类非政府组织，如民间组织和社会团体也要加强沟通往来，充分利用自身优势，发挥应有的作用，促进经济对外开放。

第三，充分利用国内外两个市场、两种资源，调整本国经济结构，优化产业布局。国内经济发展会影响到国际市场，国际经济发展趋势同样会影响到一国经济发展。为促进本国经济发展，优化本国产业布局，各类经济主体需要树立开放意识，结合不同产业发展的特征和实际需要，在开放经济条件下推动本国经济发展和产业布局优化，获取更大的区域结构效益。政府要发挥调控作用，统筹各方利益需求，适当采取倾斜性措施，建立区域产业发展导向机制。各国要进一步发挥地区自身比较优势，清醒认识自身的不足，优化国际分工和地区分工。各类经济主体要在国际经济交往中扬长避短，通过互利合作，促进经济又好又快发展。在做好技术创新的同时，注重技术的引进和消化吸收，为承接国际产业转移提供技术支持。

第四，结合自身发展水平，注重利用规模经济，强化环境保护，寻求合理的产业布局。自身的经济发展水平、资源禀赋状况对一国产业布局有着重要影响，这要求各国在开放经济条件下要正确看待国际产业转移，并加以合理利用。政府要结合本地区的特点，对区域主导产业和支柱产业进行合理选择，减少产业政策制定的盲目性；理顺区域产业布局的关系，提高空间资源利用效率，为产业的国际国内转移提供空间资源；寻求合理的产业布局模式，促进产业集聚以充分利用规模经济、集聚经济，倡导产业扩散以降低通勤成本，保护环境；充分考虑本地区的承载能力和环境容量，实现经济发展与环境保护、经济效益与社会效益的有机统一。政府和相关主体既要强调局部的点，又要注重地区总体功能强化，最终形成以点带面，全面协调发展的良好局面。

第五，优化基础设施建设，畅通信息流通渠道，着力缩小各种距离，减少经济主体的交易成本支出。长距离运输成本、严重的信息不对称是国际贸易影响产业布局的重要原因。为了弱化国际贸易对产业布局的牵制作用，政府需要加大投入，强化基础设施建设，着力提高交通运输基础设施建设，优化信息网络建设，提高运输效率，不断降低各类经济主体的贸易成本，为产业布局优化创造更加宽松的环境。同时，国际组织要发挥积极作用促进全球经济协调发展，缩减国别和地区经济距离；充分发挥非政府组织的作用，促进各国的文化交流，缩减文化距离；完善国际通行规则的制定，缩减制度距离。政府要努力做好产业发展信息的搜集和发布工作，有效降低国际贸易中的信息不对称程度，减少信息搜寻成本。

第三节　研究展望

产业布局直接关系到各国的经济发展，也关系到各地区的经济发展，其合理与否影响重大，对此进行深入研究有着重要的理论和现实意义。在开放经济条件下，国际贸易作为拉动经济发展的三驾马车之一，其不断发展将会对全球和国别经济产生深远影响，产业布局也是受国际贸易影响的重要方面之一。本书将选题定为国际贸易对产业布局的影响，只能看作一个初步的研究，今后仍需在诸多领域作进一步的扩展。

首先，本书的研究领域需要进一步扩展。国际贸易对产业组织、产业结构、产业发展、产业布局等都会产生不同的影响，本书的研究只涉及了国际贸易与产业布局的关系。事实上，国际贸易与产业布局相互影响，国际贸易可以影响产业布局，产业布局也可以影响国际贸易。在这种相互影响的关系中，本书也只讨论了国际贸易对产业布局的影响，因此，本书的研究领域相对显得较窄，有进一步扩展的空间。

其次，本书的研究内容需要进一步细化。本书认为国际贸易条件下产业布局之所以发生变化，除了改变产业布局可以利用稀缺的空间资源促进经济发展外，还要通过产业布局来有效降低国际贸易中的信息不对称程度。然而，信息的种类繁多，不同的国际贸易参与主体对信息有着不同的需求，但书中并没有对信息进行细分。这需要在后续研究中把信息进行细化，更全面细致地分析国际贸易对产业经济的影响。

参考文献

A. 英文部分

[1] ALBERT ANDO, FRANCO MODIGLIANI. The "Life Cycle" Hypothesis of Saving: Aggregate Implications and Tests [J]. The American Economic Review, 1963, 53 (1).

[2] ALLEN J SCOTT. The Changing Global Geography of Low-Technology, Labor-Intensive Industry: Clothing, Footwear, and Furniture [J]. World Development, 2006, 34 (9).

[3] ANDREAS PREDÖHL. The Theory of Location in Its Relation to General Economics [J]. The Journal of Political Economy, 1928, 36 (3).

[4] ANDREW SCHMITZ, PERTER HELMBERGER. Factor Mobility and International Trade: The Case of Complementarity [J]. The American Economic Review, 1970, 60 (4).

[5] ANTONIO CICCONE. Agglomeration Effects in Europe [J]. European Economic Review, 2002, 46 (2).

[6] AVINASH K DIXIT, JOSEPH E STIGLITZ. Monopolistic Competition and Optimum Product Diversity [J]. The American Economic Review, 1977, 67 (3).

[7] BRUCE KOGUT, SEA JIN CHANG. Platform Investments and Volatile Exchange Rates: Direct Investment in the U. S. by Japanese Electronic Companies [J]. The Review of Economics and Statistics, 1996, 78 (2).

[8] CHRISTOPHER A SIMS. Macroeconomics and Reality [J]. Econometrica, 1980, 48 (1).

[9] COLIN HILL. Some Aspects of Industrial Location [J]. The Journal of Industrial Economics, 1954, 2 (3).

[10] D E C EVERSLEY. Social and Psychological Factors in the Determination of Industrial Location [J]. The Journal of Industrial Economics, 1965, 13 (Supple-

ment).

[11] DAVID ALAN ASCHAUER. Is Public Expenditure Productive? [J]. Journal of Monetary Economics, 1989, 23 (2).

[12] DAVID B AUDRETSCH, MARYANN P FELDMAN. R&D Spillovers and the Geography of Innovation and Production [J]. The American Economic Review, 1996, 86 (3).

[13] DONALD R DAVIS, DAVID E WEINSTEIN. Bones, Bombs, and Break Points: The Geography of Economic Activity [J]. The American Economic Review, 2002, 92 (5).

[14] E M RAWSTRON. Three Principles of Industrial Location [J]. Transactions and Papers, 1958 (25).

[15] EDGAR M HOOVER. Location of Economic Activity [M]. New York: McGraw-Hill, 1948.

[16] EDWARD J MALECKI. Industrial Location and Corporate Organization in High Technology Industries [J]. Economic Geography, 1985, 61 (4).

[17] ELI F HECKSCHER. The Effect of Foreign Trade on the Distribution of Income [A] //HARRY FLAM, M JUNE FLANDERS. Heckscher-Ohlin Trade Theory. Cambridge: Mass, MIT Press, 1919.

[18] FABIEN CANDAU. Entrepreneurs' Location Choice and Public Polices: A Survey of the New Economic Geography [J]. Journal of Economic Surveys, 2008, 22 (5).

[19] FRANCO MODIGLIANI, RICHARD BRUMBERG. Utility Analysis and the Consumption Function: An Interpretation of Cross - section Data [A] // FRANCESCO FRANCO. The Collected Papers of Franco Modigliani, Vol. 6. Cambridge: The MIT Press, 2005.

[20] GE YING. Regional Inequality, Industry Agglomeration and Foreign Trade, The Case of China [Z]. Working Papers, University of International Business and Economics, China, 2003.

[21] GEORGE J STIGLER. The Economics of Information [J]. The Journal of Political Economy, 1961, 69 (3).

[22] GIANFRANCO DE SIMONE. Trade in Parts and Components and the Industrial Geography of Central and Eastern European Countries [J]. Review of World Economics, 2008, 144 (3).

[23] GILLES DURANTON, DIEGO PUGA. Micro-foundations of Urban Agglomeration Economies [A] //VERNON HENDERSON, JACQUES - FRANÇOIS THISSE. Handbook of Urban and Regional Economics. Vol. 4.

[24] GUY DUMAIS, GLENN ELLISON, EDWARD L GLAESER. Geographic Concentration as a Dynamic Process [J]. The Review of Economics and Statistics, 2002, 84 (2).

[25] HAROLD HOTELLING. Stability in Competition [J]. The Economic Journal, 1929, 39 (Mar.).

[26] HU DAPENG. Trade, Rural-Urban Migration, and Regional Income Disparity in Developing Countries: A Spatial General Equilibrium Model Inspired by the Case of China [J]. Regional Science and Urban Economics, 2002, 32 (3).

[27] HU YAOSU. The International Transferability of the Firm's Advantages [J]. California Management Review, 1995, 37 (4).

[28] JACK HIRSHLEIFER. Where Are We in the Theory of Information? [J]. The American Economic Review, 1973, 63 (2).

[29] JED KOLKO. Changes in the Location of Employment and Ownership: Evidencefrom California [J]. Journal of Regional Science, 2008, 48 (4).

[30] JOHN FRIEDMANN. Economy and Space: A Review Article [J]. Economic Development and Cultural Change, 1958, 6 (3).

[31] JOHN H DUNNING. Reappraising the Eclectic Paradigm in an Age of Alliance Captitalism [J]. Journal of International Business Studies, 1995, 26 (3).

[32] KAZUHIRO YAMAMOTO. Agglomeration and Growth with Innovation in the Intermediate Goods Sector [J]. Regional Science and Urban Economics, 2003, 33 (3).

[33] KAZUHIRO YAMAMOTO. Location of Industry, Market Size, and Imperfect International Capital Mobility [J]. Regional Science and Urban Economics, 2008, 38 (5).

[34] KEITH CHAPMAN. Industry Evolution and International Dispersal: The Fertiliser Industry [J]. Geoforum, 2000, 31 (3).

[35] KEITH HEAD, JOHN RIES. Inter-City Competition for Foreign Investment Static and Dynamic Effects of China's Incentives Areas [J]. Journal of Urban Economics, 1996, 40 (1).

[36] KEVIN H O'ROURKE, JEFFERY G WILLIAMSON. From Malthus to

Ohlin: Trade, Industrialisation and Distribution Since 1500 [J]. Journal of Economic Growth, 2005, 10 (1).

[37] K H MIDELFART-KNARVIK, H G OVERMAN, S J REDDING, et al. The Location of European Industry [Z]. Economic Papers 142, European Commission, 2000.

[38] KRISTIAN BEHRENS, CARL GAIGNÉ, GIANMARCO I P OTTAVIANO, et al. Countries, Regions and Trade: On the Welfare Impacts of Economic Integration [J]. European Economic Review, 2007, 51 (5).

[39] LIU ZHIQIANG. Foreign Direct Investment and Technology Spillover: Evidence from China [J]. Journal of Comparative Economics, 2002, 30 (3).

[40] MARC L BUSCH, ERIC REINHARDT. Industrial Location and Protection: The Political and Economic Geography of U. S. Nontariff Barriers [J]. American Journal of Political Science, 1999, 43 (4).

[41] MARK GRANOVETTER. Economic Action and Social Structure: The Problem of Embeddedness [J]. The American Journal of Sociology, 1985, 91 (3).

[42] MARYANN P FELDMAN. An Examination of the Geography of Innovation [J]. Industrial and Corporate Change, 1993, 2 (3).

[43] MARYANN P FELDMAN. The New Economics of Innovation, Spillovers and Agglomeration: A Review of Empirical Studies [J]. Economics of Innovation and New Technology, 1999, 8 (1).

[44] MASAHISA FUJITA, JACQUES-FRANÇOIS THISSE. Does Geographical Agglomeration Foster Economic Growth? And Who Gains and Loses From It? [J]. The Japanese Economic Review, 2003, 54 (2).

[45] MASAHISA FUJITA, PAUL R KRUGMAN, ANTHONY J VENABLES. The Spatial Economy: Cities, Regions, and International Trade [M]. Cambridge: The MIT Press, 1999.

[46] MASAHISA FUJITA. Location and Space-Economy at Half a Century: Revisiting Professor Isard's Dream on the General Theory [J]. The Annals of Regional Science, 1999, 33 (4).

[47] MATTHEW J SLAUGHTER. Trade Liberalization and Per Capita Income Convergence: A Difference-in-Differeces Analysis [J]. Journal of International Economics, 2001, 55 (1).

[48] MICHAEL E PORTER. Clusters and the New Economics of Competition

[J]. Harvard Business Review, 1998 (Nov. -Dec.).

[49] MICHELLE J WHITE. Urban Areas with Decentralized Employment: Theory and Empirical Work [A] //PAUL CHESHIRE, EDWIN S MILLS. Handbook of Regional and Urban Economics. Vol. 3.

[50] MORIKI HOSOE, TOHRU NATIO. Trans-boundary Pollution Transmission and Regional Agglomeration Effects [J]. Papers in Regional Science, 2006, 85 (1).

[51] MUNISAMY GOPINATH, DANIEL PICK, UTPAL VASAVADA. The Economics of Foreign Direct Investment and Trade with an Application to the U. S. Food Processing Industry [J]. American Journal of Agricultural Economics, 1999, 81 (2).

[52] PAUL A SAMUELSON. International Trade and the Equalisation of Factor Prices [J]. The Economic Journal, 1948, 58 (Jun.).

[53] PAUL A SAMUELSON. The Transfer Problem and Transport Costs: The Terms of Trade When Impediments are Absent [J]. The Economic Journal, 1952, 62 (Jun.).

[54] PAUL A SAMUELSON. The Transfer Problem and Transport Costs, II: Analysis of Effects of Trade Impediments [J]. The Economic Journal, 1954, 64 (Jun.).

[55] PAUL A SAMUELSON. Bertil Ohlin 1899-1979 [J]. The Scandinavian Journal of Economics, 1982, 83 (3).

[56] PAUL A SAMUELSON. Thünen at Two Hundred [J]. Journal of Economic Literature, 1983, 21 (4).

[57] PAUL R KRUGMAN. Increasing Returns, Monopolistic Competition, and International Trade [J]. Journal of International Economics, 1979, 9 (4).

[58] PAUL R KRUGMAN. History and Industry Location: The Case of the Manufacturing Belt [J]. The American Economic Review, 1991, 81 (2).

[59] PAUL R KRUGMAN. Increasing Returns and Economic Geography [J]. The Journal of Political Economy, 1991, 99 (3).

[60] PAUL R KRUGMAN. The Increasing Returns Revolution in Trade and Geography [J]. The American Economic Review, 2009, 99 (3).

[61] PETER DICKEN, NIGEL THRIFT. The Organization of Production and the Production of Organization: Why Business Enterprises Matter in the Study of Geo-

graphical Industrialization [J]. Transactions of the Institute of British Geographers, 1992, 17 (3).

[62] PHILIPPE MARTIN, GIANMARCO I P OTTAVINO. Growth and Agglomeration [J]. International Economic Review, 2001, 42 (4).

[63] PIERRE M PICARD, TAKATOSHI TABUCHI. Self-Organized Agglomerations and Transport Costs [J]. Economic Theory, 2010, 42 (3).

[64] PIERRE-PHILIPPE COMBES, HENRY G OVERMAN. The Spatial Distribution of Economic Activities in the European Union [A] //VERNON HENDERSON, JACQUES-FRANÇOIS THISSE. Handbook of Urban and Regional Economics. Vol. 4.

[65] PRAVAKAR SAHOO, RANJAN KUMAR DASH. Infrastructure Development and Economic Growth in India [J]. Journal of the Asia Pacific Economy, 2009, 14 (4).

[66] RANDALL W EBERTS, DANIEL P MOMILIEN. Agglomeration Economics and Urban Public Infrastructure [A] //PAUL CHESHIRE, EDWIN S MILLS. Handbook of Regional and Urban Economics. Vol. 3.

[67] RAYMOND VERNON. International Investment and International Trade in the Product Cycle [J]. The Quarterly Journal of Economics, 1966, 80 (2).

[68] RICHARD E BALDWIN, PHILIPPE MARTIN, GIANMARCO I P OTTAVIANO. Global Income Divergence, Trade and Industrialization: The Geography of Growth Take-offs [J]. Journal of Economic Growth, 2001, 6 (1).

[69] RICHARD E BALDWIN, PHILIPPE MARTIN. Agglomeration and Regional Growth [A] //VERNON HENDERSON, JACQUES-FRANÇOIS THISSE. Handbook of Urban and Regional Economics. Vol. 4.

[70] RICHARD E BALDWIN, RIKARD FORSLID. The Core-Periphery Model and Endogenous Growth: Stabilizing and Destabilizing Integration [J]. Economica, 2000, 67 (Aug.).

[71] RICHARD E CAVES. International Corporations: The Industrial Economic of Foreign Investment [J]. Economica, 1971, 38 (2).

[72] RIKARD FORSLID, JAN I HAALAND, KAREN HELENE MIDELFART KNARVIK. A U-shaped Europe? A Simulation Study of Industrial Location [J]. Journal of International Economics, 2002, 57 (2).

[73] ROBERT A MUNDELL. International Trade and Factor Mobility [J]. The

American Economic Review, 1957, 47 (3).

[74] SHARMISTHA BAGCHI-SEN. The Location of Foreign Direct Investment in Finance, Insurance and Real Estate in the United States [J]. Geografiska Annaler. Series B, Human Geography, 1991, 73 (3).

[75] SHIN-KUN PENG, JACQUES-FRANÇOIS THISSE, PING WANG. Economic Integration and Agglomeration in a Middle Product Economy [J]. Journal of Economic Theory, 2006, 131 (1).

[76] STAFFAN BURENSTAM LINDER. An Essay on Trade and Transformation [M]. New York: John Wiley and Sons, 1961.

[77] STEVEN C SALOP. Monopolistic Competition with Outside Goods [J]. The Bell Journal of Economics, 1979, 10 (1).

[78] SUKKOO KIM. Expansion of Markets and the Geographic Distribution of Economic Activities: The Trends in U. S. Regional Manufacturing Structure, 1860-1987 [J]. The Quarterly Journal of Economics, 1995, 110 (4).

[79] TIMOTHY J BARTIK. Business Location Decisions in the United States: Estimates of the Effects of Unionization, Taxes, and Other Characteristics of States [J]. Journal of Business & Economic Statistics, 1985, 3 (1).

[80] TODD MITTON. Institutions and Concentration [J]. Journal of Development Economics, 2008, 86 (2).

[81] UNCTAD. World Investment Report 1999: Foreign Direct Investment and the Challenge of Development [R]. United Nations, New York and Geneva, 1999.

[82] WALTER ISARD. Location and the Space Economy: A General Theory Relating to Industrial Location, Market Areas, Land Use, Trade, and Urban Structure [M]. New York: Technology Press of Massachusetts Institute of Technology and John Wiley & Sons, 1956.

[83] WALTER KUEMMERLE. Foreign Direct Investment in Industrial Research in the Pharmaceutical and Electronic Industries: Results from a Survey of Multinational Firms [J]. Research Policy, 1999, 28 (2/3).

[84] WASSILY LEONTIEF. Domestic Production and Foreign Trade: The American Capital Position Re-Examined [J]. Proceedings of the American Philosophical Society, 1953, 97 (4).

[85] WEN MEI. Relocation and Agglomeration of Chinese Industry [J]. Journal of Development Economics, 2004, 73 (1).

[86] WILLIAM ALONSO. Location and Land Use: Toward a General Theory of Land Rent [M]. Cambridge: Mass, Harvard University Press, 1964.

B. 译作部分

[87] 阿尔弗雷德·马歇尔. 经济学原理 [M]. 廉运杰，译. 北京：华夏出版社，2005.

[88] 阿尔弗雷德·韦伯. 工业区位论 [M]. 李刚剑，陈志人，张英保，译. 北京：商务印书馆，1997.

[89] 安格斯·麦迪森. 世界经济千年统计 [M]. 伍晓鹰，施发启，译. 北京：北京大学出版社，2009.

[90] 奥古斯特·勒施. 经济空间秩序——经济财货与地理间的关系 [M]. 王守礼，译. 北京：商务印书馆，1995.

[91] 保罗·克鲁格曼. "新经济地理学"在哪里？ [A] //GORDON L CLARK, MARYANN P FELDMAN, MERIC S GERTLER. 牛津经济地理学手册. 刘卫东，等，译. 北京：商务印书馆，2005.

[92] 伯特尔·俄林. 区际贸易与国际贸易 [M]. 逯宇铎，等，译. 北京：华夏出版社，2008.

[93] 达摩达尔 N 古扎拉蒂. 计量经济学：下册 [M]. 林少宫，译. 北京：中国人民大学出版社，2000.

[94] 大卫·李嘉图. 政治经济学及赋税原理 [M]. 郭大力，王亚南，译. 北京：商务印书馆，1962.

[95] 丹尼斯·卡尔顿，杰弗里·佩罗夫. 现代产业组织：下册 [M]. 黄亚钧，等，译. 上海：上海三联书店、上海人民出版社，1998.

[96] 道格拉斯 C 诺斯. 经济史中的结构与变迁 [M]. 陈郁，罗华平，等，译. 上海：上海三联书店，1991.

[97] 道格拉斯 C 诺斯. 制度、制度变迁与经济绩效 [M]. 杭行，译. 上海：格致出版社、上海三联书店、上海人民出版社，2008.

[98] 菲利普·科特勒，洪瑞云，梁绍明，等. 市场营销管理（亚洲版）：上册 [M]. 郭国庆，等，译. 北京：中国人民大学出版社，1997.

[99] G J 斯蒂格勒. 产业组织和政府管制 [M]. 潘振民，译. 上海：上海人民出版社、上海三联书店，1996.

[100] H 德姆塞茨. 关于产权的理论 [A] //R 科斯，A 阿尔钦，D 诺斯. 财产权利与制度变迁——产权学派与新制度学派译文集. 上海：上海三联书店，1991.

［101］哈尔·瓦里安. 微观经济学［M］. 周洪，等，译. 北京：经济科学出版社，1997.

［102］霍华德·塞兹，安瑟尼·维纳布尔斯. 国际投资地理学［A］//GORDON L CLARK，MARYANN P FELDMAN，MERIC S GERTLER. 牛津经济地理学手册. 刘卫东，等，译. 北京：商务印书馆，2005.

［103］加里·阿姆斯特朗，菲利普·科特勒. 科特勒市场营销教程［M］. 6版. 俞利军，译. 北京：华夏出版社，2004.

［104］迈克·斯多波. 全球化、本地化与贸易［A］//GORDON L CLARK，MARYANN P FELDMAN，MERIC S GERTLER. 牛津经济地理学手册. 刘卫东，等，译. 北京：商务印书馆，2005.

［105］迈克尔·波特. 国家竞争优势［M］. 李明轩，邱如美，译. 北京：华夏出版社，2002.

［106］迈克尔·波特. 区位、集群与公司战略［A］//GORDON L CLARK，MARYANN P FELDMAN，MERIC S GERTLER. 牛津经济地理学手册. 刘卫东，等，译. 北京：商务印书馆，2005.

［107］乔治J斯蒂格勒. 产业组织［M］. 王永钦，薛锋，译. 上海：上海三联书店、上海人民出版社，2006.

［108］世界银行. 07世界发展指标［M］. 王辉，等，译. 北京：中国财政经济出版社，2008.

［109］世界银行. 2000/2001年世界发展报告［M］. 本报告翻译组，译. 北京：中国财政经济出版社，2001.

［110］世界银行. 2003年世界发展报告［M］. 本报告翻译组，译. 北京：中国财政经济出版社，2003.

［111］世界银行. 2005年世界发展报告［M］. 中国科学院，清华大学国情研究中心，译. 北京：清华大学出版社，2005.

［112］世界银行. 2006年世界发展报告［M］. 中国科学院，清华大学国情研究中心，译. 北京：清华大学出版社，2006.

［113］世界银行. 2007年世界发展报告［M］. 中国科学院，清华大学国情研究中心，译. 北京：清华大学出版社，2007.

［114］世界银行. 2008年世界发展报告［M］. 胡光宇，等，译. 北京：清华大学出版社，2008.

［115］世界银行. 2009年世界发展报告［M］. 胡光宇，等，译. 北京：清华大学出版社，2009.

[116] 世界银行. 2010年世界发展报告 [M]. 胡光宇，等，译. 北京：清华大学出版社，2010.

[117] 世界银行. 2011年世界发展报告 [M]. 胡光宇，等，译. 北京：清华大学出版社，2012.

[118] 世界银行. 2012年世界发展报告 [M]. 胡光宇，等，译. 北京：清华大学出版社，2012.

[119] 藤田昌久，保罗·克鲁格曼，安东尼J维纳布尔斯. 空间经济学——城市、区域与国际贸易 [M]. 梁琦，等，译. 北京：中国人民大学出版社，2005.

[120] 托马斯·孟. 英国得自对外贸易的财富 [M]. 李琼，译. 北京：华夏出版社，2006.

[121] 沃尔特·克里斯塔勒. 德国南部中心地原理 [M]. 常正文，王兴中，译. 北京：商务印书馆，1998.

[122] 小岛清. 对外贸易论 [M]. 周宝廉，译. 天津：南开大学出版社，1987.

[123] 亚当·斯密. 国民财富的性质和原因的研究：上卷 [M]. 郭大力，王亚南，译. 北京：商务印书馆，1972.

[124] 亚当·斯密. 国民财富的性质和原因的研究：下卷 [M]. 郭大力，王亚南，译. 北京：商务印书馆，1974.

[125] 约翰·冯·杜能. 孤立国同农业和国民经济的关系 [M]. 吴衡康，译. 北京：商务印书馆，1986.

[126] 约翰·梅纳德·凯恩斯. 就业利息和货币通论 [M]. 徐毓枬，译. 北京：商务印书馆，1963.

[127] 约翰·伊特韦尔，默里·米尔盖特，彼得·纽曼. 新帕尔格雷夫经济学大辞典：第一卷A-D [M]. 陈岱孙，等，译. 北京：经济科学出版社，1992.

[128] 约瑟夫E斯蒂格利茨. 产品市场上的不完全信息 [A] //理查德·施马兰西，罗伯特D威利格. 产业组织经济学手册：第1卷. 李文溥，等，译. 北京：经济科学出版社，2009.

C. **中文部分**

[129] 安虎森. 空间经济学原理 [M]. 北京：经济科学出版社，2005.

[130] 薄文广. 外部性与产业增长——来自中国省级面板数据的研究 [J]. 中国工业经济，2007 (1).

[131] 陈英武，郑江淮，高彦彦. 信息不对称、城市声誉与生产者服务的区位选择 [J]. 经济学家，2010 (3).

[132] 仇怡，吴建军. 国际贸易、产业集聚与技术进步——基于中国高技术产业的实证研究 [J]. 科学学研究，2010 (9).

[133] 范剑勇. 产业集聚与地区间劳动生产率差异 [J]. 经济研究，2006 (11).

[134] 高铁梅. 计量经济分析方法与建模：EViews 应用及实例 [M]. 北京：清华大学出版社，2006.

[135] 葛剑雄. 统一与分裂：中国历史的启示 [M]. 北京：商务印书馆，2013.

[136] 郭利平. 产业群落的空间演化模式研究 [M]. 北京：经济管理出版社，2006.

[137] 国家统计局，国家发展和改革委员会，科学技术部. 中国高技术产业统计年鉴：2008 [Z]. 北京：中国统计出版社，2008.

[138] 国家统计局，国家发展和改革委员会，科学技术部. 中国高技术产业统计年鉴：2013 [Z]. 北京：中国统计出版社，2013.

[139] 国家统计局. 新中国 60 年 [Z]. 北京：中国统计出版社，2009.

[140] 海闻，P 林德特，王新奎. 国际贸易 [M]. 上海：上海人民出版社，2003.

[141] 贺灿飞，魏后凯. 信息成本、集聚经济与中国外商直接投资区位 [J]. 中国工业经济，2001 (9).

[142] 胡鞍钢. 如何重塑中国经济地理 [M] //世界银行. 2009 年世界发展报告. 胡光宇，等，译. 北京：清华大学出版社，2009.

[143] 湖南省统计局. 湖南统计年鉴：2013 [Z]. 北京：中国统计出版社，2013.

[144] 黄玖立，李坤望. 对外贸易、地方保护和中国的产业布局 [J]. 经济学（季刊），2006 (3).

[145] 黄仁宇. 中国大历史 [M]. 北京：生活·读书·新知三联书店，1997.

[146] 梁琦，李晓萍，吕大国. 市场一体化、企业异质性与地区补贴——一个解释中国地区差距的新视角 [J]. 中国工业经济，2012 (2).

[147] 梁琦，施晓苏. 中国对外贸易和 FDI 相互关系的研究 [J]. 经济学（季刊），2004 (3).

［148］梁琦. 产业集聚论［M］. 北京：商务印书馆，2004.

［149］梁琦. 空间经济学：过去、现在与未来［J］. 经济学（季刊），2005（4）.

［150］林毅夫，胡书东. 中国经济学百年回顾［J］. 经济学（季刊），2001（1）.

［151］刘宏杰. 中国税收收入与国内生产总值之间的经验测度［J］. 上海财经大学学报：哲学社会科学版，2009（1）.

［152］刘家顺，杨洁，孙玉娟. 产业经济学［M］. 北京：中国社会科学出版社，2006.

［153］刘星，赵红. FDI 对我国自主创新能力影响的实证研究［J］. 国际贸易问题，2009（10）.

［154］刘志彪. 国际贸易和直接投资：基于产业经济学的分析［J］. 南京大学学报：哲学·人文科学·社会科学，2002（3）.

［155］刘志高，尹贻梅. 经济地理学与经济学关系的历史考察［J］. 经济地理，2006（3）.

［156］卢现祥. 西方新制度经济学［M］. 北京：中国发展出版社，1996.

［157］罗勇，曹丽莉. 中国制造业集聚程度变动趋势实证研究［J］. 经济研究，2005（8）.

［158］马知恩，周义仓. 常微分方程定性与稳定性方法［M］. 北京：经济科学出版社，2001.

［159］潘红宇. 时间序列分析［M］. 北京：对外经济贸易大学出版社，2006.

［160］裴长洪. 中国对外贸易 60 年演进轨迹与前瞻［J］. 改革，2009（7）.

［161］钱争鸣，邓明. 文化距离、制度距离与自然人流动政策的溢出［J］. 国际贸易问题，2009（10）.

［162］施炳展，李坤望. 中国制造业国际分工地位研究：基于产业内贸易形态的跨国比较［J］. 世界经济研究，2008（10）.

［163］汪同三，王成璋. 21 世纪数量经济学：第五卷［M］. 成都：西南交通大学出版社，2005.

［164］王炳才. 产业间贸易理论与产业内贸易理论比较研究［J］. 国际贸易问题，1997（8）.

［165］王绍媛. 国际服务贸易［M］. 大连：东北财经大学出版社，2007.

[166] 魏后凯，贺灿飞，王新. 外商在华直接投资动机与区位因素分析——对秦皇岛市外商直接投资的实证研究 [J]. 经济研究，2001 (2).

[167] 魏后凯. 外商直接投资对中国区域经济增长的影响 [J]. 经济研究，2002 (4).

[168] 魏后凯. 加入 WTO 后中国外商投资区位变化及中西部地区吸引外资前景 [J]. 管理世界，2003 (7).

[169] 魏剑锋. 搜寻成本、制度安排与产业集群的形成机制 [J]. 产业经济研究，2010 (1).

[170] 冼国明，薄文广. 外国直接投资对中国企业技术创新作用的影响 [J]. 南开经济研究，2005 (6).

[171] 冼国明，文东伟. FDI、地区专业化与产业集聚 [J]. 管理世界，2006 (12).

[172] 谢识予. 经济博弈论 [M]. 上海：复旦大学出版社，2002.

[173] 熊文，王铮. 贸易保护、产业集聚与经济增长——一个两地区模型分析 [A] //佚名. 中国地理学会百年庆典学术论文摘要集. 北京：[出版者不祥]，2009.

[174] 徐康宁. 产业集聚形成的源泉 [M]. 北京：人民出版社，2006.

[175] 许德友，梁琦. 贸易成本与国内产业地理 [J]. 经济学（季刊），2012 (3).

[176] 杨公朴. 产业经济学 [M]. 上海：复旦大学出版社，2005.

[177] 杨培雷. 当代西方经济学流派 [M]. 上海：上海财经大学出版社，2003.

[178] 杨小凯. 经济学：新兴古典与新古典框架 [M]. 北京：社会科学文献出版社，2003.

[179] 尹世杰. 消费经济学 [M]. 北京：高等教育出版社，2003.

[180] 尹翔硕. 国际贸易教程 [M]. 上海：复旦大学出版社，1996.

[181] 英卓华. 构建新型城镇化融资模式 [J]. 中国金融，2014 (14).

[182] 于学军. 中国人口老化的经济学研究 [J]. 中国人口科学，1995 (6).

[183] 臧新，李菡. 农业外资区位分布影响因素的实证研究 [J]. 国际贸易问题，2009 (10).

[184] 臧新，王红燕，潘刚. 农业外商直接投资地区集聚状况的实证研究 [J]. 国际贸易问题，2008 (5).

［185］张卉. 产业分布、产业集聚和地区经济增长：来自中国制造业的证据［D］. 上海：复旦大学博士学位论文，2007.

［186］张文忠. 经济区位论［M］. 北京：科学出版社，2000.

［187］中国人民大学区域经济研究所. 产业布局学原理［M］. 北京：中国人民大学出版社，1997.

［188］中华人民共和国国家统计局. 国际统计年鉴：2004［Z］. 北京：中国统计出版社，2004.

［189］中华人民共和国国家统计局. 国际统计年鉴：2009［Z］. 北京：中国统计出版社，2009.

［190］中华人民共和国国家统计局. 国际统计年鉴：2013［Z］. 北京：中国统计出版社，2013.

［191］中华人民共和国国家统计局. 中国统计年鉴：2013［Z］. 北京：中国统计出版社，2013.

［192］钟昌标. 外商直接投资地区间溢出效应研究［J］. 经济研究，2010（1）.

后　记

自亚当·斯密创立经济学以来，各种假定便频频出现在经济学著作中。在进行模型构建或者理论探讨时，经济学家本能的反应是首先提出严格的假设条件，以使自己的分析能够有效展开。新古典经济学家对这个世界的假定可以说是到了极致，高山已削平、海洋被填起、沙漠变绿洲、歧路化坦途、曲径成通衢，整个世界是连续平滑、均匀分布的。全人类都生活在一个单一的世界中，他们在各地的分布非常均匀。不仅如此，新古典经济学家更是假定人是完全同质的，信息是完全的，交易成本为零等。也正是先验假定如此，经济学理论中就忽略了很多重要的因素。

尽管亚当·斯密在《国富论》中开篇就讨论了分工问题，并由分工理论引申出城乡分工、工农分工，演化出国际贸易等理论。但或许是受到同质性假定的影响，经济学中对各类分布问题的研究却显得相对滞后。《国富论》问世后，大卫·李嘉图等亚当·斯密的追随者纷纷著书立说，发展并细化了亚当·斯密的各种观点。然而，整整半个世纪后，德国学者约翰·冯·杜能才在其《孤立国同农业和国民经济的关系》中首次讨论了农业经济地区分布问题，也即农业区位论。时隔80年后，阿尔弗雷德·韦伯在其《工业区位论》中研究了工业经济地区分布问题，又被称为工业区位论。约翰·冯·杜能和阿尔弗雷德·韦伯的理论在当时的德国影响很大，但在德国之外其著作似乎只是堆积于图书馆中而无人问津。

其实，经济空间分布的本质就是区域分工。为什么亚当·斯密提出分工问题后，受到主流经济学家的广泛关注，而区域分工问题却长期被冷落呢？2008年诺贝尔经济学奖得主保罗·克鲁格曼给出了一个看似中肯的解释，即经济学家不研究经济空间分布是因为他们没有发现或者掌握有效解释这一问题的工具。但正如约翰·斯图亚特·穆勒所言：“不完备的预测知识对研究导向来说也许是最有价值的东西。”理论创新并非要完全依赖于工具，缺少工具也并不能完全阻止学者研究经济的空间分布。窃以为，经济空间分布被忽视最根本的原因在于，经济学家在研究时做出各种同质性假定，决定了其根本不需要考虑非均匀分布等异化问题。上述说法并非主观臆断，而是有事实根据的。例如，新古典经济学的一般定价理论就是一个典型的单一市场理论，地区分布的概念在该理论中完全没有体现。

基于上述情况和个人所攻读的产业经济学专业，我在博士毕业论文选题时选择了产业布局，以探讨经济空间布局问题。同时，考虑到全球经济一体化快速推进，各国都在开放条件下发展本国经济，国际贸易对一国经济社会的影响越来越大，提示我在研究产业布局时需要充分考虑国际贸易因素。在大量翻阅文献发现围绕国际贸易研究产业布局的成果相对稀缺后，我最终将博士毕业论文选题定为国际贸易对产业布局的影响。

这本书是在我博士毕业论文的基础上修订完善成稿的。我博士毕业参加工作后，虽然在商业银行从事金融实务工作，但对理论研究的兴趣并没有减少，结合工作实践也公开发表了多篇研究文章。在这期间，我一直有出版博士毕业论文的心愿，但因为工作生活等方面的原因而一拖再拖。2014 年国庆节前夕，自己下定决心，要克服各种困难修改完善书稿。于是，我的节假日基本都用在书稿修改上了，历时半年多的再次修改，终于完成了书稿。虽然本书的研究内容与我目前所从事的工作分属不同的领域，但我出版这本书完全是出于对学术研究的兴趣爱好，所以我乐意利用节假日修改完善书稿。当然，学术研究是严谨的，本书的研究只能说是挂一漏万，不当之处恳请方家不吝赐教。

在本书付梓出版之际，我衷心感谢在我求学道路上给我关心和帮助的各位恩师，尤其是武汉大学经济与管理学院经济研究所的恩师；感谢我的各位同窗、挚友；感谢在我职业生涯中给我帮助的各位领导和同事。

最后，感谢我的家人，无论是求学、工作，还是生活，家人都给我莫大的支持，默默地为我付出。女儿给我带来不尽的欢乐，也让我的生命中多了一个牵挂的人，衷心祝愿她健康、平安、快乐。

娄飞鹏

2015 年 9 月 9 日于北京